Unternehmensleitbilder im Vergleich

T0316892

Forschungsergebnisse der Wirtschaftsuniversität Wien

Band 5

PETER LANG

Frankfurt am Main · Berlin · Bern · Bruxelles · New York · Oxford · Wien

Monika Knassmüller

Unternehmensleitbilder im Vergleich

Sinn- und Bedeutungsrahmen
deutschsprachiger Unternehmensleitbilder –
Versuch einer empirischen (Re-)Konstruktion

PETER LANG
Europäischer Verlag der Wissenschaften

Bibliografische Information Der Deutschen Bibliothek
Die Deutsche Bibliothek verzeichnet diese Publikation in der
Deutschen Nationalbibliografie; detaillierte bibliografische
Daten sind im Internet über <http://dnb.ddb.de> abrufbar.

Gefördert durch die Wirtschaftsuniversität Wien.

Gedruckt auf alterungsbeständigem,
säurefreiem Papier.

ISSN 1613-3056
ISBN 3-631-52894-9

© Peter Lang GmbH
Europäischer Verlag der Wissenschaften
Frankfurt am Main 2005
Alle Rechte vorbehalten.

Das Werk einschließlich aller seiner Teile ist urheberrechtlich
geschützt. Jede Verwertung außerhalb der engen Grenzen des
Urheberrechtsgesetzes ist ohne Zustimmung des Verlages
unzulässig und strafbar. Das gilt insbesondere für
Vervielfältigungen, Übersetzungen, Mikroverfilmungen und die
Einspeicherung und Verarbeitung in elektronischen Systemen.

Printed in Germany 1 2   4 5 6 7

www.peterlang.de

Inhalt

Problemstellung und Aufbau der Arbeit

Unternehmensleitbilder haben in den achtziger Jahren Furore gemacht. Ihre große Verbreitung in der Unternehmenspraxis macht sie bis heute zu einem Standardtool moderner Unternehmensführung, womit lange Zeit eine umfassende Beachtung dieses Instrumentes in der betriebswirtschaftlichen Strategie- bzw. Managementliteratur korrespondierte. In der wissenschaftlichen Auseinandersetzung wurde es in den letzten Jahren still um dieses Thema, obwohl die hohe praktische Relevanz angesichts des großen Verbreitungsgrades unbestritten scheint.

Die präskriptive Literatur beschreibt Unternehmensleitbilder als "realistisches Idealbild" (Brauchlich 1984:313), das die grundsätzlichen Vorstellungen über angestrebte Ziele und Verhaltensweisen einer Unternehmung definiert und als interpretationsbedürftiger und offener Orientierungsrahmen die Werte, Normen und Ideale des Unternehmens widerspiegeln soll (z.B. Bleicher 1994a:5, 1994b:504; Hinterhuber 1992:27; Matje 1996:139).

Der – oftmals kostspieligen – Erstellung und Implementierung von Unternehmensleitbildern liegt anzunehmenderweise die Erwartung positiver Effekte auf den Unternehmenserfolg zugrunde. Demgemäß fand die wissenschaftliche Auseinandersetzung mit Unternehmensleitbildern bisher in erster Linie im Rahmen der Strategie- und Steuerungslehre statt, die primär ihre Wirksamkeit im Hinblick auf den Erfolg des Unternehmens fokussiert. Die Literatur dazu ist allerdings in hohem Ausmaß durch präskriptive Annahmen gekennzeichnet, die empirisch nicht belegt sind - aussagekräftige Wirksamkeitsstudien gibt es im deutschsprachigen Raum keine. Die Effizienzhypothese ist daher bis dato als mehr oder weniger plausible Annahme zu werten. Dennoch: Unternehmensleitbilder haben sich als Standardinstrument etabliert. Sie sind ein als typisch zu qualifizierendes Phänomen des unternehmerischen Kontextes geworden – und als solche auch ernst zu nehmen. An diesem Punkt setzt die vorliegende Arbeit an.

Unternehmensleitbilder stellen als Standardinstrument der strategischen Unternehmensführung eine institutionalisierte Kommunikationsform eines spezifischen Kontextes dar, die sich über die Zeit ausgebildet und als allgemein anerkanntes Instrument organisationaler Gestaltung etabliert hat. Ihre Erstellung stellt eine zweckgerichtete, soziale Handlung dar, der eine Handlungslogik zugrunde liegt - weder Inhalt noch Form der Texte sind zufällig. Sie sind Ergebnis eines Selektionsprozesses, d.h. der keinesfalls beliebigen Wahl konkreter Alternativen aus dem Spektrum der vorhandenen Möglichkeiten. Auf welchen konventionalisierten, also bei Textproduzenten[1] wie –rezipienten verfügbaren und damit anschlussfähigen Vorstellungen basieren die Texte? Was sind die typischen formalen wie inhaltlichen Merkmale eines Dokumentes, das als Leitbild qualifiziert werden kann? Welches Wissen über die typischerweise kommunizierten Inhalte (z.B. Objekte, Ereignisse, Situationen, Akteure) und den Kontext, in den sie eingebettet sind (das soziale, wirtschaftliche, gesellschaftliche Umfeld), sowie die Beziehungen der Elemente zueinander wird in den Texten vorausgesetzt? Welchen Sinn- und Bedeutungsrahmen konstituieren Unternehmensleitbilder?

Die konventionalisierten Vorstellungen über die formalen und inhaltlichen Charakteristika von Leitbilddokumenten wie auch über ihren Einsatz gehen in den Leitbilderstellungsprozess ein, sodass die Texte die Erwartungshaltungen der relevanten Umwelt reflektieren. An die Frage nach dem inhaltlichen Referenzrahmen der Texte und ihre impliziten Grundpositionen knüpft sich damit die Frage nach dem (hypothetischen) Handlungskontext der Dokumente. Im Mittelpunkt des Erkenntnisinteresses steht somit die (Re)Konstruktion der sozial verfügbaren Wissensbasis, auf die Unternehmensleitbilder typischerweise rekurrieren. Die durch soziale Interaktion erworbenen intersubjektiv geteilten Deutungs-, Erklärungs-, Handlungs- und Problemlösungsrepertoires des gemeinsamen Repräsentationssystems bilden den handlungsleitenden Referenzrahmen, der über die Artefakte menschlicher Tätigkeit – in unserem Fall die Leitbildtexte – rekonstruiert werden kann.

---

[1] In dieser Arbeit vorkommende geschlechtsspezifische Bezeichnungen beziehen sich gleichermaßen auf weibliche und männliche Personen. Im Sinne der besseren Lesbarkeit wurde darauf verzichtet, beide Sprachformen anzuführen.

Aufbau der Arbeit

Die Arbeit ist in drei Teile gegliedert. Im ersten Teil werden nach einem komprimierten Überblick über die betriebswirtschaftliche Leitbildliteratur Unternehmensleitbilder als spezifische konventionalisierte Kommunikationsform (Genre) des organisatorischen Kontextes fokussiert. Daran schließt sich eine einführende Darstellung der Theorie der sozialen Repräsentationen, die die wahrnehmungs- bzw. handlungstheoretische Grundlage zur Konzeptionalisierung der den Leitbildtexten zugrunde liegenden sozial verfügbaren Wissensbasis bildet. Die Arbeit ist damit in der interpretativen Sozialforschung zu verorten, die jeglichen Erkenntnisprozess – auch den wissenschaftlichen – als aktive, genuin soziale Wirklichkeitskonstruktion und Realität daher als dem Bewusstsein nicht direkt zugänglich begreift[2]. Kommunikation steht im Zentrum von Wirklichkeitskonstruktion als interaktivem und sozialem Prozess der Auseinandersetzung mit der physischen und sozialen Umwelt.

---

[2] Einer der bekanntesten, auch von der Organisationsforschung auf breiter Basis diskutierten Klassifikationsvorschläge zur Systematisierung sozialwissenschaftlicher Ansätze stammt von Burrell/ Morgan (1982): Jeder Forschung zugrunde liegt eine Annahme über die ontologischen Basis der (sozialen) Welt. Burrell/Morgan differenzieren zwischen einer realistischen (es gibt eine Realität außerhalb des menschlichen Bewusstseins) und einer nominalistischen (die Welt entsteht erst durch den Akt der Erkenntnis und Benennung) Position. Auf epistemologischer Ebene stellt sich die Frage nach den Bedingungen des Erkenntnisgewinnes. Positivistische Forschung sucht nach wahrer Erkenntnis im Sinne reliabler und verfizierbarer Abbildungen der Realität oder zumindest größtmöglicher Annäherungen an dieselbe, während anti-positivistische Forschung jegliche Erkenntnis als Konstruktion qualifiziert. Deterministische Konzepte begreifen den Menschen bzw. sein Verhalten prinzipell als durch kulturelle und soziale Strukturen geprägt und erklärbar, während voluntaristische Konzepte von der Handlungsfreiheit des Menschen ausgehen und eine kausalistisch begründete Determiniertheit menschlichen Handelns grundsätzlich ablehnen. In methodologischer Hinsicht unterscheiden Burrell/Morgan den hypothesentestenden nomothetischen Zugang naturwissenschaftlicher Prägung und den ideographischen Zugang, der die subjektiven Sinn- und Bedeutungsstrukturen der Untersuchungsobjekte fokussiert und nicht den Anspruch erhebt, allgemeingültige Erkenntnisse zu generieren. Burrell/Morgan erweitern dieses Kontinuum von objektivem – subjektivem Forschungsprogramm um eine weitere, wiederum als Kontinuum angelegte Dimension: Soziologie der Regulation – Soziologie des radikalen Wandels. Erstere fokussiert Fragen nach den Bedingungen der Stabilität sozialer Ordnungen bzw. Systeme, während zweitere Phänomene des Wandels (und damit auch Themen wie Herrschaft, Konflikt etc.) in den Mittelpunkt des Interesses rückt. Die daraus abgeleiteten Paradigmen verstehen sie als kohärent, aber voneinander unabhängig. Im Feld der Organisationsforschung hat insbesondere die erste Dimension und die damit verbundene Differenzierung in funktionalistisches und interpretatives Paradigma Bedeutung erlangt. Zugleich ist dieses klassische Schema für die innovativen Ansätze der letzten Jahrzehnte, die gerade die integrative Betrachtung von Struktur und Handlung anstreben, wie etwa Giddens Strukturierungstheorie, Luhmanns Theorie der sozialen Systeme oder aber auch die Theorie der sozialen Repräsentationen, nicht mehr adäquat, da sie ja gerade die Dichotomie von subjektivem und objektivem Forschungsprogramm zu überwinden suchen.

Der zweite Teil präzisiert Forschungsfrage und Forschungsziel und geht auf die methodologischen Grundlagen interpretativer Sozialforschung und die daraus folgende Forschungslogik ein. Mit einem Überblick über diskursanalytische Forschungsprogramme in der Organisationsforschung wird eine Darstellung der soziologisch orientierten Diskursanalyse eingeleitet, die als Forschungsstrategie den methodologischen Rahmen der Arbeit stellt, bevor der konkrete Untersuchungsablauf mit dem eingesetzten Methodenkanon kurz skizziert wird. Der Teil schließt mit dem Scope der empirischen Untersuchung.

Der dritte Teil ist ganz den einzelnen Analysephasen und der Darstellung der empirischen Ergebnisse der Arbeit gewidmet, deren Essenz in Template und Plot der entwickelten Normalitätsfolie zum Ausdruck gebracht werden. Den Abschluss bildet eine kurze Zusammenfassung der Arbeit.

Teil I: Untersuchungsgegenstand – Phänomenbereich und Grundlagen

1 Leitbilder als Instrument der betriebswirtschaftlichen Strategie- und Steuerungslehre

Die Explizierung und Implementierung von Unternehmensleitbildern können bereits seit den achtziger Jahren zum Standardrepertoire moderner Unternehmensführung gezählt werden. Ihre steigende Verbreitung korrespondiert mit einer breiten Berücksichtigung dieses Instrumentes in der betriebswirtschaftlichen Literatur (z.b. Probst 1992; Hinterhuber 1992; Bleicher 1994a, 1994b und 1999).

Unternehmensleitbilder enthalten als "realistisches Idealbild [...] die grundsätzlichsten und damit allgemein gültigsten, gleichzeitig aber auch abstraktesten Vorstellungen über angestrebte Ziele und Verhaltensweisen einer Unternehmung" (Brauchlich 1984:313). Sie dienen als "fundamentaler, interpretationsbedürftiger und offener Orientierungsrahmen" (Bleicher 1994a:5, 1994b:504; ähnlich auch Belzer 1995:16) und spiegeln die Werte, Normen und Ideale des Unternehmens wider (z.b. Hinterhuber 1992:27; Matje 1996:139).

Obwohl diese Konzeption keine Verschriftlichung des Leitbildes voraussetzt, wird zumeist von expliziten, formalisierten Unternehmensleitbildern ausgegangen, die zu den Grundsatzdokumenten von Unternehmen (z.B. Gabele/Kretschmer 1986:159; Grünig 1988:254; Kühn 1986:142) gezählt werden. Davon zu unterscheiden ist das Leitbild als eine Art mentales Modell, das einen Ideal- oder Archetypus in Form von idealisierten und typisierten Vorstellungen einer organisatorischen Grundstruktur darstellt (Kieser/Hegele 1998:170). Diese Vorstellungen werden meist auf wenige einfache Prinzipien reduziert bzw. zu plakativen Schlagworten wie z.B. 'Lean Production', 'Selbstorganisation' (Kieser/Hegele 1998:170) oder – um ein Beispiel außerhalb des organisationalen Kontextes zu geben – 'autogerechte Stadt' (Dierkes/Marz 1998:379) verdichtet. Die folgenden Ausführungen befassen sich grundsätzlich mit Unternehmensleitbilddokumenten, in denen freilich "Leitbilder" im Sinne von mentalen Modellen expliziert werden (können).

1.1 Unternehmensleitbilder und andere Grundsatzdokumente

Die Abgrenzung der Unternehmensleitbilder von anderen Dokumenten der Unternehmenskommunikation wird in Literatur wie Praxis uneinheitlich gehandhabt (z.B. Matje 1996:51; Ebert 1997:27). Begriffe wie Vision, Unternehmensphilosophie, Unternehmensgrundsätze, Unternehmensmission, Unternehmensleitsätze, Unternehmensverfassung, Unternehmensprofil etc. werden teils als Synonyme, teils als von Leitbildern[1] abzugrenzende Konzepte definiert[2]. Aufgrund ihrer Funktion als – interpretationsbedürftiger – Orientierungsrahmen werden Leitbilder üblicherweise von Prozeduren, Abwicklungsvorschriften, Verfahrensweisen, organisatorischen Regelungen oder ähnlichen Dokumenten mit konkretem Anweisungscharakter unterschieden (z.B. Gabele/Kretschmer 1986:38).

Führungsgrundsätze

Eine im deutschsprachigen Raum weit verbreitete Differenzierung[3] wird zwischen Unternehmensleitbildern und Führungsgrundsätzen (oder –leitbildern, -richtlinien etc.) vorgenommen. Während Unternehmensleitbilder umfassender und an mehrere interne wie externe Adressaten gerichtet sind (z.B. Bleicher 1994b:504), fokussieren Führungsgrundsätze das Verhältnis zwischen Vorgesetzten und unterstellten Mitarbeitern (z.B. Gabele/Kretschmer 1986:17; Hoffmann 1989:168f; Matje 1996:73). Unternehmensgrundsätze werden dabei traditionell als allgemei-

---

[1] Der Begriff "Leitbild" wird im Rahmen dieser Arbeit exklusiv für Leitbilddokumente bzw. damit einhergehende Diskurse verwendet.
[2] Einen Überblick über unterschiedliche Zugänge bzw. Definitionen und Begriffsabgrenzungen bieten Gabele/Kretschmer 1986:159ff und Matje 1996:49ff.
[3] Im anglo-amerikanischen Raum gibt es diese Differenzierung nicht (z.B. Matje 1996:73). Wunderer verweist in diesem Zusammenhang auf den Amerikaner B. Frass, der formalisierte Führungsgrundsätze als "teutonische Angelegenheit" bezeichnete (Wunderer 1983:VI).

nere bzw. grundsätzlichere Ebene konzipiert, aus denen die Führungsgrundsätze abgeleitet werden (z.b. Finzer/ Mungenast 1989:405; Lattmann 1975:50).

Ethik Codes

Unternehmensleitbilder gehen als Instrument der Unternehmensführung auch über die Explizierung allgemeiner humanistischer Ansichten und Grundhaltungen hinaus: Zum einen richten sie sich im Gegensatz zu ethisch motivierten Verhaltenskodizes des Topmanagement an Mitarbeiter aller Ebenen (Matje 1996:56). Zum anderen wird mit der Explizierung von Unternehmensleitbildern als Instrument der strategischen Unternehmensführung ein positiver Einfluss auf Effektivität und Effizienz bezweckt (vgl. Kapitel 1.3). Normen, die bewusst als geeignete Mittel zur Beförderung des Gewinnzieles konzipiert werden, als Unternehmensethik zu qualifizieren, wird z.B. von Steinmann/Löhr heftig kritisiert: "Man denke etwa an die vielzitierten 'Führungsgrundsätze' oder an Überlegungen zur Gestaltung einer 'Organisationskultur', die zwar manchmal mit dem Beiwort 'Ethik' geschmückt werden, jedoch der Absicht nach ausschließlich zur Effizienzsteigerung dienen sollen. In solchen Fällen von Ethik zu sprechen wäre Etikettenschwindel [...]" (Steinmann/Löhr 1992:2455)[4].

In den USA gewannen Corporate Ethical Codes bereits ab Mitte der siebziger Jahre zunehmend an Bedeutung, und zwar sowohl in ihrer (postulierten) verhaltenssteuernden Funktion als auch hinsichtlich der Distanzierung von unethischem Verhalten einzelner Mitarbeiter (Farrell et al 2002)[5]. Weder Codes of Ethics noch Mission Statements sind klar definierte Konzepte (z.B. Stevens 1994) sondern werden wie die deutschsprachigen Begriffe sehr unterschiedlich gefasst. Swales/Rogers (1995) beschreiben Ethical Codes als bürokratische, relativ lange, unvisionäre, rechtlichen Texten ähnliche Dokumente mit Anweisungscharakter, die vor allem betonen, was Mitarbeiter nicht tun sollten, und die z.T. von neu eintretenden Mitarbeitern (zur Bekundung, dass der Text gelesen

---

[4] Ebenso lehnt z.B. Ulrich funktionalistische Versuche ab, die Notwendigkeit von Führungsethik aus ökonomischen Motiven begründen und damit instrumentalisieren zu wollen: "Führungsethik ist kein Führungsinstrument!" (Ulrich 1995:5).
[5] Einen Überblick über das Forschungsfeld bieten z.B. Stevens 1994 und Farrell et al 2002.

und verstanden wurde) unterzeichnet werden müssen. Mission Statements hingegen würden eher vom (Top)Management als von der Rechtsabteilung verfasst und brächten durch die Fokussierung auf Werte, positives bzw. gewünschtes Verhalten und grundsätzliche Richtlinien das postulierte – und damit normative – Wertesystem und Selbstverständnis zum Ausdruck (Swales/Roger 1995:227). Auch Stevens postuliert einen grundsätzlichen Unterschied zwischen den strategisch ausgerichteten Mission Statements und Codes of Ethics[6], betont aber zugleich die Ähnlichkeit der Konzepte, sobald in Mission Statements allgemeinere Themen wie Werte oder Ideale angesprochen werden (Stevens 1994:64).

Vision

Eine häufige Differenz wird in der deutschsprachigen Literatur zwischen Vision und Leitbild gemacht (z.B. Hinterhuber 1992; Matje 1996; Bleicher 1994a; Häusle 1991). Die Vision soll die Richtung weisen, vergleichbar einem Polarstern, der der Orientierung dient, aber nicht das Ziel der Reise sein kann (Hinterhuber 1992:30, 1996:14f). Leitbilder als Grundsatzsysteme hingegen sollen über realisierbare Zielvorstellungen die gemeinsame Handlungsorientierung sicherstellen und verhaltenssteuernd wirken. Unternehmensleitbilder schränken in diesem Sinne Handlungsspielräume ein, während Visionen Handlungsspielräume erweitern oder neu schaffen (Matje 1996:56). Matje räumt aber ein, dass beide Dokumente der Gestaltung des Normen- bzw. Wertsystems dienen und weniger wesensmäßig als vielmehr graduell differieren (z.B. Herz versus Kopf; visionärer Charakter versus Umsetzungsorientierung), sodass sie bei entsprechend umfangreicher Gestaltung auch als Substitute aufgefasst werden können (Matje 1996:6f).

Die Begriffe Mission – "no two academics or managers agree on the same definition" (Campbell/Yeung 1991:10) – und Vision – "one of the most overused and least understood words in the language" (Collins/Porras 1996:66) – werden auch in der anglo-amerikanischen Literatur zum Teil sehr unterschiedlich bis wider-

---

[6] Ein Indiz für eine auch in der Praxis übliche Trennung ist z.B. der Executive's Guide von Bain & Company, der in seiner Beschreibung der 25 am weitesten verbreiteten Management Tools zwischen Ethic Codes und Mission/Vision Statements als zwei unterschiedliche Tools differenziert (Rigby 2003).

sprüchlich verwendet. Gleichzeitig liegen den Begriffen z.T. andere Konzepte zugrunde als ihren "deutschsprachigen Pendants".

Bennis/Nanus definieren Vision umfassend als Bild einer realistischen, glaubhaften und attraktiven Zukunft für die Organisation (Bennis/Nanus 1992:88). Cummings/Davies wiederum kritisieren "their 'baggy' catch-all articulation of vision" (Cummings/Davies 1994:148) und befürworten eine Differenzierung zwischen Vision und Mission (vgl. auch z.b. Campbell et al 1990; Campbell/Yeung 1991b; Levin 2000): "A vision is [...] more associated with a goal whereas a mission is more associated with a way of behaving" (Campbell et al 1990:39).

Cummings/Davies (1994) argumentieren eine derartige Differenzierung über die unterschiedliche ontologische und epistemologische[7] Basis der Begriffe, die aber trotzdem zwei Seiten *einer* Medaille darstellen. "A mission empowers through a force which casts or steers the individual or group into the future in a particular direction. A vision empowers through the provision of knowledge or expectation about the future which can be aimed for, a future state which becomes more known, and more 'real' in the present, and hence more likely to be achieved in the future, because it has been envisaged" (Cummings/Davies 1994:147f). Aus motivationstheoretischer Sicht impliziere Vision die Überzeugung, dass Ziele (vor allem schwierig zu erreichende, aber akzeptierte) in hohem Ausmaße motivierend wirkten und decke sich damit mit den Annahmen der Goal-Setting-Theorie. Mission als Verhaltensrahmen basiere hingegen auf den gleichen Annahmen wie die Reinforcement Theory, "which argues that existing structures and systems condition and guide action, reinforcing behaviour seen as appropriate within a corporation's context" (Cummings/Davies 1994:148). Verhalten ist damit extern

---

[7] Das Wort Mission leite sich aus dem Indo-Europäischen "(s)meit, meaning throw or send" her und sei daher auch "the duty on which one is sent" (Cummings/Davies 1994:147). In einen modernen organisatorischen Kontext übertragen, "one can see mission as the intent, spirit or rallying cry which constitutes the organization's, and its members, primary duty or way of behaving, the foundation and force which throws, sends, or casts itself into the future towards its goals and targets" (ebd:147). Vision hingegen komme vom lateinischen *videre* (sehen). Sehen meint hier 'Wissen' ("to see and to know") und hat gemeinsame Wurzeln zu Worten, die Wissen und Voraussicht ("knowledge and foresight") implizieren. "Etymologically, vision conceptualizes something seen which is not actually present or historical, something which may be – a notion of the future which can provide something to anticipate and aim towards or away from" (ebd:147).

determiniert, und Mission Statements dienen der Implementierung handlungs-leitender Strukturen.

Auf ontologischer Ebene liege dem Konzept Vision eine existentialistische Grund-position zugrunde (vgl. Sartre), aufgrund derer Individuen die Welt produzieren und reproduzieren, dabei aber prinzipiell frei sind. "It follows that organizations, as collective human agents, are at liberty to create 'visions' and achieve them" (Cummings/Davies 1994:149). Eine strukturalistische Grundposition hingegen gehe von der Determiniertheit des Individuums durch Strukturen, soziale Rahmenbedingungen und Verhaltensstandards aus, die zumeist unbewusst sind. "[...] if a mission is an articulation of accepted behavioural patterns emerging over time, then this will be seen by structuralists as a far more viable and powerful reference point for developing a common sense of purpose than a vision" (Cummings/Davies 1994:149). Cummings/Davies befürworten für den organisatorischen Kontext einen ergänzenden Einsatz beider Konzepte. "The framework for behaviour provided by mission should be reinforced by the ar-ticulation of more specific strategies, ways in which the company will seek to act towards the achievement of its vision [...] The system is further reinforced through the setting of objectives, more specific and more immediate 'signposts' along the way to the vision and aims towards which strategies are directed" (Cummings/Davies 1994:149).

1.2   Unternehmensleitbilder in Literatur und Praxis

1.2.1   Unternehmensleitbilder in der betrieblichen Praxis

Unternehmensleitbilder werden in der betrieblichen Praxis seit Anfang der sieb-ziger Jahre vermehrt eingesetzt, und zwar wie Gabele (1992:37ff) in einer Dar-stellung und Auswertung ausgewählter empirischer Untersuchungen von Unter-nehmens- und Führungsgrundsätzen (Töpfer 1973; Kreikebaum/Grimm 1980; Fiedler 1980; Ulrich 1981; Grünig 1988; Hoffmann 1989) feststellt, in stetig stei-gendem Ausmaße.

Untersuchungen Ende der neunziger Jahre lassen eine Fortsetzung dieses Trends erkennen. Gemäß einer Fragebogenerhebung unter deutschen Unternehmen im Jahre 1998, die von KPMG in Zusammenarbeit mit dem Lehrstuhl für Unternehmensführung der Universität Erlangen-Nürnberg durchgeführt wurde[8], verfügten 85% der antwortenden Unternehmen über ein Unternehmensleitbild (KPMG 1999). Eine vergleichbare Umfrage führte PricewaterhouseCoopers AG mit Unterstützung des Instituts für Wirtschaftsethik der Universität St. Gallen im Sommer 2000 in der Schweiz durch. Von den 147 beteiligten Unternehmen gaben 92% an, ein Unternehmensleitbild zu besitzen (PWC 2000). Im Rahmen der Studie des "Cranfield Network on European Human Ressource Management"[9] wurde eine signifikante Zunahme hinsichtlich der Existenz eines Leitbilddokumentes in österreichischen Organisationen verzeichnet: Während 1993 66% der Organisationen angaben, über ein „schriftliches Unternehmensleitbild" zu verfügen, waren es 1999 bereits 82% (ivm 1999:27)[10]. Unternehmensleitbilder gehören somit auch am Beginn des neuen Jahrtausends zu den etablierten und weit verbreiteten Standardtools der strategischen Unternehmensführung.

1.2.2   Unternehmensleitbilder in der betriebswirtschaftlichen Literatur

Die steigende Verbreitung von Unternehmensleitbildern in Unternehmen und Organisationen korrespondiert mit einer breiten Berücksichtigung dieses Instrumentes in der betriebswirtschaftlichen Literatur bis etwa in die Mitte der neunziger Jahre (z.B. Probst 1992; Hinterhuber 1992; Bleicher 1994a, 1994b und 1999). Dem umfassenden Einsatz und damit der großen praktischen Relevanz des

---

[8] In Zusammenarbeit mit dem Lehrstuhl für Unternehmensführung an der Universität Erlangen-Nürnberg wurde von KPMG 1998 eine Umfrage zum Thema Unternehmensleitbilder unter den 1.000 größten deutschen Unternehmen durchgeführt (Fragebogenerhebung; Rücklaufquote 25%). Die Unternehmen wurden auf Grundlage der Hoppenstedt-Datenbasis anhand der Kriterien Umsatz und Mitarbeiterzahl ausgewählt (KPMG 1999).

[9] Die Studie des "Cranfield Network on European Human Resource Management" ist eine internationale Untersuchung, die seit 1990 in insgesamt 22 Ländern Europas durchgeführt wird. Sie hat die Erhebung und den Vergleich von Entwicklungen des Personalmanagements in Europa zum Ziel. Österreich war 1993 und 1999 in die Befragung inkludiert. 1999 wurden bei einer korrigierten Grundgesamtheit von 1.483 privaten und öffentlichen österreichischen Organisationen (kontaktiert wurden ausschließlich Organisationen mit mehr als 200 Mitarbeitern) 230 Fragebögen ausgewertet (Rücklaufquote 15,6%). Zwischen privaten und öffentlichen Organisationen wurde bzgl. des Einsatzes von Leitbilddokumenten kein statistisch relevanter Unterschied festgestellt (ivm:30).

[10] Vgl. außerdem kleinere Untersuchungen wie z.B. Matje 1996.

Themas steht nach intensiver, allerdings sehr pragmatisch orientierter Diskussion in den achtziger Jahren seit Mitte der neunziger eine äußerst geringe wissenschaftliche Auseinandersetzung gegenüber.

Die Entwicklung und Etablierung des Themenbereiches "Unternehmensleitbilder" in der Literatur ist in zwei Monographien dokumentiert: Mitte der achtziger Jahre erscheint das Buch von Gabele/Kretschmer (1986), zehn Jahre später gibt Matje (1996) einen Überblick über die Entwicklungen der nächsten Dekade. Bis auf die etwas zeitversetzte "Entdeckung" von Leitbildern im Bereich öffentlicher Organisationen (z.b. Meyer/Hammerschmid 2000; Frank/Bucher 2000; Hilb 1995; Radtke 1998; Wewer 1998) bzw. ihrer Etablierung im Non Profit Bereich (z.b. Buber/Fasching 1999; Horak 1998; Schwarz 1996) ab etwa Mitte der neunziger Jahre sind jüngere wissenschaftliche Publikationen kaum zu verzeichnen[11].

1.2.2.1 Die Literatur bis Mitte der achtziger Jahre

Gabele/Kretschmer betrachten als oberstes Ziel von Unternehmensgrundsätzen die Sicherstellung einer zielorientierten Unternehmenssteuerung: "Sie sollen die Gewähr dafür bieten, alle Unternehmensbereiche auf eine gemeinsame, aufeinander abgestimmte Politik auszurichten. Die Grundsätze müssten demnach den Unternehmen in allererster Linie eine gewollte und realistische Gesamtorientierung geben, Präferenzen für die Arbeit setzen und gemeinsam zu verfolgende Absichten festhalten, widerstreitende Interessen ausgleichen und einmal festgelegte Ziele durchsetzen helfen" (Gabele/Kretschmer 1984:27). Sie gliedern ihren Literaturüberblick anhand von drei typischen Funktionen: Unternehmensgrundsätze als unternehmenspolitische Leitbilder, als Instrumente der organisationskulturellen Transformation und als Inputs der strategischen Planung[12].

---

[11] Aktuelle Auseinandersetzungen mit Grundsatzdokumenten finden derzeit im Rahmen der Unternehmens- bzw. Wirtschaftsethik und neueren Strömungen wie Corporate Citizenship statt (vgl. z.B. Habisch 2003:41ff bzw. die dort zitierte Literatur), die aber wie bereits dargestellt von strategischen Instrumenten abzugrenzen sind.
[12] Matje reduziert in seinen Ausführungen die drei Grundfunktionen auf zwei, "nämlich die Schaffung von Grundlagen für die Ausrichtung der strategischen Planung und die Schaffung bzw. Veränderung von Normen und Werten, an denen das Handeln im Unternehmen ausgerichtet

Gabele/Kretschmer beschreiben die Beschäftigung der anglo-amerikanischen Managementlehre mit Grundsatzdokumenten im erstgenannten Sinne von den Anfängen in den zwanziger Jahren bis zu einem ersten Höhepunkt an Publikationen in den sechziger Jahren. In diesem Zeitraum wird die Thematik auch in der unternehmenspolitischen Literatur des deutschsprachigen Raumes aufgegriffen und erreicht hier einen Höhepunkt in den siebziger Jahren (Gabele/Kretschmer 1984:27ff bzw. die dort zitierte Literatur). Unternehmenspolitische Leitbilder dienen in diesem Verständnis als Orientierungshilfen für die soziale und politische Wirklichkeit: "Leitbilder, die das Leben und Verhalten einzelner beeinflussen und ihre Intentionen auf ein übergeordnetes Ganzes lenken; Leitbilder, die zwar auf konkrete und erreichbare Ziele gerichtet sind, ohne aber Vorschriften- oder unmittelbaren Normcharakter zu besitzen; Leitbilder, die vielmehr offen, interpretationsbedürftig und wandelbar sind" (Gabele/Kretschmer 1986:31f).

Als zweiten Bereich der Auseinandersetzung mit Unternehmensgrundsätzen in der betriebswirtschaftlichen Literatur identifizieren Gabele/Kretschmer die Ende der siebziger Jahre auf breiterer Basis einsetzende Diskussion zur Organisationskultur und ihrer Bedeutung im Zusammenhang mit betrieblichen Veränderungsprozessen. Unternehmensgrundsätze sind aus dieser prozessualen Perspektive ein Instrument zur Beeinflussung der Organisationskultur: "Geht man einerseits davon aus, dass in der Organisationskultur kollektive Vorstellungen, Ideen und Anschauungen über die Organisation, ihre Aufgaben und ihre spezifische Tätigkeiten zusammengefasst sind und in Unternehmensgrundsätzen auf der anderen Seite gleichfalls derartige grundlegende Vorstellungen formuliert werden, die allerdings das gewünschte Selbstverständnis beschreiben, dann wird die Verbindung unmittelbar deutlich" (Gabele/Kretschmer 1986:36). Das Dokument selbst vergleichen Gabele/Kretschmer in seiner symbolischen Funktion mit der Bibel bzw. staatlichen Verfassungen, die ebenfalls eine integrierende und steuernde Funktion innerhalb einer Gemeinschaft erfüllen sollen (Gabele/Kretschmer 1984:37). Sie betonen außerdem die Bedeutung der Organisationskultur

---

werden kann" (Matje 1996:4), und konzipiert sie als Extremformen eines Kontinuums, auf der sich Inhalt und Formulierung von Unternehmensgrundsätzen in der Praxis bewegen.

als Steuerungspotenzial im Sinne eines "institutional leadership" (Selznick 1957), dessen Aufgabe – im Gegensatz zum "interpersonal leadership" - die Förderung bzw. Verteidigung von Werten sei (Gabele/Kretschmer 1986:38).

In ihrer Funktion als Grundlage der strategischen Planung liefern Unternehmensgrundsätze in der Konzeption von Gabele/Kretschmer (1996:39f) den Input zur Entwicklung von Strategien. Sie beziehen sich dabei auf den Ansatz von Kirsch/Trux (1981): Aus dem unternehmenspolitischen Rahmen wird die strategischen Ausrichtung entwickelt, aus der wiederum die Substrategien und Ziele abgeleitet werden.

1.2.2.2 Die deutschsprachige Literatur seit Mitte der achtziger Jahre

Die deutschsprachige Literatur zum Themenbereich Unternehmensleitbilder etwa ab Mitte der achtziger Jahre kann in grob in zwei Gruppen geteilt werden[13]: Einerseits Monographien zu Ansätzen der (strategischen) Unternehmensführung, die Leitbilder in das jeweils vertretene Gesamtkonzept einordnen, bzw. Artikel, die sich in ihrer Einordnung auf derartige Konzepte beziehen (z.B. Ulrich 1990; Ulrich/Fluri 1995; Macharzina 2003; Kreikebaum 1993; Hinterhuber 1992; Grünig 1988; Bleicher 1994a, 1994b und 1999), andererseits Artikel ohne Einordnung in ein Gesamtkonzept, die sich in der Regel auf kurze Definitionen oder Begriffsumschreibungen stützen (z.B. Bernet 1982, Siebert 1992, Brauchlin 1984, Attenhofer 1990, Glücksburg/Ochsner 1989).

Ansätze der Strategie- und Steuerungslehre wie Hinterhubers (1992) integrierendes Gesamtkonzept strategischer Unternehmensführung oder das St. Gallener Management-Konzept, das den Bezugsrahmen für Bleichers (1994a) Ausführungen bildet, haben nicht unwesentlich zur Akzeptanz und Verbreitung von Unternehmensleitbildern beigetragen (z.B. Matje 1996:11). Exemplarisch werden diese beiden Zugänge daher kurz dargestellt.

---

[13] Für eine vergleichende Auflistung von Definitionen bzw. Kurzdarstellung ausgewählter Ansätze vgl. Matje 199649ff.

Bleicher (1994a, 1994b, 1999) geht von drei Dimensionen des Managements aus (vgl. Abbildung 1): der normativen, der strategischen und der operativen (Ulrich 1984:329).

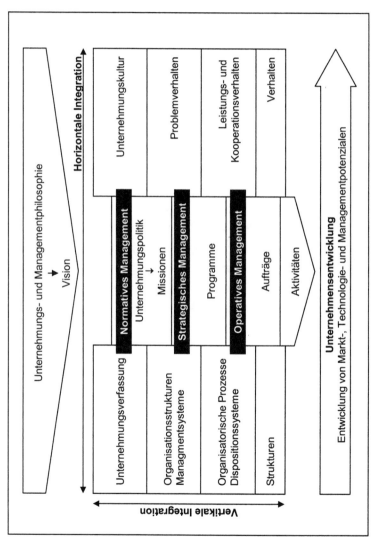

Abbildung 1: Zusammenhang von normativem, strategischem und operativem Management (Bleicher 1994a:17)

Das normative Management wirkt dabei begründend auf die Aktivitäten, während es Aufgabe des strategischen Managements ist, ausrichtend auf Aktivitäten einzuwirken. Aufgabe des operativen Managements ist es, lenkend in die Unternehmensentwicklung einzugreifen, indem die normativen und strategischen Vorgaben in konkrete Operationen umgesetzt werden (Bleicher 1994:17). Leitbildern kommt in diesem Modell eine die angesprochenen Dimensionen integrierende Funktion zu.

Als transparente und zugriffsbereite Dokumentation bieten sich Leitbilder zur Vermittlung der Managementphilosophie – die grundlegenden Einstellungen, Überzeugungen, Werthaltungen (Ulrich 1984:312) – an, die als "unternehmerisches Gewissen" eine Konsistenz über das Präferenzsystem der Teilnehmer und Mitglieder auf allen Ebenen durch eine affektiv gesteuerte Vorprägung ethisch-moralischen Verhaltens schafft (Bleicher 1994:25). Die Bestimmung der Managmentphilosophie ist ein bewusster Prozess, der auf das intendierte ethisch-moralische Verhalten der Unternehmung nach außen (Systemumwelt) und nach innen (Mitglieder des Systems) gerichtet ist (Bleicher 194:24). Die Managementphilosophie ist dementsprechend wertegenerierend und in der Folge sinnstiftend (Bleicher 1994:25). Neben sinnhaftigen Inhalten von Leitbildern sind aus der normativen und strategischen Dimension des Managements unternehmungspolitische Grundsätze und strategische Missionen, Strukturgrundsätze der Unternehmungsverfassung, Organisationsstrukturen und Managementsysteme und Verhaltensgrundsätze für die unternehmungskulturgeprägte Führung und Kooperation zu berücksichtigen (Bleicher 1994:35). Leitbilder sollen demgemäß alle drei Dimensionen des Managements im Hinblick auf die Umsetzung unternehmenspolitischer Missionen und strategischer Programme durchdringen (Matje 1996:59).

Hinterhuber (1992:25ff) gliedert sein integrierendes Gesamtkonzept für die strategische Führung von Unternehmen in sieben Komponenten (vgl. Abbildung 2). Die Richtung weist die unternehmerische **Vision** als "Bewusstwerden eines Wunschtraumes einer Änderung der Umwelt" (Hinterhuber 1992:25). Die **Unternehmenspolitik** als die Gesamtheit von Unternehmensgrundsätzen soll die gemeinsame Handlungsorientierung sicherstellen, indem es die angestrebten Werte, Normen und Ideale benennt und damit ordnend für und verhaltenssteuernd auf die Mitglieder des Unternehmens wirkt. Die Entwicklung von **Strategien** dient der Weiterführung der im Rahmen der Unternehmenspolitik definierten Aufgaben durch konkrete Zielfomulierungen, deren effiziente Realisierung einen dauerhaften Aufbau und Erhalt der Wettbewerbsvorteile sicherstellen soll.

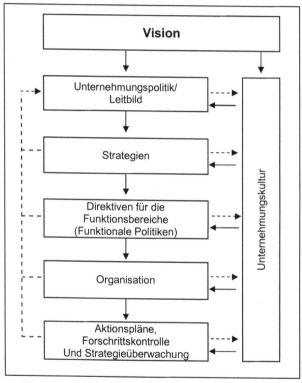

Abbildung 2: Die sieben Komponenten der strategischen Unternehmensführung (Hinterhuber 1992:26)

Funktionale Direktiven sind Richtlinien für Entscheidungen in Teilbereichen des Unternehmens, die den Handlungsspielraum in Übereinstimmung mit der strategischen Ausrichtung definieren, während die **Organisation** sowohl den entsprechenden strukturellen Rahmen als auch die erforderlichen (Human)Ressourcen gewährleisten soll, und zwar unter Berücksichtigung der Bedürfnisse, Wünsche und Vorstellungen der Mitarbeiter. Auf der operativen Handlungsebene sollen **Aktionspläne, Fortschrittskontrollen** und **Strategieüberwachung** die erfolgreiche Umsetzung der Strategien sicherstellen. Die **Unternehmenskultur** als Gesamtheit der im Unternehmen vorherrschenden Wertvorstellungen, Traditionen, Überlieferungen, Mythen, Normen und Denkhaltungen ist sinnstiftend und verhaltenssteuernd. Ein führender Wettbewerber entsteht im günstigsten Fall: "wenn sich die Strategie und Unternehmungskultur gegenseitig stützen und ergänzen" (Hinterhuber 1992:33). Das Unternehmensleitbild besteht in diesem Ansatz aus Leitsätzen oder Unternehmungsgrundsätzen, die "in wenigen Worten die wesentlichsten Grundgedanken des Unternehmers und/oder der obersten Führungskräfte enthalten" (ebd.60) und damit die Unternehmenspolitik zum Ausdruck bringen[14].

Insgesamt liegen den jüngeren wie älteren Beiträgen der deutschsprachigen Literatur einfache rationalistische Denkmodelle zugrunde, wonach Organisationen im Sinne instrumenteller Vernunft nach Effizienzsteigerung streben und hinderliche Rationalitätsschranken über strukturelle Vorkehrungen zu neutralisieren sind: "ja, es macht geradezu die Funktion von organisatorischen Strukturen aus, dass sie den Menschen zu höherer Rationalität befähigen" (Becker et al 1988:91).

1.2.2.3 Die Mission Statements der anglo-amerikanischen Literatur

Mission Statements – "sometimes called a creed statement, a statement of purpose, a statement of philosophy, a statement of beliefs, a statement of business principles, or a statement defining our business [...]" (David 1989:90)[15] – werden zumeist als Pendant zu Unternehmensleitbildern begriffen, wobei wie in der deutschsprachigen auch in der englischsprachigen Literatur weder die Terminologie noch die Konzeptionen einheitlich sind (z.B. Campbell/Yeung 1991:10;

---

[14] Was nicht ausschließt – im Gegenteil –, dass Mitarbeiter in den Entstehungsprozess eingebunden werden (Hinterhuber 1992:66).
[15] Diese Aufzählung ist exemplarisch und keineswegs vollständig (vgl. auch z.B. die Auflistung in Klemm et al 1991:74).

Klemm et al 1991:74; Baetz/Bart 1996:526; Collins/Porras 1996:66). Mission Statements gehören im anglo-amerikanischen Raum zu den unangefochtenen Standards in der Toolbox strategischer Instrumente. In der von der Unternehmensberatung Bain & Company seit 1993 jährlich durchgeführten Befragung hinsichtlich der Bedeutung von 25 Management Tools wurden Mission/Vision Statements von 451 Senior Executives im Jahre 2000 (wie bereits im Jahr davor) nach "Strategic Planning" als zweithäufigst genutztes Tool gereiht (Rigby 2001)[16].

Die strategieorientierte anglo-amerikanische Literatur zu Mission Statements zeichnet sich zwar weit mehr als die deutschsprachige durch einen stark empirisch geprägten Zugang (z.B. Pearce II/David 1988; David 1988; Klemm et al 1991; Brabet/Klemm 1994; Morris 1996; Baetz/Bart 1996; Bart 1996; Bart/Baetz 1998; Bart 1998) und eine explizit umsetzungsorientierte Haltung aus[17], die Untersuchungen gehen über einfache Inhaltsanalysen und die Entwicklung von Checklisten zur inhaltlichen Ausgestaltung aber ebenfalls kaum hinaus (z.B. Campbell et al 1990:19; Campbell/Yeung 1991a:10; Bart 1998:64). Mission Statements sind in diesem Verständnis "a primary strategic tool for directing the formulation, implementation, and control of strategy. It provides the overall framework and philosophy of the company by broadly defining the organization's purpose and by identifying the company's operating domain in terms of product, market and technology selections. [...] the mission statement extends across time, location, and particular strategies to provide and reflect a broader organizational consistency" (Pearce II/Roth 1988:39; vgl. auch Pearce II/David 1988:109).

Daneben gibt es einzelne (ebenso anwendungsorientierte) Ansätze, die ausgehend von einer Kritik der mangelnden Qualität bestehender Mission Statements – "usually a boring, confusing, structurally unsound stream of words" (Collins/Porras 1996:76f) – und der für zu eng befundenen Konzepte der Strate-

---

[16] Auch der Einsatz von Mission Statements ist natürlich nicht auf den privatwirtschaftlichen Bereich beschränkt (vgl. etwa für den Gesundheitsbereich z.B. Gibson et al 1990; Bart/Tabone 1998; Bart/Tabone 2000 bzw. die dort zitierte Literatur).
[17] Ein Indiz für diesen anwendungsorientierten Zugang sind auch die zahlreichen Bücher mit Sammlungen von Mission Statements (z.B. Abrahams 1998; Graham/Havlick 1994; Jones/Kahaner 1995).

gielehre Modelle vorstellen, die die kulturelle und die strategische Dimension, "Herz" und "Kopf", integrieren wollen (z.b. Campbell et al 1990, Campbell/Yeung 1991a; Collins/Porras 1996; Stone 1996). Eines davon, das Ashridge-Modell, wird im Folgenden kurz beschrieben.

Das Ashridge-Modell wurde im Rahmen eines Forschungsprojektes des Ashridge Strategic Management Centre in einem iterativen Prozess aus theoretischen Überlegungen und Interviews generiert (z.b. Campbell et al 1990; Campbell/Yeung 1991b; Campbell/Yeung 1991a; Campbell 1991)[18]. Ausgangspunkt sind zwei unterschiedliche Auffassungen von Mission: Zum einen Beiträge, die Mission als ein strategisches Tool betrachten, "an intellectual discipline which defines the business's commercial rationale and target market", zum anderen unternehmensphilosophische Beträge, die Mission als "cultural glue" begreifen, bestehend aus starken Normen und Werten "which enables an organization to function as a collective unity" (Campbell/Yeung 1991:10f). Das einseitig strategische Verständnis von Mission führe zu Verwirrung, denn "mission is an issue that involves both the hearts (culture) and minds (strategy) of employees" (Campbell et al 1990:21)[19]. Ziel müsse daher eine Integration der beiden Verankerungsorte Strategie und Kultur sein: "An organiziation has a mission when its culture fits with its strategy" (Campbell et al 1990:13).

Schriftliche Mission Statements sind aus dieser Perspektive zunächst von untergeordneter Bedeutung: sie sind "useful only to those committed to follow its principles. Therefore a mission statement is most valuable to those who have a sense of mission" (Campbell et al 1990:16). Es ist daher in keiner Weise zur Disziplinierung oder Motivation im Unternehmen geeignet: "Only management behaviour can discipline people, and motivation comes from a sense of mission

---

[18] Es wurden in 42 Unternehmen Interviews und anschließend in vier von diesen (Bulmers, Zehnder, Marks and Spencer, Royal U.S.) vertiefende Interviews durchgeführt, in vier weiteren Unternehmen (Borg-Warner, British Airways, Ind Coope Burton Brewery, Shell U.K. Refining) wurde die Implementierung einer neuen Mission und Philosophie als Fallstudien aufgearbeitet (Campbell/Yeung 1991a:19).
[19] Während sich empirisch die Identifikation mit der Organisationskultur zur Etablierung eines "Sense of Mission" als wichtiger herausstellte als eine Identifikation mit Zielen, definierten interessanterweise die Manager trotzdem Mission einhellig als "the business we are in and the competitive positioning we choose within that business" (Campbell/Devine/Young 1990:13).

not from a mission statement. Mission statements do not create a sense of mission; it is rather the other way round" (Campbell et al 1990:16)[20].

Unter "sense of mission" verstehen sie ein emotionales "commitment", das auf einem vom Unternehmen und seinen Mitarbeitern geteilten Wertsystem basiert (Campbell et al 1990:36), den Alltag transzendiert und sinnstiftend wirkt (Campbell/Yeung 1991a:17). Mission ist in diesem Sinne "an organization's character, identity and reason for existence. It can be divided into four inter-relating parts: purpose, strategy, behaviour standards and values" (Campbell/Yeung 1991b:145; vgl. Abbildung 3).

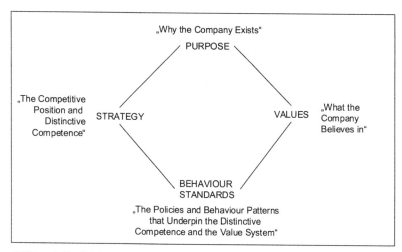

Abbildung 3: The Ashridge Mission Model (Campbell/Yeung 1991:13)

Purpose meint dabei "the ultimate rationale for the organisation [which] provides people with a justification for their work. It lies behind specific objectives or goals; it deals with the philosophical question of what is the role of business in society" (Campbell 1991:66). Als besonders Erfolg versprechend wird ein höheres Ideal

---

[20] Ausgehend von der Feststellung, dass "people's values do not change when they change the company" Campbell/Yeung 1991a:18), wird daher ein sorgfältiges Recruiting empfohlen (Campbell/Devine/Young 1990). Ganz ähnlich argumentieren Collins/Porras: "Core ideology can also play a role in determining who is inside and who is not. [...] How do we get people to share our core ideology? You don't. You can't. Instead, find people who are predisposed to share your core values and purpose" (Collins/Porras 1996:71).

als übergeordneter Unternehmenszweck qualifiziert (Campbell et al 1990:29). Verhaltensstandards dienen als Daumenregel: "'The way we do things around here' or the 'ten commandments'" (Campbell 1991:68).

Mission wirkt handlungsleitend und handlungsbegründend, indem sie Unternehmenszweck und Verhaltensstandards in zweifacher Weise verbindet: "The commercial rationale or left-brain reasoning is about strategy and what sort of behaviour will help the company outperform competitors in its chosen arena. The emotional, moral and ethical rationale or right-brain reasoning is about values and what sort of behaviour is ethical: the right way to treat people, the right way to behave in our society" (Campbell et al 1990:34)[21]. Die Elemente müssen in ihren Handlungskonsequenzen konsistent sein: "This is most easily perceived by looking at the links between the strategy and the value system and whether both can be acted out through the same behaviour standards" (Campbell et al 1990:34; wortgleich: Campbell/Yeung 1991a:16).

Insgesamt sind die anglo-amerikanischen Beiträge in der Regel nicht in umfassendere Konzeptionen eingebunden, sondern verzichten weitgehend auf eine theoretische Fundierung oder Verankerung (Matje 1996:73). Neben der pragmatischen Grundhaltung und der strategischen Ausrichtung stechen zudem die oftmaligen Vergleiche mit Grundsatzdokumenten ins Auge, die als Träger von Kultur, Ethos und Ideologie fungieren (Swales/Rogers 1995:226). Häufiger als im deutschsprachigen Raum wird entweder auf die Ähnlichkeit mit religiösen

---

[21] Eine ähnliche Analogie wählen Collins/Porras (1996) mit Yin und Yang: Sie entwickeln aus sechsjähriger empirischer Forschung einen konzeptuellen Rahmen zur Entwicklung einer Vision, die gleich dem Yin und Yang aus zwei Hauptkomponenten – Core Ideology und Envisioned Future – bestehen sollte. Core Ideology definiert die Unternehmensidentität und besteht aus zwei unterschiedlichen Teilen: "core values, a system of guiding principles and tenets; and core purpose, the organization's most fundamental reason for existence" (Collins/Porras 1996:66). Core Values sind drei bis fünf zentrale authentische Werte des Unternehmens, die unabhängig von externen Faktoren oder Bedingungen für das Unternehmen definiert bzw. identifiziert werden sollten. Core purpose ist "the reason for being" (ebd:68), der "guiding star on the horizon – forever pursued but never reached" (ebd: 69). Die Envisioned Future definiert ein konkretes Ziel, das in 10 bis 30 Jahren erreichbar sein sollte, und einer inspirierenden Beschreibung des Zustandes bei Erreichen des Zieles (ebd:73). "Identifying core ideology is a discovery process, but setting the envisioned future is a creative process" (ebd:74f).

essentiellen Kurztexten[22] wie die Zehn Gebote (z.B. Campbell 1991:68), "The Four Spiritual Laws" (z.B. Swales/Rogers 1995:226) oder "The Principles of Judaism" (z.B. Collins/Porras 1996:66) verwiesen, oder auf politische Dokumente wie das Kleine Rote Buch von Mao (z.B. Swales/Rogers 1995:226), die amerikanische Verfassung (z.B. Stone 1996:32) oder die Unabhängigkeitserklärung (z.B. Collins/Porras 1996:66).

1.3 Wirkungsbehauptungen von Leitbildern

Leitbildern als Instrument der Unternehmenssteuerung liegt die – hypothetische – Annahme eines positiven Effektes auf den Unternehmenserfolg zugrunde. Die postulierten Wirkungsbehauptungen der präskriptiven Literatur – gesicherte empirische Erkenntnisse fehlen bis heute (z.B. Kühn 1993:4292; Matje 1996:91)[23] – sind vor allem (z.B. Belzer 1995:20ff; Bleicher 1994a:22; Matje 1996:85ff; Grünig 1988:2545f; Kühn 1986:143f; Brauchlin 1984:313f; Ulrich/Fluri 1995:93; Gabele/Kretschmer 1984)[24]:

Identitäts- oder Identifikationsfunktion. Leitbilder explizieren das Selbstverständnis des Unternehmens, im Entwurf eines "Zukunftsfits" (Bleicher 1994) von Umwelt- und Unternehmungsentwicklung als zukunftsorientiertes Selbstverständnis des Unternehmens ausgedrückt. Dies soll zu einer stärkeren Identifikation der Organisationsmitglieder mit den Werten und Zielen der Organisation führen (z.B. Bleicher 1994; Belzer 1995; Grünig 1988; Brauchlin 1984).

---

[22] "Perhaps one of the oldest statements is found in Philippians Chapter 2, verse 2, where Paul says '... make my joy complete by being of the same mind, maintaining the same love, united in spirit, intent on one purpose.'" (Stone 1996:32).

[23] Auch für Mission Statements gilt, dass sich die spärlich vorhandenen empirischen Untersuchungen auf Wirkungsmessungen zumeist gar nicht einlassen (Bart 1998:827); sie gehen in der Regel über einfache Inhaltsanalysen, Fallbeschreibungen oder Managerbefragungen nicht hinaus.

[24] Die an Mission Statements geknüpften Erwartungen entsprechen im Großen und Ganzen jenen, die auch an Unternehmensleitbilder geknüpft werden (vgl. z.B. Pearce II/Roth 1988:39; David 1989:95; Klemm et al 1991:73 und 78; Campbell/Devine/Yeung 1990:16; Stone 1996:31; Baetz/Bart 1996:526; Bart 1998:65; kritisch z.B. gegenüber dem traditionellen "rally the troops"-Gebrauch Bartkus et al 2000). Die "bottom line" all dieser Wirkungserwartungen ist auch hier "that they are associated with superior returns and superior organizational performance (Bart 1998:829).

Orientierungs- und Stabilisierungsfunktion. Durch den normativen Handlungsrahmen bieten Leitbilder handlungsleitende Orientierung[25] und bilden ein stabilisierendes Gegengewicht in dynamischen Umwelten (z.b. Bleicher 1994; Siebert 1992; Belzer 1995; Grünig 1988; Brauchlin 1984; Gabele/Kretschmer 1984). Notwendige Veränderungen sollten dadurch aber nicht blockiert werden (Bleicher 1994), im Gegenteil: In Zeiten organisationalen Wandels wird die Nutzung der **unternehmenskulturellen Transformationsfunktion** (Gabele/ Kretschmer 1984) von Leitbildern postuliert, wobei kontraproduktive Wirkungen einer "Kulturtechnokratie" (Bleicher 1994) bzw. generelle (Machbarkeits-)Grenzen in der unternehmenskulturellen Diskussion ausführlich thematisiert werden (z.B. Schreyögg 1992:1534f).

Koordinations- und Kohäsionsfunktion. Die Ausrichtung an einem einheitlichen Handlungsrahmen wirkt kompexitätsreduzierend und soll zu koordinierteren, stringenteren und rascheren Entscheidungen führen (z.B. Belzer 1995; Bleicher 1994; Kühn 1986; Gabele/Kretschmer 1984), verbunden mit der Hoffnung auf Reduktion von Fehlentscheidungen (Grünig 1988). Zunehmend divergierende Interessenlagen der Bezugsgruppen komplizieren die Entscheidungsprozesse zusätzlich und erfordern geeignete Instrumente der Bewältigung von Interessen- und Zielkonflikten (Matje 1996; Grünig 1988; Gabele/Kretschmer 1984).

Legitimations- und Aufforderungsfunktion. Leitbilder kommunizieren gewünschte und damit legitimierte Handlungsoptionen bzw. –prioritäten nach innen und außen (Belzer 1995). Sie stellen im Innenverhältnis eine Aufforderung zur Übernahme der explizierten Handlungsmuster durch die Mitglieder des Unternehmens dar (Ulrich/Fluri 1995), während sie der externen Unternehmensumwelt das angestrebte Selbstbild vermitteln und so der Imagebildung dienen (Bleicher 1994a; Ulrich/Fluri 1995; kritisch z.B. Kühn 1986). Um der Gefahr substanzloser PR-Konzeptionen zu entgehen, ist bewusste und ehrliche Öffentlichkeitsarbeit

---

[25] Von einer "Unité de doctrine" sprechen z.B. Grünig 1988; Brauchlin 1986; Ulrich/Fluri 1995; Macharzina 2003:211.

auf Grundlage einer bruchlosen, klar erkennbaren Unternehmensidentität (Corporate Identity) erforderlich (z.b. Matje 1996; Ulrich/Fluri 1992).

Motivationsfunktion. Die erhoffte positive Wirkung auf die Motivation der Mitarbeiter (z.b. Bleicher 1994; Belzer 1995; Ulrich/Fluri 1995) wird aufgrund gegensätzlicher empirischer Erkenntnisse durchaus kritisch gesehen (Kühn 1986).

Mögliche Dysfunktionalitäten von Unternehmensleitbildern sieht Bleicher in der Vermittlung eines trügerischen Sicherheitsgefühls durch irreale Wunschbilder oder unglaubwürdigen Leerformeln bzw. kosmetischer Schönfärberei von Stäben. Einen kulturtechnokratischen Zugang hält er ebenso für potenziell kontraproduktiv wie die Gefahr einer Blockade von notwendigem Wandel (Bleicher 1994:22). Als von Praktikern angeführte Gründe für den Verzicht auf Leitbilder nennt Macharzina einerseits die Schwierigkeit, allgemeingültige und zeitstabile Unternehmensleitbilder unter Berücksichtung sämtlicher Bezugsgruppen zustande zu bringen, andererseits den damit verbundenen Aufwand. Weitere Einwände sind eine unnötige Einschränkung des Entscheidungs- und Handlungsspielraumes sowie die damit einhergehende Verminderung der Anpassungsfähigkeit an Entwicklungen der Umwelt. Schließlich wird die grundsätzliche Ablehnung von Theorien richtigen oder optimalen Verhaltens ins Treffen geführt[26] (Macharzina 2003:211f).

Die Diskussion der **Sinnhaftigkeit einer schriftlichen Explizierung** von Grundsätzen wird mangels empirisch gesicherter Erkenntnisse zumeist auf Basis von Plausibilitätsüberlegungen, Zuschreibungen oder präskriptiven Annahmen zugrunde liegender Unternehmensführungsmodelle geführt. Als Vorteile werden der Zwang zu genauerem und präziserem Denken, die Aktivierung eines Problembewusstseins, die Erleichterung der Kommunikation und eine höhere Verbindlichkeit und Beständigkeit durch das Niederlegen von Normen genannt, während u.a. die Tendenz zur Formalisierung, der Verlust an Flexibilität gegenüber abweichenden Entwicklungen (vgl. auch Kühn 1986) und die Gefahr einer Kon-

---

[26] Zum Großteil deckungsgleich sind die Praktiker-Argumente im Falle der Ablehnung von Mission Statements (vgl. z.B. David 1989; Klemm et al 1991; Ireland/Hitt 1992; Baetz/Bart 1996).

zentration auf Formulierungsfragen zulasten der Inhalte als Argumente gegen eine Verschriftlichung angeführt werden (Brauchlin 1984:315; Bleicher 1994a; 1994b; 1999).

1.4 Gestaltungsanforderungen an Leitbildtexte

Inhaltliche und formale Anforderungen an die Leitbildgestaltung[27] orientieren sich naturgemäß an den Merkmalen des jeweiligen Leitbildbegriffes und den zu realisierenden Funktionen bzw. Wirkungen. Im Folgenden wird ein knapper Überblick über die gängigsten Empfehlungen und Kritikpunkte gegeben.

Im Zusammenhang mit Auswahl und Explizierung von Grundsatzdokumenten – und daher auch von Unternehmensleitbildern – werden häufig Ulrichs Anforderungen an die Unternehmenspolitik aufgegriffen (z.b. Bleicher 1994a:51f, Matje 1996:13; ähnlich Belzer 1995:23f): Allgemeingültigkeit, Wesentlichkeit, langfristige Gültigkeit, Vollständigkeit, Wahrheit, Realisierbarkeit, Konsistenz, Klarheit (Ulrich 1990:29f). Dementsprechend sollte der Geltungsbereich der Grundsätze breit und **allgemeiner Natur** sein, um eine generelle Handlungsorientierung geben zu können. Prozeduren, Abwicklungsvorschriften, Verfahrensweisen, organisatorische Regelungen und dergleichen (Gabele/Kretschmer 1984:38) sind konkret, gelten zumeist nur für begrenzte Bereiche oder Personengruppen und erfüllen dieses Erfordernis daher nicht. Die Grundsätze sollten **die wesentlichen Aspekte** – nicht alle denkbaren Faktoren (Brauchlin 1984:314; Grünig 1988:257) – **vollständig** und **wahrheitsgemäß** erfassen. Unternehmensgrundsätze haben kein Ablaufdatum – sie gelten **grundsätzlich unbefristet** und werden bei Änderung wesentlicher interner oder externer Elemente des Unternehmens in der Regel überarbeitet (Grünig 1988:254; Pearce II/Roth 1988:39).

---

[27] Anforderungen an die Erstellung und Gestaltung von Leitbilddokumenten beziehen sich auf zwei unterschiedliche Ebenen (Grünig 1988:257): Vorschläge zur Bewältigung organisatorischer Probleme der Entwicklung von Grundsatzsystemen und Empfehlungen zur Lösung inhaltlich-entscheidungsmethodischer Schwierigkeiten bei der Leitbilderarbeitung. Auf organisatorische Anforderungen an den Leitbilderstellungsprozess kann in diesem Rahmen nicht näher eingegangen werden (vgl. z.B. Kippes 1993; Grünig 1988:258f; Bleicher 1994a:65ff; Matje 1996:141ff), die Ausführungen beziehen sich auf die Ausgestaltung der Leitbildtexte selbst.

Die Selektion der Grundsätze setzt Prioritäten und kommuniziert diese Relevanz-schemata an die internen und externen Anspruchsgruppen. Handlungsorientie-rung kann nur gegeben werden, wenn die angestrebten Ziele und Verhaltens-weisen **klar**, **verständlich** und **widerspruchsfrei** sind und ihre Umsetzung auch **realisierbar** ist (z.B. Hinterhuber 1992:66).

Kühn (1986) thematisiert die Problematik der Evaluierung bzw. Wirkungsab-schätzung bei der Wahl der Grundsätze oder Leitlinien: Die Konsequenzen von Grundsätzen sind nur mittelbar erfassbar, und die Zeitperiode ihres Auftretens ist im Voraus nicht bestimmbar (z.B. Kühn 1986:144ff; Grünig 1988:256). In diesem Zusammenhang stellt sich die Frage der **Konsistenz** differenzierter: Gefragt ist nicht eine unmittelbare, sondern eine mittelbare Konsistenz (Kühn 1986:144). Einander widersprechende Grundsätze können ein durchaus gewünschtes Spannungsfeld ergeben, sodass "ein Grundsatz die Wirkung des anderen auf die abhängigen Entscheide abdämpft bzw. dass die Grundsätze gegenseitig extreme, einseitige Interpretationen und entsprechende Anwendungen ver-hindern" (Kühn1986:146f). Inwiefern diese komplexe Zielsetzung kommunika-tionspolitisch tatsächlich über Leitbildtexte erreicht werden kann, ist freilich fraglich.

Auf Inhaltsebene weist etwa Ebert auf eine Reihe von "bestehenden" Problemen hin (Ebert 1997:34ff)[28]: die Un-/Richtigkeit ökonomischer und sozialwissenschaft-licher Grundsätze (offensichtlicher inhaltlicher Unsinn); modellgetreue/zurecht-gebogene Wiedergabe eines theoretischen Sachverhaltes (hier spricht er den oftmals verzerrten oder eigenwilligen Bezug auf theoretische Ansätze an, z.B. ein zurechtgebogener Maslow); Übernahme von überholten bzw. veralteten (praxis-orientierten) Modellen (z.B. das Harzburger Modell); Bezug auf wissenschaftliche Theorien aus Imagegründen und Gründen des "Impression Managements"[29].

---

[28] Er widmet sich in seiner linguistischen Untersuchung der formalen Ebene und exkludiert die inhaltliche Dimension explizit (vgl. Ebert 1997).
[29] Diese Forderungen für den Umgang mit theoretischen Ansätzen oder Modellen machen wieder die der Leitbildliteratur zugrunde liegenden rationalistischen Modelle deutlich: die Konzepte müssen "richtig", die ökonomischen Grundsätze "wahr" sein etc.

Abseits problematischer Inhalte werden als Hauptkritikpunkte an Leitbildtexten vor allem die Austauschbarkeit der Aussagen in vielen Leitbildtexten, vage Formulierungen oder unverständliche Leerformeln (Bleicher 1994:53) bis hin zu einseitigen, widersprüchlichen und schwärmerischen Inhalten (Ebert 1997:36f) genannt[30]. Die Kunst besteht für Brauchlin darin, "weder zu allgemein und damit inhaltslos noch zu präzise und damit allzu einengend" zu formulieren (Brauchlin 1984:314)[31].

Den gezielten Einsatz von Bildmaterial empfiehlt z.B. Häusel, da lange schriftliche Dokumente die Mitarbeiter überforderten und zudem emotional nicht ansprächen: "Den durchschlagenden Erfolg der Zehn Gebote vor Augen, versucht die Praxis nun häufig, Langformen auf wenige Kernsätze zu verdichten und an alle Mitarbeiter zu verteilen. [...] Allerdings leiden solche Kurzfassungen von Vision und Leitbild sämtlich an derselben Krankheit: Sie sprechen nicht die Gefühle an und bleiben deshalb wirkungslos" (Häusel 1991:28). Notwendig sei daher ein emotionales Bild, das Vision und Leitbild begreif- und spürbar macht: "Ein solches Bild nennen wir ikonisches Leitbild" (Häusel 1991:29).

1.5 Inhalte von Unternehmensleitbildern

Vorschläge für die Inhalte von Unternehmensleitbildern sind ebenso vielfältig wie die unterschiedlichen Definitionen und unterstellten Funktionen. Für in umfassendere Modelle der Unternehmensführung eingebettete Leitbilddokumente wird die Wahl der Inhalte über die Funktion der Texte im Rahmen des jeweiligen Ansatzes bzw. im Zusammenspiel mit anderen Dokumenten argumentiert (z.B.

---

[30] Ähnlich auch die Kritik an Mission Statements, die Lucas mit einer zynischen Paraphrasierung 'typischer' Mission Statements auf den Punkt bringt: "We are a terrific organization made up of terrific employees who provide our terrific customers with terrific products and services. God bless us everyone" (Lucas 1998:24).
[31] Die gesamte Problematik erinnert ein wenig an die Forschungsuhr von Weick, der das entsprechende Kapitel aus gutem Grunde mit "Erkenne Unvereinbarkeiten an" übertitelt (Weick 1995:54). Weick bezieht sich auf das Postulat der angemessenen Komplexität von Thorngate (1976), wonach eine Theorie sozialen Verhaltens unmöglich zugleich allgemein, genau und einfach sein kann, und veranschaulicht anhand einer Uhr mit zwei Zeigern, dass nur zwei der drei Kriterien zugleich erfüllt sein können.

Ulrich 1990; Bleicher 1994a; Ulrich/Fluri 1995; Hinterhuber 1992; zusammenfassend Matje 1996:91ff). Daneben gibt es zahlreiche Beiträge, die je nach Perspektive oder gewählter Definition mehr oder weniger plausible inhaltliche Gestaltungsvorschläge ableiten.

Gabele/Kretschmer (1986:43ff) entwickeln unter Aufarbeitung der frühen Literatur zum Thema ein Kategorienschema, mit dem sie die Inhalte von 51 Grundsatzdokumenten (Unternehmensgrundsätze, Führungsrichtlinien und Mischdokumente) systematisieren[32]. Sie unterscheiden zwei grundsätzliche, keineswegs überschneidungsfreie Perspektiven: Das Verhältnis des Unternehmens zu seinen Bezugs- oder Adressatengruppen und Aussagen zu allgemein geschäftspolitischen Themen (Gabele/Kretschmer 1986:49f).

Grünig (1988) stellt u.a. aus den Ausführungen von Gabele/Kretschmer (1986), Hill (1968) und Brauchlin (1984:314) einen dreiteiligen Katalog möglicher Leitbildthemen zusammen (vgl. Abbildung 4). Darüber hinaus werden z.T. noch weitere Themen/Anspruchsgruppen wie Gewerkschaften oder Verbände (z.B. Bleicher 1995:24) genannt.

Die möglichen Themen decken damit mehr oder weniger das gesamte Spektrum des organisatorischen Tätigkeitsfeldes bzw. Umfeldes ab – man könnte ebenso gut das Inhaltsverzeichnis eines Einführungsbuches in die Betriebswirtschaftslehre hernehmen.

Es liegt auf der Hand, dass der Vielzahl möglicher Themen unterschiedliche Prioritäten eingeräumt werden. So weisen etwa empirische Untersuchungen zu Leitbildinhalten in der Regel Mitarbeiter und Kunden als häufigste Adressaten sowohl im Sinne von Zielgruppe als auch im Sinne adressatenspezifischer

---

[32] Gabele/Kretschmer berücksichtigen sowohl präskriptive Arbeiten (Newman 1953 und 1977; Gross 1964; Richards 1977; Rogers 1977; Müller 1967; Scheuplein 1970; Koch 1977 und 1975; Ulrich 1978; Brauchlin 1979; Gälweiler 1976) als auch Ergebnisse empirischer Untersuchungen (Thompson 1958; Plesser 1976; Bartenstein 1987; Albach 1976; Ablach/Gabelin 1977) und Arbeiten, die sich mit spezifischen Teilausschnitten von Grundsatzsystemen befassen wie bspw. Führungs- und Personalleitsätze (z.B. Fidler-Winter 1977 und 1978; Grunwald/Lilge 1980; Tschirky 1981; Breisig 1981) (alle zit. in Gabele/Kretschmer 1986).

MÖGLICHE LEITBILDTHEMEN

A Allgemeine Aussagen

1 Umschreibung des Tätigkeitsgebietes
1.1 Mission
1.2 anzubietende Leistungen und Verhalten gegenüber Diversifikationschancen
1.3 geographische Abgrenzung des Tätigkeitsgebietes
1.4 Qualitätsstandort und Innovationsgrad der Leistungen
1.5 Umsatz-, Marktanteils- und Wachstumsziele

2 Finanzielle Ziele
2.1 Gewinn-, Cash-flow- und Renditeziele
2.2 Investitionsgrundsätze

B Aufgabenspezifische Aussagen

1 Führung und Führungsinstrumente
1.1 Führungsprinzipien
1.2 Grundsätze zur Organisation
1.3 Grundsätze zu anderen Führungsinstrumenten

2 Finanzierung und Investition
2.1 Grundsätze der Bilanzstruktur, insbesondere angestrebter Selbst- und Eigenfinanzierungsgrad
2.2 Investitionsgrundsätze

3 Informationssystem, Personalwesen und Administration
3.1 Grundsätze zur Erfüllung dieser Aufgaben
3.2 Infrastruktur

4 Absatz
4.1 Marktleistung
4.2 Preis
4.3 Kommunikation
4.4 Distribution
4.5 Infrastruktur

5 Leistungserstellung
5.1 Standorte
5.2 Grundüberlegungen zur Leistungserstellung
5.3 Infrastruktur

6 Beschaffung
6.1 Grundüberlegungen zur Beschaffung
6.2 Begrenzung der Abhängigkeit von Lieferanten
6.3 Infrastruktur

7 Forschung und Entwicklung
7.1 Grundüberlegungen zur Forschung und Entwicklung
7.2 Infrastruktur

C Adressatenspezifische Aussagen

1 Mitarbeiter
1.1 gestellte Anforderungen, Auswahl und Beförderung
1.2 Entfaltung und Mitwirkung
1.3 Aus- und Weiterbildung
1.4 Entlohnung und soziale Sicherheit

2 Eigenkapitalgeber
2.1 Verhältnis zu den Eigenkapitalgebern
2.2 Maßnahmen zur Sicherung ihrer Interessen
2.3 Möglichkeiten und Grenzen ihrer Einflussnahme

3 Fremdkapitalgeber
3.1 Verhältnis zu den Fremdkapitalgebern
3.2 Maßnahmen zur Sicherung ihrer Interessen
3.3 Möglichkeiten und Grenzen ihrer Einflussnahme

4 Kunden
4.1 Verhältnis zu den Letztabnehmern
4.2 Verhältnis zum Zwischenhandel

5 Lieferanten
5.1 Verhältnis zu den Lieferanten allgemein
5.2 Kriterien, welche an die Lieferanten gestellt werden

6 Konkurrenz
6.1 Verhältnis zur Konkurrenz allgemein
6.2 Kooperation mit Konkurrenten

7 Staat
7.1 Verhältnis zum Staat allgemein
7.2 Möglichkeiten und Grenzen seiner Einflussnahme

8 Öffentlichkeit
8.1 Verhältnis zur Öffentlichkeit allgemein
8.2 Berücksichtigung öffentlicher Anliegen insbesondere ökologischer Forderungen

9 Verhaltensgrundsätze gegenüber weiteren Adressaten

Abbildung 4: Katalog möglicher Leitbildthemen (Grünig 1988:257)

Leitbildinhalte aus (z.B. Gabele/Kretschmer 1986; Matje 1996; Siebert 1992). Bei den wenigen empirischen Untersuchungen handelt es sich zumeist um einfach gehaltene Inhaltsanalysen (z.b. Gabele/Kretschmer 1986; Hoffmann 1989; Gabele/Liebel/Oechsler 1992; Siebert 1992; Albach 1994; Matje 1996)[33]. Die Untersuchungen beruhen auf unterschiedlichen (Unternehmungs- und Führungs- grundsätze, nur Unternehmensleitbilder) oder z.T. unklaren (nach welchen Kriterien wurden die Dokumente ausgewählt bzw. andere Textsorten ausge- schlossen) Datenbasen, zudem fehlen methodologische und/oder methodische Erläuterungen. Ein Vergleich der Ergebnisse ist daher nicht sinnvoll möglich.

Inhalt und Form von Mission Statements

Trotz des stärker empirisch geprägten Zuganges sind die meisten Empfehlungen den Inhalt von Mission Statements betreffend entweder "based on speculation by the various authors or on practitioner surveys which are unrelated to any performance measurements or measures of success" (Bart/Baetz 1998:833). Abbildung 5 fasst die Komponenten der wichtigsten Untersuchungen zusammen, wobei "purpose appears to be the most common dimension" (Bart/Baetz 1998:824).

Empirische Untersuchungen englischsprachiger Mission Statements lassen sich hinsichtlich Untersuchungsdesign bzw. –methode/n in zwei Gruppen gliedern: Inhaltsanalysen von Mission Statements (z.B. Pearce II/David 1987; David 1989; Brabet/Klemm 1994; Baetz/Bart 1996; Morris 1996), und Befragungen (Frage- bogenuntersuchungen, Interviews) zu Inhalten, Erarbeitungs- und Implemen- tierungsprozessen und Wirkungs-Perzeptionen (z.B. Klemm et al 1991, Brabet/Klemm 1994; Coulson-Thomas 1992; Campbell/Yeung 1991a; Baetz/Bart 1996; Bart 1996; Bart/Baertz 1998; Bart 1998). Die Mehrzahl beschränkt sich auf einfache Häufigkeitsanalysen, nur wenige Ausnahmen versuchen das Verhältnis von Mission Statements und Performance zu messen (z.B. Bart/Baetz 1998;

---

[33] Eine Ausnahme bildet der Betrag von Göpfert/Jung/Deppe, die im Rahmen einer explorativen Studie die Entwicklung eines Designs zur Untersuchung der Erfolgswirksamkeit von Visionen andenken (Göpfert/Jung/Deppe 1999).

Pearce II/David 1988), oder Mission Statements und Innovationskraft (Baetz/Bart 1996; Bart 1988)[34].

Mission components	Drucker	Want	Pearce II / David	Campbell / Yeung	Collins / Porras	Coats et al.	Klemm et al.	Ireland / Hitt
	1974	1986	1987	1991	1991	1991	1991	1992
Purpose / Raison d'etre	x	x	x				x	x
Values / beliefs / philosophy		x	x	x				x
Business strategy / distinctive competence / competitive position	x			x			x	x
Behaviour standards and policies		x		x				
Corporate level aims / goals		x			x	x	x	
Self-concept / identity	x	x						
Public image		x						
Location		x						
Technology		x						
Concern for survival		x						

Abbildung 5: Previous definitions / components of mission (Bart/Baetz 1998:825)

David (1989) z.B. führt eine klassische quantitative Inhaltsanalyse von 75 US-amerikanischen Mission Statements[35] anhand eines deduktiv entwickelten The-

---

[34] Bart/Baertz bspw. kommen in ihrer Untersuchung zum Schluss, dass "our results were somewhat mixed" und dass die zentrale Frage "Do mission statements matter?" mit der Studie nicht zu beantworten sei – sie habe explorativen Charakter (Bart/Baetz 1998). Die bereits zehn Jahre früher durchgeführte Studie von Pearce II/David kommt ebenfalls zum Schluss, dass "the present findings do not suggest that the inclusion of desired components in a firm's mission statements will directly improve organization performance" (Pearcell/David 1988:112). Vgl. dazu z.B. Kühn (1986:141ff), der die schwer lösbaren Messprobleme der Wirkung von Unternehmensleitbildern und anderen Grundsatzsystemen diskutiert, die in der nur mittelbaren Erfassbarkeit der Konsequenzen von Grundsatzentscheiden liegen. Als System präskriptiver Aussagen, die den Alternativenraum bestimmter künftiger Entscheide einengen oder diese im Extremfall vorwegnehmen, wirken diese nicht unmittelbar durch die Auslösung konkreter Handlungen sondern nur mittelbar über die in den abhängigen Entscheiden gewählten Handlungsalternativen. "Dementsprechend werden für die Beurteilung von Grundsatzalternativen zentrale Konsequenzen durch die Ergebnisse der abhängigen Entscheide bestimmt und sind somit nur mittelbar als Konsequenzen erfassbar" (Kühn 1986:144f).

menkataloges[36] durch: Kunden (concern for customers), Produkte/Leistungen (product or service), Standort (location), Technologie (technology), Überleben(sstrategie) (concern for survival), Philosophie (philosophy), Selbst-Konzept (self-concept), Image (concern for public image), Mitarbeiter (concern for employees). Er kommt zu dem Ergebnis, dass die neun Kategorien als praktikable Basiskomponenten für die Erarbeitung und Evaluierung von Mission Statements geeignet wären, räumt aber gleichzeitig ein, es wäre "inappropriate based on current knowledge of mission statements to level the literature-derived components as essential characteristics of mission statements" (David 1989:97) – eine Feststellung, die immer noch für die bis dato vorliegenden Studien verallgemeinerbar ist.

Hinsichtlich der Form und Länge von Mission Statements besteht Einigkeit darüber, dass es keine einheitlichen und oder allgemeingültigen Standards gibt (z.B. Bart/Baetz 1998:834; Stone 1996:33); die Empfehlungen gehen daher z.T. diametral auseinander[37].

Interkulturelle Aspekte – komparative Untersuchungen

Europäische englischsprachige Mission Statements unterscheiden sich nach Meinung einiger Autoren inhaltlich nicht von US-amerikanischen (z.B. Klemm et al 1991:74) Dabei ist allerdings zu berücksichtigen, dass zum einen das Fehlen empirischer Erkenntnisse auch für komparative Studien mit interkulturellem Design gilt, zum anderen einfache klassische Inhaltsanalysen mit deduktiv ent-

---

[35] 1000 Firmen (Business Week Ranking nach Market Value) wurden angeschrieben und um Zusendung ihres Mission Statement gebeten. Ein Mission Statement wurde beschrieben als "an enduring statement of purpose that reveals product and market information about a firm's operations" (David 1989:92). 75 Mission Statements (30 Produktionsunternehmen, 45 Dienstleistungsunternehmen) wurden in die Untersuchung aufgenommen (= 41%), 106 Unternehmen (= 59 %) gaben an, kein Mission Statement zu haben. Ein – hier nicht weiter interessierendes – Ziel war die Identifizierung von Unterschieden zwischen Produktions- und Dienstleistungsunternehmen.
[36] Zur Kategorienbildung herangezogen wurden u.a. Pearce II/David (1987), David/Cochran (1987, zit. in David 1989, Want (1986).
[37] Bart/Baetz (1998:834) bspw. empfehlen kurze Mission Statements, da leicht zu merken ("KISS – keep it simple and straightforward!"), Campbell warnt vor der Opferung von Inhalten zugunsten quantitativer Überlegungen (kurz und damit leicht zu merken, passt in Geschäftsbericht etc.): "Brevity is not essential, but ease of reading is" (Campbell 1991:68).

wickelten Kategorienschemata[38] nicht geeignet erscheinen, um diffizilere Unterschiede zu identifizieren[39]. Da Funktion und Zielsetzung der Dokumente wie auch die Eingebettetheit in einen ähnlich strukturierten ökonomischen Kontext (globalisierte Marktwirtschaft bzw. globalisiertes kapitalistisches Wirtschaftssystem) großteils übereinstimmen, ist das Vorkommen bestimmter Kernelemente auch über kulturelle Grenzen hinweg nicht weiter überraschend. Feinere linguistische Analysen im Rahmen eines qualitativen Forschungsprogrammes könnten hingegen sehr wohl in der Lage sein, kontextspezifische Formen der Themenwahl und Strukturen der Vertextlichung aufzuspüren[40].

In einer der wenigen komparativen Untersuchungen wurden die Ergebnisse einer britischen Studie (Klemm et al 1991) mit jenen einer französischen Studie ver-

---

[38] "Einfach" bezieht sich auf die verwendeten Kategorienschema. Die im Rahmen einer klassischen Inhaltsanalyse notwendige Entwicklung eines exklusiven, trennscharfen und erschöpfenden Kategorienschemas, anspruchsvoll und komplex genug zur angemessenen Erfassung der in der Problemstellung formulierten theoretischen Konstrukte auf der Objektebene und damit zur Übersetzung derselben in eine adäquate Datenstruktur geeignet (z.B. Früh 1991:80), erfordert bei differenzierten Problemstellungen einen entsprechenden Aufwand und wird in der Regel nicht geleistet.
[39] Hingewiesen sei hier auf z.T. inhaltlich sehr nahe interkulturell angelegte Analysen von Ethik Codes (einen Überblick über inhaltsanalytische Untersuchungen derartiger Dokumente bieten z.B. Farrell et al 2002).
Die Untersuchung von Langlois/Schlegelmilch (1990) z.B. bezieht neben 33 britischen und 15 fanzösischen auch 30 deutsche Dokumente ein und stellt sie amerikanischen Ergebnissen (118 Dokumente) gegenüber. Aufgrund der besonders breit gefassten Beschreibung der angefragten Dokumente – "A statement setting down corporate principles, ethics, rules of conduct, codes of practice or company philosophy concerning responsibility to employees, shareholders, consumers, the environment or any other aspects of society external to the company" (ebd. 522) – wurden allerdings sehr unterschiedliche Dokumente in die Untersuchung aufgenommen. Langlois/Schlegelmilch beschreiben drei "Basisformate", die auf unterschiedliche Textsorten hindeuten (ebd. 525): Erstens Dokumente mit Verhaltensanweisungen für Mitarbeiter/innen und Führungsrichtlinien, die meist auch Sanktionen bei Fehlverhalten beinhalten. Zweitens kurze, allgemein gehaltene Statements mit Absichten, Zielen, Philosphien oder Werten. Drittens elaborierte Ethik Codes, die die soziale Verantwortung gegenüber unterschiedlichen Stakeholdern fokussieren und ein breites Spektrum anderer Themen enthalten. Die quer über die "Basisformate" durchgeführte Analyse identifiziert Unterschiede zwischen europäischen und US-amerikanischen Dokumenten hinsichtlich der Beziehung zu Mitarbeiter und Lieferanten/Vertragspartnern und politischer Themenbereiche. Innereuropäisch werden die häufige Thematisierung der Kunden in französischen Dokumenten sowie die Thematisierung von Innovation/Technologie in deutschen Dokumenten konstatiert. Inwiefern diese Unterschiede mit den "Basisformaten" und damit möglicherweise einhergehenden unterschiedlichen Funktionen und Zielsetzungen der Texte zusammenhängen, wird nicht untersucht.
[40] Zu beachten ist in diesem Zusammenhang freilich der Wirkungs- bzw. Einsatzbereich der Dokumente. So empfehlen z.B. Pearce II/Roth global tätigen Unternehmen explizit ein 'kontextresistentes' Mission Statement: "[strive] to define an acceptable overall corporate philosophy not contingent on specific environments" (Pearce II/Roth 1988: 43). Langlois/Schlegelmilch hingegen betonen die Relevanz des unternehmensspezifischen Kontextes: Wenn die Nationalidentität ein wichtiger Bestandteil der Unternehmenskultur ist, ist die Durchsetzung globaler Standards schwierig (Langlois/Schlegelmilch 1990:533).

glichen (vgl. Brabet/Klemm 1994) [41]. Im Zuge der französischen Untersuchung wurde ein Content (culture – strategy) / Participation (little – extended) - Portfolio entwickelt, in das die Ergebnisse der vergleichenden Studie (die Inhaltsanalysen wurde koordiniert durchgeführt) eingeordnet wurden (vgl. Abbildung 6).

	BRITAIN	FRANCE
Type of mission	- shorter - specific - values statements - quantified targets	- longer - general - value statements
Content refers to	- investors, shareholders - customers, employees - service	- clients, employees - value to society - service - shared destiny
Participation	- senior managers - some middle managers - limited consultation	- most employees - committees at all levels - formal procedures - clients included
Timescale	- short – less than a year	- long – more than a year
Effects on Company	- internal marketing of mission - strong leadership - behaviour standards - measurable targets	- internal marketing of mission - less formal hierarchies shared responsibility - responsiveness to external markets - weakening of traditional collective bargaining

Abbildung 6: Ergebnisse einer komparativen Studie britischer und französischer Mission Statements (Brabet/Klemm 1994:92)

---

[41] Bei der britischen Studie handelt es sich um eineFragebogen-Untersuchung: angeschrieben wurden 168 Unternehmen (Times 1000 Ranking) (1988), 59 Fragebögen wurden ausgewertet. Zwei Drittel der Unternehmen geben an, ein Mission Statement zu haben. Die Auswertung der Fragebögen ergab weiters, dass (a) Mission Statements mehr intern als extern kommuniziert werden und daher in erster Linie der internen kommunikation diesen als der externen, und (b) es einen Kontrast zwischen der Wahrnehmung von Mitarbeitermotivation und Effizienz gibt: Missions werden als geeigneter zur Hebung der Moral gesehen als Ziele, während strategischen Zieldokumenten der umgekehrte Effekt unterstellt wird (Klemm et al 1991:76). Im Rahmen der französischen Studie wurden 1988 französische Mission Statements analysiert und 25 vertiefende Interviews geführt. Zwei Jahre später wurden in einem Viertel des Samples eine Follow-up-Analyse durchgeführt, und im Jahr darauf in einer weiteren Studie die Entwicklung und Implementierung von MS in 10 Unternehmen des öffentlichen Dienstleistungsbereiches untersucht (Brabet/Klemm 1994:84f). 1991 wurden in einer weiteren Untersuchung in 41 französischen Unternehmen mit weniger als 1500 Mitarbeitern eine Dokumentenanalyse, eine Fragebogenuntersuchung und Interviews durchgeführt. Die britische Untersuchung war eine Fragebogenuntersuchung zur Wirkungseinschätzung von Mission Statements und Ziel-Statements in 59 großen Industrie- bzw. Finanzunternehmen (angeschrieben wurden 150 Unternehmen). Aus dem Artikel geht nicht hervor, wie viele britische Mission Statements analysiert (bzw. gesammelt) wurden.

Abseits einer oberflächlichen Ähnlichkeit sind die Britischen Statements durch mehr strategisch ausgerichtete Inhalte und top-down-Erstellung charakterisierbar, die französischen weisen umgekehrte Merkmale auf[42]. Brabet/Klemm interpretieren die Differenzen als eine Folge der unterschiedlichen Managementkulturen und der unterschiedlichen sozio-ökonomischen Kontexte (Brabet/Klemm 1994:91).

Trotzdem zeigt gerade dieser Versuch einer komparativen Studie die Grenzen der Inhaltsanalyse auf: Sie ist als Methode geeignet, Merkmale bzw. Unterschiede auf der manifesten inhaltlichen Ebene festzustellen, bietet aber weder einen geeigneten theoretischen bzw. methodologischen Rahmen, um diese zu interpretieren, noch stellt sie ein geeignetes Instrumentarium zu vertiefenden Analysen der Vertextlichung zu Verfügung, wie dies im Rahmen linguistischer Untersuchungen der Fall ist. Ohne entsprechende theoretische Fundierung (die der Kategorienbildung vorausgeht bzw. diese motiviert), ist die Interpretation der Ergebnisse damit wieder als mehr oder weniger plausible Vermutungen zu werten.

Untersuchungsdesigns, die eine theoretische Fundierung des Text-Kontext-Verhältnisses vornehmen und damit eine theoretisch verankerte Interpretation erlauben, werden im Rahmen der Strategie- und Steuerungslehre weder zur Analyse von Mission Statements noch zur Untersuchung von Unternehmensleitbildern herangezogen. Nur vereinzelt wurden Unternehmensleitbilder oder Mission Statements von Vertretern anderer Disziplinen analysiert, so zum Beispiel im Rahmen diskursanalytischer (z.B. Fairclough 1995c; Connell/ Galasínski 1998; Rogers/Swales 1995; Rogers/Swales 1990)[43] oder linguistischer (z.B. Ebert 1997) Untersuchungen.

---

[42] Der unterschiedliche Zugang zur Explizierung finanzieller Ziele wird z.B. auch von Pearce II/Roth thematisiert: "From a U.S. perspective, this financial component seems quite reasonable. However, it could be unacceptable in a global context where financial goals are frequently divergent. [...] Thus, a mission statement which specifies a firm's ultimate responsibility as one to its stockholders may or may not be appropriate from a global perspective as the basis for the company's financial operating philosophy" (Pearce II/Roth 1988:40).

[43] Fairclough (1995c) etwa illustriert die Darstellung seines diskursanalytischen Rahmens anhand von drei Textbeispielen aus dem universitären Kontext (zwei davon sind Mission Statements), die er im Hinblick auf die zunehmende "marketization of public discourse" analysiert. Connell/

1.6   Unternehmensleitbilder als Modewelle

Während sich der Themenkomplex bei Unternehmensberatern und im Bereich der populärwissenschaftlichen Literatur bis heute ungebrochener Popularität erfreut, scheinen Unternehmensleitbilder als etabliertes Standardinstrument der Strategie- und Steuerungslehre nicht mehr im Brennpunkt wissenschaftlichen Interesses zu stehen. Betrachtet man die Verbreitung und Etablierung von Unternehmensleitbildern als Managementmode (Kieser 1996), die wie jede derartige Welle eine Arena etabliert und einen typischen glockenförmigen Verlauf aufweist, wird die trotz der Popularität von Leitbildern in der betriebswirtschaftlichen Praxis eingetretene Stille in der wissenschaftlichen Auseinandersetzung erklärbar: Während der Mehrwert für die Scientific Community vor allem in der Erforschung neuer Entwicklungen und aufkeimender Strömungen liegt, profitiert insbesondere die Beraterbranche von der fortgesetzten Vermarktung etablierter Instrumente und Tools. Der Markt ist für die Scientific Community "abgegrast", während der Beratungsmarkt noch blüht (auch die erwähnten Umfragen von Beratungsunternehmen wie KPMG und PricewaterhouseCoopers, die unter Beiziehung wissenschaftlich ausgewiesener Partner durchgeführt wurden, sind ein Indiz für die große Bedeutung dieses Instrumentes in der betrieblichen Praxis, speziell im Zusammenspiel mit der Beratungsbranche).

Das "Leitbild" besteht also als institutionalisierte Kommunikationsform im Unternehmensumfeld fort[44]. Institutionalisierung bedeutet dabei stets "to infuse with value beyond the technical requirements of the task at hand" (Selznick 1957:17, zit. in Scott 1987:494), sodass im Zuge der Etablierung als Standardinstrument

---

Galasínski unterziehen 146 britische akademische Mission Statements einer detaillierten Analyse mit dem Ziel, "to identify the main ways in which Statements constructed an ordered and purposeful educational reality, and by what linguistic and rhetorical phenomena they peopled it with social actors" (Connell/ Galasínski 1998:463). Swales/Rogers (1995) basieren die Beschreibung allgemeiner Merkmale auf die Untersuchung von etwa 100 Mission Statements, analysieren aber nur 30 Dokumente etwas genauer (allgemeine linguistische Merkmale wie Verbformen etc.) und konzentrieren sich schwerpunktmäßig auf zwei Fallstudien, im Rahmen derer neben Dokumentenanalysen zusätzliche Daten zur Rekonstruktion der Firmengeschichte über eine Medienanalyse, Besuche in den Unternehmen und Gesprächen mit Key Players generiert wurden (Rogers/Swales 1995:236; vgl. auch eine frühere Untersuchung von Rogers/Swales 1990).
[44] Das Leitbild als institutionalisierte Kommunikationsform diffundiert zum Teil noch in benachbarte Bereiche wie den öffentlichen Sektor (vgl. z.B. Meyer/Hammerschmid 2000).

eine Bedeutungsverschiebung einhergeht – ein Leitbild hat man eben (zu haben). Institutionen definieren einen spezifischen normativen Referenzrahmen, an dem individuelle wie kollektive Akteure ihr Handeln ausrichten. Sie strukturieren Handlungskontexte und bestimmen Verhaltensweisen, sie sanktionieren deren Erfüllung und stellen sie in einen Sinnzusammenhang. Leitbilder werden vor dem Hintergrund sozial verfügbaren Wissens über Sinn und Zweck, Beschaffenheit und Anwendung von Leitbildern erstellt. Ihre Existenz wie ihre spezifische Ausgestaltung über die Wirkungsbehauptungen oder Effizienzüberlegungen der Strategie- und Steuerungslehre erklären zu wollen, greift zu kurz, da die durch den Referenzrahmen definierten normativen Erwartungshaltungen der Umwelt keine Berücksichtigung finden. Das Unternehmensleitbild als institutionalisierte Kommunikationsform des unternehmerischen Kontextes zu betrachten, erfordert einen anderen Bezugsrahmen, der die damit einhergehenden institutionalisierten Erwartungs- und Handlungsstrukturen theoretisch zu fassen vermag.

2   Leitbilder als kontextualisierte Kommunikationsform

Betrachtet man Unternehmensleitbilder als konventionalisierte Kommunikationsform eines spezifischen – konkret: des unternehmerischen – Kontextes, treten im Gegensatz zu den Effizienzüberlegungen der Steuerungsperspektive ganz andere Aspekte des Phänomens "Unternehmensleitbild" in den Vordergrund, und Fragen nach der Funktionalität dieses "Instrumentes" werden in einen neuen Bezugsrahmen gestellt. Die im Zuge der Vertextlichung realisierten inhaltlichen wie formalen Standards (Patterns, Templates, Normalitätsfolien) interessieren als Manifestationen institutionalisierter Vorstellungen, Regeln und Normen, wobei "such codes of practice reflect and prescribe the kinds of assumptions and conventions that are used to generate and interpret such representations" (Atkinson/Coffey 1997:49)[45]. Die Selektionen im Rahmen der Leitbilderstellung

---

[45] Auch scheinbare Dysfunktionalitäten, Shortcomings oder Widersprüche der Texte werden aus dieser Perspektive naturgemäß anders bewertet.

basieren in diesem Sinne auf konventionalisierten, also bei Textproduzenten wie -rezipienten verfügbaren und damit anschlussfähigen Vorstellungen über die typischen formalen wie inhaltlichen Merkmale eines Dokumentes, das als Leitbild qualifiziert werden kann (Genre-Wissen), was wiederum konventionalisiertes Wissen über die typischerweise kommunizierten Inhalte (z.b. Objekte, Ereignisse, Situationen, Akteure) und den Kontext, in den sie eingebettet sind (das soziale, wirtschaftliche, gesellschaftliche Umfeld), sowie die Beziehungen der Elemente zueinander voraussetzt. Damit wird eine Perspektive gewählt, die neo-institutionalistischen Ansätzen der Organisationstheorie nahe steht[46].

Während die klassische Managementlehre unterstellt, dass Erfolg aus einer effizienten Steuerung und Koordination der Arbeitsbedingungen und der Tausch-beziehungen resultiert (Walgenbach 1999:319), stellen neoinstitutionalistische Ansätze diese Prämisse in Frage, indem sie die technisch-rationale Perspektive als einseitig und unzulänglich kritisieren, statt dessen soziale und kulturelle Aspekte fokussieren und Organisationen als durch die gesellschaftliche Umwelt konstruiert begreifen (Scott/Meyer 1991:111). Im Gegensatz zum Konzept von Unternehmen als rational handelnde Akteure, die formale Strukturen zur effizienten Unternehmenssteuerung etablieren, spiegeln die formalen Strukturen aus neoinstitutioneller Perspektive die Vorstellungen rationaler organisatorischer

---

[46] Der Begriff Institutionalismus (Institutionalism) ist in unterschiedlichen sozialwissenschaftlichen Disziplinen mit mehr oder weniger divergierenden Bedeutungen oder Konzepten verankert (z.B. DiMaggio/Powell 1991:8), sodass sich unter dem Label "New Institutionalism" politikwissenschaft-liche, volkswirtschaftliche, (sozial)psychologische (z.B. die Beiträge in Moscovici/Duveen 2000; Deaux/Philogène 2001) und organisationstheoretische (z.B. die Beiträge in DiMaggio/Powell 1991; Scott/Meyer 1994; Meyer/Scott 1992) Ansätze finden (Jepperson 1991:143). Der organisations-theoretische Institutionalismus (einen Überblick über die Entwicklung der zentralen Konzepte bieten z.B. Tolbert/Zucker 1996) ist durch eine Abkehr von der Idee des rationalen Akteurs geprägt und betrachtet Institutionen als unabhängige Variable. Das Erkenntnisinteresse richtet sich auf kognitive und kulturelle Erklärungsansätze und "an interest in properties of supraindividual units of individuals' attributes or motives" (DiMaggio/Powell 1991:8). Innerhalb der Organisationstheorie variieren freilich die sog. Institutionalisten ihren Fokus hinsichtlich Mikro- versus Makro-Phänome-nen, kognitiver versus normativer Aspekte von Institutionen oder der Bedeutung von relationalen Netzwerken in Ausbilden und Diffundieren von Institutionen (DiMaggio/Powell 1991:1). Von anderen Organisationstheorien unterscheidet sich der Neo-Institutionalismus nicht durch die Be-deutung, die er der Umwelt zuweist (sie ist auch in anderen Makroansätzen hochgradig relevant), sondern durch die Facetten der Umwelt, die fokussiert werden: "die institutionalisierten Deutungs-systeme, Regeln und Rollen – also solche Elemente, die unabhängig von Ressourcenflüssen und technischen Erfordernissen auf die organisationale Gestaltung einwirken. [...] Die Umwelt einer Organisation [...] besteht aus Kultursystemen, die organisationale Strukturen definieren und legiti-mieren und so zu deren Schaffung und Aufrechterhaltung beitragen" (Walgenbach 1999:324).

Gestaltung in der Umwelt der Organisationen wider (Meyer/Rowan 1991:41; Scott 1992a:14). Nicht Wettbewerb oder Effizienzerfordernisse, sondern Regeln, Erwartungen und Anforderungen in der Umwelt der Organisation wirken primär auf Ausgestaltung und Veränderung der strukturellen Elemente (DiMaggio/Powell 1991b:63f; Greenwood/Hinings 1996:1999) und sichern der Organisation zugleich die notwendige Legitimierung (Meyer/Rowan 1991:41). Unternehmensleitbilder sind aus dieser Perspektive weniger *Instrument zur effizienten Unternehmenssteuerung* als vielmehr allgemein anerkanntes *Kriterium für effiziente Unternehmenssteuerung.*

Institutionalisierung meint sowohl den Prozess "by which certain social relationships and actions come to be taken for granted" als auch jene intersubjektiv geteilten kognitiven Strukturen, die Bedeutungszuweisungen determinieren und über die Begrenzung des Möglichen Handlungsspielräume definieren (Zucker 1983:2, zit. in DiMaggio/Powell 1991a:9).

Auf individueller Ebene sind institutionalisierte Vorstellungen als intersubjektiv geteilte kognitive Strukturen repräsentiert, die durch Interaktion und Kommunikation ausgebildet werden und den Referenzrahmen zur Interpretation wahrgenommener Phänomene darstellen: "lenses through which actors view the world and the very categories of structure, action and thought" (DiMaggio/Powell 1991a:13). Objekte, Personen oder Ereignisse werden durch diese Linsen in einer bestimmten Form wahrgenommen, zugleich einer Kategorie zugeordnet und damit zu anderen Kategorien in Beziehung gesetzt. Die durch Bedeutungszuweisung getroffene Differenzierung kann zur Sicherstellung sozialer Handlungsfähigkeit nur im gesellschaftlichen Prozess angeeignet werden, da nur über die sozial geteilte Wissensbasis – "shared meanings" (Scott 1994:57) – anschlussfähiges Handeln möglich ist[47]. Das gilt auch für die im Zuge sozialer Handlungen notwendigen kommunikativen Akte – sie beruhen stets auf Konven-

---

[47] Bereits Schütz (1990) betonte, dass (Alltags)Wissen strukturiert ist und durch Prozesse der Selektion und Typisierung konstruiert wird. Wissen und Denken ist *sozial* konstruiert, da es erstens konventionalisiert und sozial vermittelt ist, und damit zweitens intersubjektiv bzw. vergesellschaftet (vgl. auch Flick 1995:57f)

tion. Institutionen im Sinne sozial geteilter Repräsentationen bilden auf individueller Ebene somit wahrnehmungssteuernde, sinnstiftende und damit handlungsleitende Klassifikationssysteme, die als sozial konstruierte normative Referenzrahmen den legitimen Handlungsspielraum eröffnen wie sie ihn zugleich begrenzen
(Jepperson 1991:146) – sie werden im nächsten Kapitel ausführlich dargestellt.

Die sonst üblichen Konnotationen des Handlungsbegriffs – reflektiert und inten-
tional – werden aus dieser Perspektive zugunsten der unreflektierten und routine-
haften Dimension des Handelns zurückgedrängt (DiMaggio/Powell 1991a:14;
Walgenbach 1999:322). Damit verschiebt sich der Fokus vom (rational) handelnden Akteur hin zu den Strukturbedingungen des Handelns. Akteure und Interessen sind als durch institutionalisierte Regeln und Erwartungen konstituiert zu betrachten (z.B. Jepperson 1991; Zucker 1991; Meyer et al 1994; Walgenbach
1999:321), wobei die kulturell bedingten Regeln sinnstiftend wirken und somit auf
einen übergeordneten Rahmen "frame of reference" verweisen bzw. diesen konstituieren (Meyer et al 1994:10). Institutionen werden als "facts" (Meyer/Rowan
1991:42) in Form unhinterfragter handlungsleitender sozialer Regeln erlebt, "far
from being perceived as mere conveniences" (DiMaggio/Powell 1991:9). Trotz
der grundsätzlichen Veränderbarkeit von Institutionen werden sie als gegeben,
unveränderlich und selbstverständlich erlebt (Berger/Luckmann 1999:63).

Auf organisationaler Ebene führt die Institutionalisierung als rational erachteter
Regeln in der Umwelt der Organisation zu einer diesen Regeln entsprechenden
Formung oder Erweiterung der formalen Organisation durch Adoption eben
dieser Regeln (Meyer/Rowan 1991:45). Dabei findet zunächst eine zunehmende
Dekontextualisierung und Typisierung statt, die in organisationalen Kontexten zur
Ausbildung formalisierter organisationaler Progamme (Meyer/Rowan 1991:44)
oder "templates for organizing" (DiMaggio/Powell 1991:17) führt. Sie werden zu
Rezepten[48], zu typischen Mitteln zum Erreichen typischer Zwecke in typischen
Situationen (Schütz 1990:14).

---

[48] Schütz (1990) beschreibt Rezepte sowohl als Ausdrucksschemata – im Sinne von Handlungs-
direktiven – wie als Interpretationsschemata, indem sie eine 'automatische' Erklärung dessen
liefern, worauf in bestimmter Weise handelnde Leute aus sind (vgl. dazu auch Weick 1995:70).

Die Qualifizierung von Unternehmensleitbildern als Standardrepertoire der Unternehmenssteuerung setzt sowohl eine konventionalisierte Vorstellung derselben als auch typische Produktions- und Reproduktionssituationen voraus und ist damit ein deutliches Indiz für eine erfolgreich erfolgte Institutionalisierung: "Ein Unternehmen, das keine Grundsätze hat, fällt heute negativ auf" (Hoffmann 1989:174) – und zwar ganz unabhängig von Effizienzüberlegungen. Die im Zuge der Anpassung an die Erwartungen der relevanten Umwelt initiierten strukturellen Veränderungen – in unserem Fall die Erstellung bzw. Implementierung eines Unternehmensleitbildes – wirken nicht notwendig effizienzsteigernd (DiMaggio/Powell 1991b:64); ihre Bedeutung liegt weniger im tatsächlichen Problemlösungspotenzial als vielmehr in der konventionalisierten Zuschreibung von Effizienz und Problemlösungsfähigkeit. In historischen Prozessen[49] herausgebildete institutionalisierte Vorstellungen effektiver und effizienter Unternehmenssteuerung wirken in diesem Sinne als "highly rationalized myths that are binding on particular organizations" (Meyer/Rowan 1991:44).

Im Zuge der Verbreitung und Etablierung als Standardinstrument haben sich Vorstellungen über die Beschaffenheit und den Einsatz von Unternehmensleitbildern ausgebildet, die sich in typischen inhaltlichen wie formalen Charakteristika manifestieren und einzelne Dokumente als Leitbild identifizierbar machen bzw. sie von anderen Dokumenten differenzieren. Diese institutionalisierten "Templates" als konventionalisierte und typisierte Formen organisationaler Kommunikation können als Genres konzeptionalisiert werden (Orlikowski/Yates 1994:542). Sie sind durch ähnliche stukturelle, linguistische und substanzielle Charakteristika gekennzeichnet, erfüllen typische Funktionen in bestimmten, wiederkehrenden Situationen und sind mit spezifischen Produktions- und Reproduktionssituationen verbunden (Titscher et al 1998:39; Yates/Orlikowski 1992:301)[50]. "These genres

---

[49] Barley/Tolbert (1997:94) sprechen treffend von einer "history of negotiations".
[50] Ähnlich auch Swales: "A genre comprises a class of communicative events, the members of which share some of communicative purposes. These purposes are recognized by the expert members of the parent discourse community and thereby constitute the rationale for the genre. This rationale shapes the schematic structure of the discourse and influences and constrains choice of content and style. Communicative purpose is both a privileged criterion and one that operates to keep the scope of a genre as here conceived narrowly focused on comparable rhetorical action. In

can be viewed as social institutions that both shape and are shaped by individual's communicative actions" (Yates/Orlikowski 1992:300)[51]. Als Artefakte typisierter sozialer Handlungen sind Genres in einen spezifischen kulturellen, sozialen und wirtschaftlichen Kontext eingebettet und "package information in ways that conform to [it's] norms, values, and ideology" (Berkenkotter/Huckin 1995:1).

Unternehmensleitbilder bzw. ihre Erstellung sind damit ein "system of action that became institutionalized and is recognizable by repetition" (Czarniawska 1999:10; Czarniawska-Joerges 1994:198). Das Unternehmensleitbild-Genre als kontextspezifische institutionalisierte Kommunikationsform, die laufend produziert, reproduziert und modifiziert wird, ist Teil des kulturellen Symbolsystems geworden. Die Bedeutung eines Genres begründet sich in der relativen Position darin, wobei seine spezifischen Charakteristika insbesondere im Vergleich mit anderen Genres sichtbar werden (Czarniawska-Joerges 1994:198).

Textproduktion als Problemlösungsprozess impliziert im Zuge der Versprachlichung zahlreiche Entscheidungen inhaltlicher wie formaler Art (Themenwahl, das sequenzielle Skript und die konkrete Inszenierung der Themen etc.), die den gewünschten Effekt sicherstellen sollen. Um Anschlussfähigkeit zu gewährleisten, müssen diese Selektionen dem relevanten Kontext angemessen sein, oder anders ausgedrückt der *logic of appropriateness* (March/Olsen 1989) entsprechen: "the usual logic of action that aims not at the choice of an optimal alternative but at an action that will be recognized and accepted by an audience residing within the same institutional set-up" (Czarniawska 1999:11)[52]. Mit Referenz auf Giddens' "social rules" (Giddens 1984) wird die Angemessenheit der

---

addition to purpose, exemplars of a genre exhibit various patterns of similarity in terms of structure, style, content and intended audience" (Swales 1990:58).

[51] Dieser Genre-Begriff setzt zum einen auf dem Strukturationsansatz von Giddens (1984) auf, zum anderen fußt er auf dem rhetorischen Genre-Konzept von Carolyn Miller (1984), die erstmals die soziale Dimension von kommunikativen Handlungen fokussierte (z.B. Yates/Orlikowski 1992; Orlikowski/Yates 1994; Swales 1990; Berkenkotter/Huckin 1995). Ein kurzer Überblick über die Entwicklung des Genre-Begriffes findet sich in Zachry (2000) und eine Zusammenschau der Bedeutung des Konzeptes in unterschiedlichen sprachwissenschaftlichen Richtungen bei Swales (1990).

[52] Texte sind für Czarniawska "actions (strictly speaking, material traces of such, but they both result from action and provoke further action), and actions are texts, in the sense that they must be legible to qualify as actions at all, and not, let us say, movements or behaviors" (Czarniawska 1999:11). Dieser Zugang impliziert keine "agency" sondern definiert Handlungen (actions) als Ereignisse, denen Intentionen zugeschrieben werden.

Charakteristika eines Genres durch Genre-Rules beschrieben, "which associate appropriate elements of form and substance with certain recurrent situations" (Yates/Orlikowski 1992:302). Diese Genre-Rules begrenzen die Gestaltungsalternativen der sozialen Handlung in bestimmten Situationen und reproduzieren bzw. verstärken und bewahren die Legitimität der Handlungsregeln (Yates/ Orlikowski 1992:302).

Die Gestaltung von Unternehmensleitbildern ist also an bestimmte Regeln gebunden, ebenso wie ihre Erstellung und ihr Einsatz, auf die im Zuge der Textproduktion unter Berücksichtigung der situativen Erfordernisse Bedacht genommen werden muss. Genre-Rules als intersubjektiv geteilte Relevanzstrukturen definieren normativ die legitimen wie verbotenen Verhaltensweisen bzw. Gestaltungsformen (Scott 1994:63), die allerdings nicht als klare Verhaltensvorgaben missverstanden werden sollten. Vielmehr erschließt sich aus der Logik der Relevanzstrukturen (Genre-Rules) das Repertoire möglicher Handlungsalternativen (Hasse/Krücken 1996:104; Scott 1994:75; Barley/Tolbert 1997:94), was wiederum eine komplexitätsreduzierende wie stabilisierende Wirkung hat (z.B. Douglas 1991:167 und 179).

Genres sind aufgrund des durch die Genre-Rules eröffneten Handlungsspielraumes und des dialektischen Verhältnisses zur Umwelt niemals homogen oder klar abgrenzbar (Czarniawska-Joerges 1994:198); schon der bloße Versuch einer Genre-Definition hat daher eine gewisse paradoxe Note: "Genres blur as soon as you look at them at close range" (Czarniawska 1999:12). Als "prototypische Größen" haben sie "ein Zentrum mit besonders klaren 'reichen' Exemplaren und eine Peripherie mit mehr oder weniger fragwürdigen, 'armen' Exemplaren" (Sitta 1995:812, zitiert in Ebert 1997:29). Im dialektischen Wechselspiel von Produktion und Reproduktion unterliegen sie laufender Veränderung und sind daher nicht bloß Projektionsflächen gesellschaftlicher Veränderungen, sondern auch Felder gesellschaftspolitischer Auseinandersetzungen (man denke z.B. nur an die in unterschiedlichsten Genres heftig geführten Auseinandersetzungen um geschlechtsneutrale Formulierungen). Sobald die Änderungsbestrebungen wesentliche Merkmale bzw. Inhalte betreffen, setzt ein Ringen um die Definitionsmacht ein: "Somebody must 'protect the core'" (Czarniawska 1997:24). Die gesellschaftspolitische bzw. ideologische Dimension der Entwicklung von Diskursen und diskursiven Typisierungen wie Genres fokussieren insbesondere die Vertreter der kritischen Diskursanalyse (vgl.Teil II: 3.3).

Im Mittelpunkt des Erkenntnisinteresses dieser Arbeit steht die (hypothetische) (Re)Konstruktion der sozial geteilten Wissensbasis mit ihren Klassifikationssystemen und Relevanzstrukturen, die den im Leitbild-Genre realisierten diskursiven Ausprägungen zugrunde liegen. Über die Extrahierung typischer formaler wie inhaltlicher Charakteristika von Leitbildtexten, also die Analyse der diskursiven Strukturen der Dokumente, wird die (Re)Konstruktion der Vertextlichungsstrategien und der zugrunde liegenden konventionalisierten Bedeutungs- und Sinnstrukturen angestrebt, die wiederum Rückschlüsse auf bzw. Hypothesen für die Strukturbedingungen des typisierten Handlungskontextes ermöglichen.

Voraussetzung dafür ist eine sorgfältige Analyse der Texte, die als Bestandteil eines gesellschaftlichen und historisch verankerten Gesamtdiskurses begriffen und interpretiert werden müssen. Als methodologischer Rahmen dafür bietet sich ein sozio-kognitiver diskursanalytischer Zugang an, der die notwendige Vermittlungsinstanz zwischen Diskurs und Gesellschaft über soziale Repräsentationen konzipiert (vgl.Teil II: 3). Die Theorie der sozialen Repräsentationen ist an der Schnittstelle zwischen Individuum und Struktur angesiedelt und versucht, die Vermittlung zwischen diesen begrifflich und methodisch explizit zu fassen (Duveen 2000:3; Wagner 1994:265). Sie bildet im Rahmen dieser Arbeit die wahrnehmungs- bzw. handlungstheoretische Grundlage zur Konzeptionalisierung der den Texten zugrunde liegenden sozial verfügbaren Wissensbasis (vgl. Teil I: 3).

3 Soziale Repräsentationen als vermittelnde Instanz

Die Theorie der sozialen Repräsentationen stellt einen der "derzeit wichtigen sozialpsychologischen Zugänge" (Wagner 1994) dar[53], ist aber keineswegs neu. Moscovicis erste wegweisende Arbeit erschien in den frühen Sechzigern und positionierte soziale Repräsentationen explizit an der Schnittstelle zwischen Individuum und Struktur, Psychologie und Soziologie (Duveen 2000:3)[54].

Jodelet definiert soziale Repräsentationen als "Modalitäten des praktischen Denkens, die auf Kommunikation, Verstehen und die Beherrschung der sozialen, materiellen und ideellen Umwelt gerichtet sind. In dieser Hinsicht stellen sie spezifische Typen in Bezug auf die Organisation der Inhalte, auf die mentalen Operationen und auf die Logik dar. Die soziale Kennzeichnung der Inhalte oder Prozesse der Repräsentationen ist bezogen auf die Bedingungen und Kontexte, in denen die Repräsentationen zum Vorschein kommen, auf die Kommunikationen, durch die sie sich verbreiten, und auf die Funktionen, die sie in der Interaktion mit der Welt und den anderen erfüllen" (Jodelet 1984, zit. in Flick 1995:63).

3.1 Von kollektiven zu sozialen Repräsentationen

Ausgangspunkt von Moscovicis Überlegungen bildete Durkheims Konzept der kollektiven Repräsentationen (z.B. Moscovici 1995)[55]. Allerdings steht bei Moscovici die Überbrückung der durch Durkheim vorgenommenen Trennung von individuellen Repräsentationen (als Untersuchungsgegenstand der Psychologie) und kollektiven Repräsentationen (als Untersuchungsgegenstand der Soziologie) im

---

[53] Einen Überblick über die jüngere Diskussion bieten z.B. die Beiträge in Deaux/Philoègne (2001). Die mittlerweile recht zahlreichen empirischen Studien sind z.T. sehr quantitativ angelegt, z.B. Wagner/Kronberger (2001); Philogène (2001); Lahlou (2001); de Rosa (2001); Clémence (2001); Doise (2001) bzw. die Beiträge in Roland-Lévy et al (2001).
[54] Für die Entwicklung der Konzepte Moscovicis siehe die kürzlich erschienene Sammlung seiner zentralen Beiträge in Moscovici/Duveen (2000).
[55] Weitere Bezugspunkte sind die Arbeiten von Lévy-Bruhl, aber auch Vygotsky und Piaget (z.B. Moscovici 1995)

Zentrum, die er in eine wechselseitige Beziehung setzt. Im Gegensatz zu den statisch und stabilisierend konzipierten kollektiven Repräsentationen sind soziale Repräsentationen dynamisch und sozial stärker differenziert bzw. differenzierend konzipiert (z.B. Duveen 2000:7; Flick 1995:64f).

Unter der Prämisse des gleichzeitigen Existierens divergierender sozialer Repräsentationen geht der stabilisierende Einfluss einer dominanten Repräsentation (bei Durkheim die Religion) verloren. Stattdessen speisen sich soziale Repräsentationen aus unterschiedlichen Quellen, allen voran aber keineswegs exklusiv die Wissenschaft, die Veränderungen initiieren bzw. deren Ausprägungen beeinflussen (Flick 1995:64f)[56]. Soziale Repräsentationen sind also nicht, wie bei Durkheim, vorgegeben, sondern werden durch soziale Handlungen und die damit verbundenen Interpretationsprozesse laufend produziert und reproduziert – und verändert. Diese Transformationen führen in unterschiedlichen Kontexten und sozialen Gruppen zu unterschiedlichen Ausformungen hinsichtlich Inhalt und Form sozialer Repräsentationen (z.B. Flick 1995:65).

Während sich Repräsentationen bei Durkheim durch Auseinandersetzung mit der Realität ausbilden, Kommunikation hingegen eine zweitrangige Rolle spielt (Moscovici 1995:310), betont Moscovici die konstitutive Rolle der Kommunikation. "Individuals and groups create representations in the course of communication and cooperation. Representations, obviously, are not created by individuals in isolation" (Moscovici 2000:27).

Bei nebeneinander stehenden konkurrierenden Repräsentationen rückt die Frage nach der Gültigkeit der damit verbundenen Bedeutungszuschreibung ins Blickfeld: "Legitimacy is no longer guaranteed by divine intervention, but becomes part of a more complex and contested social dynamic in which representations of different groups in society seek to establish a hegemony" (Duveen 2000:9).

---

[56] "Among the new forms of knowledge and belief, which have emerged in the modern world, science has been an important source, but so too, as Moscovici reminds us, has common sense" (Duveen 2000:9).

3.2 Zwei Formen des Denkens?

Moscovici fasst jede Form des Glaubens, der Ideologie, des Wissens (auch der Wissenschaft) als soziale Repräsentationen auf (Moscovici 1995:298). Inhalte und Bedeutungszuweisungen variieren innerhalb einer Gesellschaft oder einer Kultur, ebenso wie deren sprachliche Ausdrucksformen. Diese inhaltlich unterscheidbaren Repräsentationen entsprechen verschiedenen Denk- und Verstehensweisen, also letztlich verschiedenen Rationalitätsprinzipien (Moscovici 1995:313), die die jeweils andere oftmals als unwahr oder unlogisch betrachten (Moscovici 1995:288). Damit basiert nach Moscovici der Inhalt der Repräsentationen und die Struktur der entsprechenden gesellschaftlichen Gruppe auf dem Prinzip der Rationalität: "Das Kriterium der Rationalität tritt uns als Norm entgegen, die der Sprache, den Institutionen und den Repräsentationen einer bestimmten Kultur einverleibt ist" (Moscovici 1995:288).

Ein Reduzierbarkeitspostulat, der "Mythos von der totalen Rationalität, d.h. von der Angleichung aller sozialen Repräsentationen an die Repräsentationen der Wissenschaft" (Moscovici 1995:299) ist für Moscovici unhaltbar[57]. Im Alltag folgen Schlussfolgerungs-, Attributions- und Denkprozesse der Menschen nur in Ausnahmefällen den Regeln der formalen Logik: Populäre Vorstellungen werden wissenschaftlichen Erkenntnissen vorgezogen und statistische Fakten systematisch vernachlässigt (Moscovici 1995:267), Prototypikalität ist relevanter als logische Schlussfolgerungen, und auch die kognitiven Kategorien selbst sind eher polythetisch als scharf abgrenzbar (Wagner 1994:87)[58]. Aufgrund dieser offensichtlichen Unterschiede zwischen wissenschaftlicher Methodologie und spontaner Erkenntnistätigkeit der Alltagssubjekte sei es daher unangebracht, einen prinzipiellen Unterschied auszuschließen und formale Logik als Referenz zu verwenden (Wagner 1994:76).

---

[57] Moscovici (1995) betont allerdings die psychosoziale Natur seiner Begründung im Gegensatz zur logischen Begründung der Nichtreduzierbarkeit, wie sie etwa von Fodor, Dennett, Putnam u.a. (zit. in Moscovisci 1995:299) vertreten werde.

[58] Wagner beschreibt drei heuristische Orientierungen, die wesentliche Merkmale des Alltagsdenkens als Voraussetzung des Alltagswissens charakterisieren: Der Bezug auf das Konkrete, die Kraft der Ähnlichkeit und den Zwang zur Begründung (vgl. dazu Wagner 1994:105ff).

Denkprozesse bauen auf allgemeinen Wissensvorräten auf; auch die Bezeichnungen und Mitteilungen der Bausteine einer Wissenschaft setzen einen Bezug zu den Beständen des Alltagswissens voraus. "Spricht ein Psychologe von extrovertierter Persönlichkeit oder von Prototypen, spielt ein Biologe auf Informationen und Selektionsprozesse an, denkt ein Wirtschaftswissenschafter in Markt- und Konkurrenzbegriffen, so beruft sich jeder von ihnen in seinem Spezialgebiet auf den Fundus des Alltagswissens, von dem er sich nie gelöst hat" (Moscovici 1995:300).

Auf Basis von Repräsentationen werden Wahrnehmungen kategorisiert und bewertet. Das alltägliche Handeln folgt dabei nicht formallogischen Erwägungen, vielmehr ist Angemessenheit das ausschlaggebende Kriterium. Das Alltagsleben muss damit bewältigbar sein, gleichgültig ob das nun (formal)logisch richtig oder falsch ist. Die Auffassungen, Sprechweisen und Erklärungsangebote unterschiedlichen Ursprungs verschmelzen bei Bedarf oder werden verbunden, und die Alltagssprache macht sich die semantische Vieldeutigkeit der Wörter zunutze (Moscovici 1995:303). Anders die wissenschaftlichen und ideologischen Repräsentationen, die für Moscovici formal nach den Regeln der Logik konstruiert sind und auf einzelnen, wohldefinierten Begriffen aufbauen. Dennoch besitzen alle Repräsentationen – auch jene des Alltagsdiskurses – ihre "eigene Strenge und Kohärenz" (Moscovici 1995:304)[59]. Die "Universen"[60] des

---

[59] In diesem Zusammenhang wird oft die Nähe zu Schütz konstatiert (z.B. Flick 1995): Auch Schütz (1990) geht von der Prämisse aus, dass das gesamte Wissen von der Welt – sowohl im wissenschaftlichen als auch im alltäglichen Denken – Konstruktionen enthält. Er differenziert dabei zwischen den Konstruktionen der Handelnden im sozialen Feld (Konstruktionen ersten Grades) und den Konstruktionen, die sich die Wissenschaftler von den alltäglichen Konstruktionen der Handelnden machen (Konstruktionen zweiten Grades).

[60] Moscovici verwendet das Konzept eines konsensualen versus eines reifizierten (verdinglichten) Universums zur Trennung in Popularwissen, alltägliche Denk- und Handlungsweisen, also Alltagsrationalität auf der einen und Wissenschaft und Ideologie auf der anderen Seite. Er konzipiert diese Universen bzw. ihre Repräsentations- und Kommunikationsformen als polar: das wissenschaftliche, der Logik und Argumentation verpflichtete, und das konsensuale, das der Angemessenheit bzw. Adäquatheit folgt – auch unter Verletzung der formalen Logik. Dieser Teil seiner Theorie ist immer wieder auf berechtigte Kritik (naiv, widersprüchlich) gestoßen (z.B. Potter/Edwards 1999:450; Augostinous/ Walker 1995:141 bzw. die Fußnote auf 161), auf die hier nicht weiter eingegangen werden kann. Wesentlich für die vorliegende Arbeit ist (a) die Ablehnung jeglicher übergeordneten normativen Rationalität zugunsten unterschiedlicher Rationalitäten und damit unterschiedlicher Denk- und Handlungslogiken, die jeder Gesellschaft und jedem Individuum eigen sind und kontextspezifisch "aktiviert" werden, allerdings (b) stets im Zuge alltagsweltlicher Erkenntnis-

Alltagsdiskurses und des Wissenschaftssystems unterscheiden sich also hinsichtlich der inhärenten Handlungsregeln bzw. Rationalitäten.

Wissenschaftliche Tätigkeit als Spezialfall alltagsweltlicher kognitiver Leistungen muss sich zwar alltäglicher Erkenntnisprozesse bedienen, lässt sich von alltäglichen Formen des Wissenserwerbes aber durch die Vermittlung von Regeln der Wissensproduktion bzw. die Bestimmung von Kriterien, die angeben, unter welchen Umständen Wissenschaftlichkeit (von Verfahrensweisen oder Argumentationen) beansprucht werden kann, abgrenzen (Lueger 2001:25). Die sowohl von Wagner als auch Moscovici implizit vorgenommene Reduktion von Wissenschaftlichkeit auf Formallogik (s.o.) bringt deren spezifisches Wissenschaftsverständnis zum Ausdruck. Im interpretativen Begründungszusammenhang führen Beobachtungen als aktive Strategien der Schematisierung und Sinngebung zu kontextspezifischen Bedeutungszuweisungen, sodass die mit einem Phänomen verbundenen Perspektiven in ihrer Variabilität zur mannigfaltigen Weltauffassung gehören, in der die wissenschaftliche nur eine (und keineswegs homogene oder eindeutige) unter vielen darstellt: "Keine davon kann den Anspruch erheben, prinzipiell gültiger als die anderen zu sein, weil alle mit spezifischen Umständen verknüpft sind; die Besonderheit wissenschaftlicher Analyse leitet sich aus den spezifischen, von Alltagsinterpretationen differenten Regeln des Erkenntnisgewinns ab, die Verlässlichkeit, Brauchbarkeit (zumindest im Wissenschaftssystem) und intersubjektive Anerkennung garantieren sollen" (Lueger 2001:349).

Auf der individuellen Ebene sind unterschiedliche Rationalitäten in Form unterschiedlicher Repräsentationen zu finden. Diese kognitive Polyphasie wohnt dem mentalen Leben ebenso inne wie die Polysemie der Sprache innewohnt (Moscovici 1995:314).

---

prozesse ausgebildet werden (auch wissenschaftliche Tätigkeit muss sich dieser Prozesse bedienen).

3.3   Grundlagen und Charakteristika sozialer Repräsentationen

Soziale Repräsentationen bilden den Referenzrahmen zur Interpretation wahrgenommener Phänomene. Auf Basis ihrer prototypischen Elemente und Relationen wird Wahrgenommenes kategorisiert und bewertet. Dabei handelt es sich jedoch nicht um eine Rekonstruktion von Realität – weder Alltagswahrnehmung noch sozialwissenschaftliche Beobachtung sind dazu in der Lage –, sondern um Wirklichkeitskonstruktion im Sinne unterstellter Eigenschaften (Lueger 2000:17). "I do not wish to imply that such representations don't correspond to something we call the outside world. I simply note that, where reality is concerned, these representations are all we have, that to which our perceptual, as well as our cognitive, systems are adjusted" (Moscovici 2000:20).

Sozial geteilte Repräsentationen als Formen von Wirklichkeitskonstruktion werden durch Interaktion und Kommunikation ausgebildet (z.B. Doise 2001:98; Duveen 2000:12), durch die sie laufend produziert und reproduziert werden (Moscovici 1995:310). Sie unterliegen permanenter Veränderung und Transformation und wechselseitiger Beeinflussung (Moscovici 1995:300). Die sozial konstruierten Repräsentationen bilden den Rahmen alles Denkbaren, den Fundus zulässiger Imagination und stellen somit ein Metasystem dar, das den Ablauf der zulässigen kognitiven und evaluativen Prozesse bestimmt und einschränkt: "Das Metasystem ist im Sozialen verankert und beschränkt das Gedachte auf das Denkbare" (Wagner 1994:182)[61]. In diesem Sinne bezeichnet Moscovici soziale Repräsentationen als unabhängige "Umwelt", die die individuellen sozialen Prozesse prägt bzw. diese determiniert (Moscovici 2000:21)[62].

---

[61] "Eine soziale Repräsentation, verstanden als sozio-kulturelles Metasystem individuell-mentalen Geschehens, kann einerseits unter dem Inhaltsaspekt gesehen werden; sie ist Teil des epirationalen Wissens und daher Inhalt. Andererseits erscheint sie gegenüber den von ihr zugelassenen mentalen Operationen als Prozess, und die mentalen Operationen als Inhalt. Das Metasystem einer individualistischen Weltsicht – als ideologischer Inhalt – schränkt die unter ihrer Ägide möglichen Attributionsprozesse ein, die als personale Attributionstendenz in Erscheinung treten. Die Attributionstendenz ist dann inhaltlicher Ausdruck der vorgeschalteten Prozess-Struktur" (Wagner 1994:196).

[62] Soziale Repräsentationen stehen damit der Wissenssoziologie Berger/Luckmanns nahe, in deren Terminologie Institutionen als historisch gewachsene wahrnehmungs- und handlungsleitende Typisierungen bezeichnet werden, für deren Zustandekommen die Reziprozität der Typisierung und die

Konventionalität

Auf Basis der zur Verfügung stehenden Repräsentationen werden Objekte, Personen oder Ereignisse in einer bestimmten Form wahrgenommen, zugleich einer Kategorie zugeordnet und damit zu anderen Kategorien in Beziehung gesetzt. Im Zuge einer Bedeutungszuweisung ist Sinn die entscheidende Unterscheidungsoperation, ohne dessen Ordnungsleistung keine Identifikation von etwas stattfinden kann (Lueger 2000:22; 2001:124). Sinn kann nur im gesellschaftlichen Prozess angeeignet werden, um soziale Handlungsfähigkeit zu ermöglichen: "In der Regel wissen die Menschen wie andere im Normalfall handeln und ob Abweichungen zu verzeichnen sind, die aus der Typik des üblichen herausragen, aber selbst wieder in einen sinnvollen Zusammenhang gestellt werden können" (Lueger 2000:23).

Soziale Repräsentationen fungieren als handlungsleitendes Modell oder Prototyp, das bzw. der von einer Gruppe von Menschen geteilt wird. Die im Zuge sozialer Handlungen notwendigen kommunikativen Akte beruhen auf Konvention und gehen immer symbolhaft vonstatten – sei es die Sprache, sei es ein Farbwechsel, der z.B. erhöhte Temperatur und damit Krankheit anzeigt. "We think by means of a language; we organize our thoughts, in accordance with a system which is conditioned, both by our representations and by our culture. We see only that which underlying conventions allow us to see, and we remain unaware of these conventions" (Moscovici 2000:23). Der Umstand der Konventionalisiertheit sozialer Repräsentationen ist dem Bewusstsein allerdings durchaus zugänglich.

Normativität

Repräsentationen entstehen "durch soziale Einflussprozesse, durch implizites Verhandeln im Verlauf von Konversationen", also durch soziale Interaktion, wodurch gemeinsame Deutungs-, Erklärungs-, Handlungs- und Problemlösungs-

---

Typik nicht nur der Akte sondern auch der Akteure wesentlich ist. Die Institution macht aus individuellen Aktueren und individuellen Akten Typen. Durch habitualisierte Handlungen begründete Institutionen sind Allgemeingut und für die Mitglieder der jeweiligen Gruppe erreichbar (Berger/Luckmann 1999:58).

repertoires erworben werden (Moscovici 1995:309). Sie sind "prescriptive, that is, they impose themselves upon us with an irresistible force. This force is a combination of a structure which is present before we have even begun to think, and of a tradition which decrees what we should think" (Moscovici 2000:23).

Wirklichkeitskonstruktion ist ein interaktiver und sozialer Prozess der Auseinandersetzung mit der physischen und sozialen Umwelt, im Zuge dessen Menschen ein Verständnis von Wirklichkeit erlangen. Dieses Weltverständnis ist handlungsleitend und erzeugt Realität, "die sich von den Intentionen der Menschen löst und diesen als äußere Handlungsprämisse und als Rahmenbedingung der Wirklichkeitsauffassung gegenüber tritt" (Lueger 2000:19).

Allgemein geteilte soziale Repräsentationen konstituieren soziale Realität sui generis: Je mehr der Ursprung vergessen und die Konvention als Basis ignoriert wird, desto mehr erscheinen sie als "natürlich"[63]. Da sozial geteilte Repräsentationen von Wirklichkeit auf kognitiver Basis im Prozess aktiver Auseinandersetzung mit der sozialen Umwelt entstehen, "unterliegen ihre kognitiven Prinzipien den Beschränkungen, die die jeweilige Kultur oder Gesellschaft als Apriori ihren Mitgliedern auferlegt, auch wenn, wie van Dijk betont, diese Beschränkungen ihrerseits ebenfalls kognitiv repräsentiert werden müssen, um funktional wirksam werden zu können" (Wagner 1994:130)[64]. Die (An)Erkennung von Macht und Interessen beispielsweise setzt bereits die Verarbeitung durch

---

[63] Moscovici (2000:27) benutzt den Ausdruck "fossilized", um die quasi-materielle Natur dieser nunmehr unhinterfragten Selbstverständlichkeiten zu fassen.

[64] Wagner differenziert (im Gegensatz zu anderen Autoren wie z.B. Doise) zwischen sozialen Repräsentationen als bei aller möglichen Abstraktheit des Vorstellungssystems grundsätzlich dem Bewusstsein zugänglichen Schemata und dem Habitus-Konzept Bourdieus als System dauerhafter und übertragbarer Dispositionen (Handlungs-, Wahrnehmungs- und Denkschemata), das gerade durch die Unbewusstheit der durch das Habitus-Konzept wirkenden Regeln gekennzeichnet ist (Wagner 1994: 135ff). Damit sei keine "totale Blindheit" der Akteure (vollständiger Ausschluss von Reflexion und Bewusstheit) gemeint; vielmehr dürfe die Bewusstheit nicht so weit gehen, "dass die Subjekte die Regeln ihrer Praxis zu reflektieren beginnen, da dadurch die grundlegende Wirkungsweise des Habitus als objektiver Sinn ohne subjektive Intention negiert würde" (Wagner 1994:237f). Lueger (2001) begreift im Unterschied dazu den *praktischen* Sinn des Habitus-Konzeptes als über die Dualität von *objektivem* und *subjektivem* Sinn hinausgehend, da es die Sinnkonstitution in den lebensweltlichen Prozess integriert und dadurch von der Polarität äußerer und innerer Welt befreit. "Deutlich wird diese Konzeption des praktischen Sinns, der sich vom Subjekt abkoppelt, ohne gleichzeitig Objektivität zu unterstellen, an den Bedingungen für lebensweltliches Handeln, weil 'die Subjekte im eigentlichen Sinn nicht wissen, was sie tun, weil das, was sie tun, mehr Sinn aufweist, als sie wissen' (Bourdieu 1979:179)" (Lueger 2001:128).

entsprechende Repräsentationen voraus, die ihnen Sinn und Bedeutung verleihen[65].

Sozial geteilte Repräsentationen erstrecken sich abseits der insbesondere für die Sozialpsychologie bedeutsamen intrapsychischen kognitiven Prozesse auf institutionalisierte Vorstellungen und Formen wie etwa Interaktionsmuster und die dadurch konstituierte soziale Organisation (z.B. Berger/Luckmann 1999; vgl. auch die Ausführungen zum Neoinstitutionalismus), auf sprachliche Äußerungen, Dialoge, Konversationen und schriftliche Texte (vgl. die Ausführungen zur Diskursanalyse bzw. zur Genre-Theorie) oder auf die Organisationsformen sozial-struktureller Phänomene, wie Verwandtschaftssysteme, Religion und Kunst (z.B. Lévi-Strauss 1967)[66].

Historizität

Sozial geteilte Repräsentationen sind immer nur auf Grundlage von (bereits vorhandenen) Repräsentationen denkbar und damit niemals voraussetzungsfrei sondern stets über Generationen tradiert (Moscovici 2000:24) [67]. Durch Interaktion und Kommunikation werden sie laufend produziert und reproduziert und dabei verändert. "The peculiar power and clarity of representations – that is, of social representations – derives from the success with which they control the reality of today through that of yesterday and the continuity which this presupposes" (Moscovici 2000:24).

Als diskursiv konstitutierte Referenzsysteme variieren sozial geteilte Repräsentationen kontextspezifisch und sind nur aus ihrem kulturellen, sozialen und ökono-

---

[65] "Was Gesellschaften von sich halten, die Bedeutungen, die sie ihren Institutionen zuschreiben, und die Bilder, die sie von sich machen, sind notwendigerweise Bestandteil der gesellschaftlichen Realität und nicht bloß eine Widerspiegelung" (Moscovici 1995:273).

[66] Die Theorie der sozialen Repräsentationen bietet kein distinktives begrifftliches Instrumentarium zur Unterscheidung der Ebenen oder Reichweiten sozialer Repräsentationen an. Differenziert wird – wenn überhaupt explizit – in eher diffusen Beschreibungen: "While representations are often to be located in the minds of men and women, they can just as often be found 'in the world', and as such examined separately" (Moscovici 1988:214, zit in Augostinos 1995:136).

[67] Hier sei auf das Bild von Jäger verwiesen, der Diskurse als "Verläufe oder Flüsse von sozialen Wissensvorräten durch die Zeit" (Jäger 1999:158) beschreibt, und auf die Nähe zu Berger/Luckmann (1999).

mischen Kontext heraus erklär- bzw. interpretierbar. "Generally, in civilizations as divided and mobile as our own, they coexist and circulate through various spheres of activity, where one of them will take precedence in response to our need for a certain coherence in accounting for persons and things" (Moscovici 2000:25).

Die zentrale Rolle von Kommunikation

Fragt man nach 'den Dingen, aus denen die Welt besteht', muss zuvor entschieden werden: "Innerhalb welcher Repräsentation?" (Moscovici 1995:313).

Welche Repräsentation in einer spezifischen Situation "aktiviert" wird, hängt vom Kontext ab: "Wenn ich auf einer Reise in Deutschland einen Kollegen treffe, bilde ich mir die Repräsentation von einem Landsmann und sage mir 'Aha, ein Franzose'. Wenn ich ihm in Tokio begegne, mache ich mir ein Bild von einem Europäer. Und wenn wir uns zufällig auf dem Mars begegnen, würde ich mir sagen: 'Sieh an, ein Mensch'" (Moscovici 1995:311). Gleiches gilt für unterschiedliche soziale Kontexte wie Arbeitsumfeld oder privates Umfeld, Scientific Community oder Familie Die den unterschiedlichen Repräsentationen inhärente Rationalität variiert ebenso wie die damit verbundenen kommunikativen Konventionen, und unterschiedliche soziale Kontexte bilden daher unterschiedliche Repräsentationen aus. Die in einer spezifischen Situation bewusst oder unbewusst gewählte handlungsleitende Repräsentation ist dem Kontext in diesem Sinne hoffentlich angepasst – oder die dadurch motivierte Handlung ist nicht anschlussfähig[68].

Mit anderen Worten: Die jedem sozialen System inhärente gemeinsam geteilte Wissensbasis ist Voraussetzung für erfolgreiche Kommunikationsprozesse. Nur auf Basis der gemeinsam geteilten, systemspezifischen Differenzschemata und Ordnungsmuster ist Kommunikation bzw. Handlung anschlussfähig und möglich (Froschauer/Lueger 1992:29). Die Differenzen zwischen "wissenschaftlichen" Re-

---

[68] Putnam (1988:24, zit. in Fleck 1995:58) spricht in einem anderen Zusammenhang von "linguistischer Arbeitsteilung", wonach das gleiche Wort für einen Laien oder einen Experten mit ganz unterschiedlichen Bedeutungen versehen und ganz unterschiedlich repräsentiert sein kann.

präsentationen und "alltagstheoretischen" Repräsentationen zum selben Phänomen, um zum Ausgangsbeispiel zurückzukehren, sind also in den spezifischen
Entstehungskontexten begründet und somit sozial determiniert. Zugleich werden
wie bereits beschrieben sozial geteilte Repräsentationen als Formen von
Wirklichkeitskonstruktion durch Interaktion und Kommunikation ausgebildet,
durch diese laufend produziert, reproduziert und transformiert. Kommunikation ist
der Dreh- und Angelpunkt dieses dialektischen Prozesses (vgl. dazu auch die
zentrale Funktion sprachlich-symbolischer Verweisstrukturen für den Aufbau
komplexer Sozialstrukturen bei Lueger 2001:43).

3.4   Dimensionen sozialer Repräsentationen

Die Theorie der sozialen Repräsentationen möchte zugleich eine allgemeine
Theorie gesellschaftlicher Phänomene und eine spezielle Theorie psychischer
Phänomene sein (Moscovici 1995:272f). Im Laufe seiner Entwicklung hat der Begriff unterschiedliche Veränderungen erfahren (Harré 1995:166), die verschiedene Analyseniveaus betrafen und oftmals zu einem unscharfen Gebrauch
der verwendeten Termini – Kritiker wie etwa Jahoda meinen auch der Konzepte
selbst (vgl. Duveen 2000:13ff) – führten (Harré 1995:169).

Harré (1995) kritisiert unter anderem, dass mit *sozial* einerseits betont werden
könne, dass eine Repräsentation stets eine Eigenschaft einer Person ist, die
aber identisch oder hochgradig ähnlich in den "Köpfen mehrerer Personen"
steckt. Andererseits könne eine Repräsentation nicht die Eigenschaft eines Individuums bezeichnen, sondern den Handlungen einer Gemeinschaft oder einer
Gruppe zugrunde liegen. Die von Jodelet (vgl. Flick 1995, Harré 1995) extrahierten Repräsentationen von Verrücktheit beispielsweise existieren gar nicht in
den Köpfen der Individuen. Als Konstruktionen eigenen sie sich jedoch bestens,
um die gesellschaftlichen Praktiken im Sinne von Denk- und Handlungsweisen
verstehbar zu machen (Harré 1995:165f). Mit dem Begriff der sozialen Repräsentation werden also zwei unterschiedliche Entitäten bezeichnet: "Zum einen
werden 'strukturierte Felder' mit unterschiedlichsten Elementen [...] bezeichnet;

zum anderen werden 'strukturierende Kerne' bezeichnet – eine Metapher für das, was die vorhin genannten Felder strukturiert" (Harré 1995:171). Jodelet löst die Zweideutigkeit, indem sie auf diese doppelte Bedeutung ausdrücklich hinweist (Harré 1995:171) – die kritisierte Mehrdeutigkeit ist also im Sinne der Bezugnahme auf unterschiedliche analytische Ebenen bzw. Entitäten theoretisch motiviert und beabsichtigt. Ein schärferes Begriffssystem wäre aber in jedem Falle wünschenswert.

Wagner (1994:132f) begreift soziale Repräsentationen als explanatorische Modellvorstellungen[69], die analytisch aus drei Ebenen betrachtet werden können: dem Gesichtspunkt individueller Wissenssysteme, dem Gesichtspunkt eines kollektiven Diskurses, und unter dem metatheoretischen Gesichtspunkt der Makro-Reduktion individueller Wissenssysteme auf soziale Prozesse.

1. Repräsentationen als theoretisches Konstrukt finden sich auf der individuellen Ebene in Form mentaler Strukturen, zu deren Beschreibung die Berücksichtigung des weiteren trans-individuellen sozialen Kontextes notwendig ist (Wagner 1994:265). Sie sind somit nur ausgehend vom übergeordneten Niveau erfassbar. "Versteht man die soziale Kondition einer gesellschaftlichen Einheit als Attribut der Einheit als ganze - als kollektive Pluralität (Harré, 1984) -, dann stellen soziale Repräsentationen die Übersetzung dieser kollektiven Eigenschaft in eine individuell feststellbare distributive Eigenschaft der Gruppe dar" (Wagner 1994:265). Sozial geteilte Repräsentationen als kognitive Strukturen sozial

---

[69] Unter 'Repräsentation' versteht Wagner eine Modellvorstellung mit explanatorischer, aber nicht deskriptiver Fähigkeit oder Funktion. Der Begriff beschreibt keinen Mechanismus sondern dient als Kunstgriff (Wagner 1994:138). Während für die Begriffe eines deskriptiven Modells ein ontologischer Anspruch erhoben wird, besteht dieser im explanatorischen Modell nicht. Wagner führt als Beispiel die Beschreibung des Funktionierens eine Uhr an. Im deskriptiven werden die einzelnen Teile, die Art wie sie zusammengebaut sind und wie sie zusammenwirken in einem detaillierten Plan beschrieben. Es werden also mittels der Begriffe die Funktions- und Strukturelemente benannt – und diese sollten auch tatsächlich den Bestandteilen der Uhr entsprechen. Im Rahmen eines explanatorischen Modelles werden die Zusammenhänge mit abstrakten – z.B. mathematischen – Begriffen beschrieben, um Ausgangszustand und Endzustand, also Energie und Zeigerstellung, aufeinander zu beziehen. Eine solche Theorie erklärt das Funktionieren einer Uhr, da sie nach Kenntnis des Energiehaushaltes der Feder oder Batterie die Zeigerstellung vorhersagen kann. Den Begriffen die materiellen Entsprechungen zuzuordnen, ist nicht notwendig und unter Umständen sogar hinderlich (Wagner 1994:42). Wagner verwendet die Begriffe seiner Arbeit immer im Sinne eines explanatorischen Modelles.

relevanter Phänomene haben metaphorischen oder bildhaften Charakter, sind affektiv besetzt und dem Bewusstsein potentiell zugänglich (z.B. Wagner 1994:132).

2. Der Begriff kennzeichnet außerdem den Prozess der Entstehung, Veränderung und Elaboration dieses metaphorischen Abbildes im Diskurs sozialer Einheiten (Wagner 1994:135). Verstanden als gesellschaftlicher Diskurs stellen soziale Repräsentationen ein Konstrukt dar, das als eine Art Meso-Ebene zwischen Makro- und individueller Aggregationsebene vermittelt (Wagner 1994:265).

3. Die diskursiv konstruierten allgemein geteilten Repräsentationen konstituieren soziale Realität und bilden den Rahmen für sozial-kognitive Prozesse (vgl. Kapitel 3.3). Je nach Betrachtungsebene bzw. Bezugspunkt sind soziale Repräsentationen Inhalt oder Form. Eine Repräsentation, verstanden als soziokulturelles Metasystem individuell-mentalen Geschehens, kann einerseits unter dem Inhaltsaspekt gesehen werden, andererseits erscheint sie gegenüber der von ihr zugelassenen mentalen Operationen als Prozess (also Form), und die mentalen Operationen als Inhalt. "Das Metasystem einer individualistischen Weltsicht – als ideologischer Inhalt – schränkt die unter ihrer Ägide möglichen Attributionsprozesse ein, die als personale Attributionstendenz in Erscheinung treten. Die Attributionstendenz ist dann inhaltlicher Ausdruck der vorgeschalteten Prozess-Struktur" (Wagner 1994:196)[70].

Wagner definiert soziale Repräsentationen somit einerseits als individuelle theorie-ähnliche mentale Gebilde und andererseits als soziale Diskursprozesse, die in engem Zusammenhang mit den gesellschaftlichen Bedingungen stehen, unter denen sie geformt und assimiliert werden. "Die Theorie sozialer Reprä-

---

[70] Zur Frage des Wechselverhältnisses von Form und Inhalt bzw. Prozess und Inhalt psychischer Vorgänge vgl. Wagner (1994:54ff). Abhängig vom Allgemeinheitsgrad der erfassten Population kann zwischen Prozess und Inhalt diskriminiert werden; Wagner differenziert "willkürlich" (1994:59) zwischen vier Abstraktionsebenen: subjektives Individuum, soziale Kognition, kulturelle Kognition, biologische Menschheit. Die individuelle Subjektivität bildet den Inhalt der nächsten Ebene, des sozialen Rahmens, der für die individuelle Ebene den Prozess bildet. Der soziale Rahmen wiederum ist Inhalt aus der kulturellen Perspektive und umgekehrt ist der kulturelle Rahmen der Prozess für die soziale Kognition. Die alles umfassende Form bildet die biologisch definierte Menschheit, die alle anderen Ebenen beinhaltet.

sentationen stellt daher einen Versuch dar, innerhalb der Sozialpsychologie die Vermittlung zwischen Sozialem und Individuellem begrifflich und methodisch explizit zu erfassen" (Wagner 1994:265).

3.5   Organisation und Struktur sozialer Repräsentationen

3.5.1   Metaphern und Bilder

Soziale Repräsentationen zeigen oft einfache Formen, auch oder insbesondere, wenn der Gegenstand eigentlich recht kompliziert ist (Wagner 1994:187). Bildern und Metaphern kommt für die Ausgestaltung von Repräsentationen zentrale Bedeutung zu: über die kognitiven, expressiven und handlungsleitenden Funktionen von Metaphern wird der Konnex zwischen Welt, individueller Erfahrung und sozialer Repräsentation hergestellt (Wagner 1994:186)[71].

Die Verwendung metaphorischer Begriffe innerhalb eines Konzeptes ist keineswegs zufällig; die gewählte Metapher erklärt - zumindest teilweise - das Konzept so, wie es erlebt wird. "Since metaphorical expressions in our language are tied to metaphorical concepts in a systematic way, we can use metaphorical linguistic expressions to study the nature of metaphorical concepts and to gain an understanding of the metaphorical nature of our activities" (Lakoff/Johnson 1980:7).

Wagner (1994:192ff) versteht unter einer Metapher eine kognitive Struktur, die aus einem Zielbereich, einem Quellbereich und der Relation zwischen den beiden besteht. Der Quellbereich ist charakterisierbar als konkreter, illustrativer und bildhafter kognitiver Bereich, dessen Struktur aufgrund seiner Erfahrungsnähe unmittelbar einsichtig und nachvollziehbar ist. Der Zielbereich als zweiter kognitiver Bereich ist aufgrund seiner Erfahrungsferne abstrakter und schwerer verstehbar. Von der Relation – strukturellen Ähnlichkeit oder Verschiedenheit – zwischen Quell- und Zielbereich hängt nun ab, ob die Metapher als bildhafte

---

[71] Wagner bezieht sich in seinen Ausführungen zu Metaphern auf Lakoff/Johnson (1980), deren Ausführungen er in die Theorie der sozialen Repräsenationen integriert (vgl. Wagner 1994:182ff).

Illustration die Bedeutung der Quelldomäne auf den Zielbereich "transportieren" oder "projizieren" kann (Wagner 1994:182). Als natürlich erscheint eine Metapher daher, wenn unsere Erfahrungen die strukturelle Korrelation der beiden Bereiche mit den Mitteln der Sprache implizieren.

Das Wesen einer Metapher ist, eine Sache in Begriffen einer anderen zu verstehen und zu erleben. Das bedeutet nicht, dass beispielsweise Streit (argument) und Krieg (war) dasselbe wären, wohl aber, dass "ARGUMENT is partially structured, understood, performed, and talked about in terms of WAR. The concept is metaphorically structured, the activity is metaphorically structured, and, consequently, the language is metaphorically structured" (Lakoff/Johnson 1980:5). Orientierungsmetaphern strukturieren zum Unterschied dazu nicht ein Konzept in den Begriffen eines anderen sondern organisieren "a whole system of concepts with respect to one another" (Lakoff/Johnson 1980:14). Diese metaphorischen Konzepte haben zumeist eine räumliche Orientierung: oben-unten, innen-außen, vorne-hinten, on-off, tief-seicht, zentral-periphär und gründen in unseren physischen oder kulturellen Erfahrungen[72] (z.B. wird Zukunft in manchen Kulturen vorne, in anderen aber hinten lokalisiert). Ontologische Metaphern wiederum machen nicht-materielle Entitäten sprachlich handhabbar, indem ihnen fühl- und sichtbare Eigenschaften zugeschrieben werden: "Deine Neurose macht dich krank" (Wagner 1994:183). Diese Beispiele illustrieren die rekursiven metaphorischen Beziehungen und Metonyme, ohne die die vielfältigen menschlichen Erfahrungen sprachlich nicht fassbar wären[73].

Neben den kognitiven, strukturellen Merkmalen projizieren Metaphern auch affektive Konnotationen vom Quell- auf den Zielbereich (z.B. Fäkalsprache, positive Präpositionen) und vermitteln den zentralen Bereich ritueller Handlungsorganisation einer Kultur (z.B. Initiationsrituale, Geburt, Begräbnis). Sie haben über die kognitiven Funktionen hinaus auch emotive, expressive und handlungsleitende Funktionen (Wagner 1994:186).

---

[72] Nicht zu verwechseln sind Metaphern mit der körperlichen Erfahrung selbst, die mit ihrer simplen nicht-sprachlichen Logik als vorbegrifflich verstanden wird (Wagner 1994:185).
[73] Zu einer umfassenden Darstellung und Diskussion vgl. Lakoff/Johnson 1980.

3.5.2 Kern und Peripherie

Die Organisation einzelner sozialer Repräsentationen ist durch das Verhältnis von Zentrum und Peripherie charakterisiert. Die innere Struktur dieses Systems von Aussagen und Aussagenkomplexen sowie Ableitungen daraus besteht aus einem stabilen Kernbereich und auswechselbaren und dynamischen Randbereichen (z.b. Wagner 1994:181).

Zentraler Kern

Soziale Repräsentationen lassen sich auf figurative Schemata reduzieren, die die Essenz der Repräsentation zum Ausdruck bringen. Abric führte für diese Elemente den Begriff des Kerns einer Repräsentation ein. Die Funktion dieses zentralen Teils besteht in der Sicherstellung der Signifikanz und Kohärenz der sozialen Repräsentation (Abric 2001:43).

Der Kern determiniert die Art der Relationen zwischen den hierarchisierten Elementen sozialer Repräsentationen, die aus einer inhomogenen und keineswegs geschlossenen Menge von "reellen" und "virtuellen" Bildern, Bewertungen und Meinungen bestehen (Wagner 1994:190). Neben vorgeformten, allzeit verfügbaren mentalen Elementen – Wagner nennt sie die Menge der "reellen" Elemente (Wagner 1994:191) – besteht kulturelles Wissen in weiten Teilen aus einer geringen Zahl von Generierungsregeln. Der Kern sozialer Repräsentationen befähigt zur "Ableitung von Schlussfolgerungen, die nicht Teil des direkt verfügbaren Wissensschatzes sind, sondern dessen Implikation. Diese nicht dauerhaft verfügbaren aber generierbaren abgeleiteten Meinungen, Einstellungen und Bewertungen sind Folge der generativen Funktion des sozialen Kerns und sollen 'virtuelle' Elemente genannt werden" (Wagner 1994:191).

Der Kern einer Repräsentationen hat somit generierende und organisierende Funktion (Abric 2001:43f), um Signifikanz und Kohärenz der Repräsentation sicherzustellen. Er beinhaltet jene Elemente und Relationen, deren Modifikation die Rationalität des Systems verändern würde. Eine derart signifikante Veränderung würde die bestehende Repräsentation zu einer grundsätzlich anderen machen. "Two representations defined by the same content may be radically different, if the organization of this content, and thus the centrality of certain elements, is different" (Abric 2001:44). Elemente können daher in unterschiedlichen Repräsentationen sogar im selben quantitativen Ausmaß auftreten, und dennoch eine ganz unterschiedliche Rolle im jeweiligen System spielen.

Die Elemente des Kerns zeichnen sich durch ihr semantisches Gewicht für die Gesamtstruktur aus (Wagner 1994:191) und zeigen eine größere Anzahl assoziativer Verbindungen ("associative value") mit den anderen Elementen des kognitiven Repräsentationsfeldes als periphere Elemente   (Abric 2001:46). Gleichzeitig sind Kernelemente in den Diskursen über den Phänomenbereich der Repräsentation mit hoher Wahrscheinlichkeit sehr häufig präsent. Allerdings lässt sich aus der einfachen Häufigkeit des Auftretens und der Dichte der Vernetztheit die zentrale Stellung von Bestimmungsstücken nicht ableiten, sondern aus ihrer aus ihrer interaktiven Bedeutung und Handlungsimplikation, die ihre Stabilität gegenüber neuen Informationen bedingt. "Gefährdet neue Information die soziale Bedeutung einer Repräsentation oder Kategorie, d.h. hat sie essentiell konträre Handlungsimplikationen, dann findet eher eine Re-Kategorisierung statt als eine Anpassung ihrer Bestimmungsstücke" (Wagner 1994:192).

Schutzfunktion der Peripherie

Die peripheren Elemente stehen in direktem Bezug zum Kontext der Repräsentation und erfüllen drei "primordial functions – concretization, adaptation and defense" (Abric 2001:44). Sie bilden die Schnittstelle zwischen dem zentralen Kern und der konkreten Situation, in der die Repräsentation produziert bzw. reproduziert wird. In diesem Sinne erfüllen sie die Funktion der Konkretisierung, durch ihre Austauschbarkeit und Modifizierbarkeit ermöglichen sie Anpassung und schützen zugleich den zentralen Kern vor Veränderungen. Anomalien oder widersprechende Aussagen werden über die Peripherie der Repräsentation erklärt, damit neutralisiert und integrierbar (Wagner 1994:194). Ist ein Akkomodationsversuch ohne Veränderung des zentralen Kerns der Repräsentation nicht möglich, werden im Rahmen des kollektiven Diskurses eine oder mehrere relevant erscheinende Repräsentationen neu verhandelt (Wagner 1994:201).

Popularisierte Theorien sind für Wagner (1994:195) durch den der Wissenschaft zugeschriebenen Evidenzgehalt besonders geeignet, um im peripheren Bereich sozialer Repräsentationen Schutz- und Rechtfertigungsfunktionen wahrzunehmen, solange sie den Grundannahmen des zentralen Kerns nicht widersprechen. Der kulturelle Kern der Repräsentation wurde historisch ausgebildet und ist stark affektiv besetzt. Er behält daher gegenüber dem sekundär assimilierten Wissen der nur selektiv integrierten wissenschaftlichen Erkenntnisse Priorität. Kollidieren wissenschaftliche Aussagen mit grundlegendem kulturellem Wissen, wird das periphere populärwissenschaftliche Wissen wieder dissoziiert, obwohl es bereits Teil der Repräsentation war. Der zentrale Kern der Repräsentation behält in einer Art "kognitiver Immunisierung" Priorität gegenüber peripherem Zusatzwissen (Wagner 1994:195)[74].

3.6 Dynamik sozialer Repräsentationen

Repräsentationssysteme dienen der Kategorisierung und Bewertung wahrgenommener Phänomene. Die unterschiedlichen Repräsentationen eines Repräsentationssystems stehen abhängig vom Grad ihrer jeweiligen Allgemeinheit und Normativität in einem hierarchischen Verhältnis zueinander. Je größer die Generalität und situationsabhängig größte Handlungsrelevanz (Funktionalität) im gegebenen Kontext, desto größer der Einfluss einer sozialen Repräsentation auf die Gesamtstruktur des Repräsentationssystems (Wagner 1994:194).

Neue Phänomene lassen sich jedoch nur bedingt in bestehende Referenzsysteme integrieren, sodass Repräsentationen modifiziert bzw. neue Repräsentationen ausgeformt werden. Durch die Zuordnung von bildhaften Vorstellungen werden sie objektiviert und in das Repräsentationssystem integriert (Wagner 1994:210). Verankerung und Objektivierung, "to make something unfamiliar, or

---

[74] Dieser Konservativismus der alltagsweltlichen Rationalität kann sich im wissenschaftlichen Kontext als Hemmschuh für Innovation und wissenschaftlichen Erkenntnisfortschritt erweisen, da um Neuland zu betreten, bewusst der Rahmen der bekannten oder gesicherten Erkenntnisse verlassen werden muss – eine in der Alltagslogik eher ungewöhnliche Anwandlung (Lueger 2001:41f).

unfamiliarity itself, familiar", sind tendenziell hochgradig konservative Prozesse: "on the whole, the dynamic of relationships is a dynamic of familiarization, where objects, individuals and events are perceived and understood in relation to previous encounters or paradigms. As a result, memory prevails over deduction, the past over the present, response over stimuli and images over 'reality'" (Moscovici 2000:37).

3.6.1   Verankerung

Die Identifizierung und sinnvolle Einordnung wahrgenommener Phänomene wird auf Basis der verfügbaren sozialen Repräsentationen vorgenommen. Im Zuge der Benennung und Klassifizierung wird das Erlebte in das eigene Refe-renzsystem integriert und damit handhabbar. Was nicht benannt oder klassifiziert ist, ist "alien, non-existent and at the same time threatening" (Moscovici 2000:42), sodass sich eine Art "Neutralität" aus der Logik sozialen Wissens und gesellschaftlicher Interpretationssysteme verbietet (Moscovici 2000:43; Wagner 1994:204).

Repräsentationen dienen als Modelle oder Prototypen, die über Erwartungen bereits die Wahrnehmung steuern: "we will inevitably tend to notice and select those features which are most representative of this prototype" (Moscovici 2000:44). Das Vorgehen ist dabei nicht analytisch sondern vom Streben nach Bestätigung von Bekanntem, Wiederholung von Gesten, Ereignissen etc, also nach Berechenbarkeit auf der Grundlage von Vertrautheit gekennzeichnet. Konvention, Tradition und Gedächtnis wirken in diesem Prozess stärker als aktuelle Wahrnehmung oder intellektuelle Vernunft: "the verdict has priority over the trial" (Moscovici 2000:39)[75].

---

[75] Hier wird wieder die Nähe zu institutionalistischen Ansätzen deutlich. So betont z.B. Douglas den bewertenden (legitimatorischen) Aspekt der Gedächtnissteuerung von Individuen durch Institutionen: "Sie [die Institution] veranlasst sie, Erfahrungen, die nicht mit ihren Bildern übereinstimmen, zu vergessen, und führt ihnen Dinge vor Augen, die das von ihr gestützte Weltbild untermauern. Sie liefert die Kategorien, in denen sie denken, setzt den Rahmen für ihr Selbstbild und legt Identitäten fest. Doch das ist noch nicht genug. Sie muss darüber hinaus auch das soziale Gebäude abstützen, indem sie die Grundsätze der Gerechtigkeit heiligt" (Douglas 1991:181).

Die Verankerung beginnt bereits mit der Benennung, die das Phänomen aus der Anonymität hebt und durch die Wortwahl in einen spezifischen Begriffskomplex integriert. Über die Klassifizierung werden nicht nur die Charakteristika des Prototyps auf das Phänomen übertragen (und dabei auch ergänzt), sondern auch die Beziehungen zu anderen Elementen und die inhärenten Regeln, also die Rationalität der Repräsentation, sowie die damit verbundenen affektiven Bewertungen (Moscovici 2000:47). Jeder Klassifizierung liegt eine Theorie zugrunde, die ihre Elemente spezifiziert und in Beziehung zueinander setzt sowie die Systemlogik expliziert: "When we classify a person among the neurotics, the Jews or the poor, we are obviously not simply stating a fact but assessing and labelling him. And, in so doing, we reveal our 'theory' of society and of human nature" (Moscovici 2000:43).

Inhalt und Differenziertheit der Repräsentationen sind diskursiv konstruiert, sodass eine Klassifizierung nicht nur über das individuelle Differenzierungsschemata etwas aussagt, sondern ebenso über das soziale Feld, das durch die Repräsentation und ihre strukturelle Beziehung zu anderen Repräsentationen aufgespannt wird und über das das klassifizierende Individuum und die klassifizierte Entität verbunden sind. Die Referenz zur Klassifikation liegt also weder innerhalb des Objekts (Phänomen, Entität) noch innerhalb des Subjekts, sondern im beide umfassenden sozialen Feld (Wagner 1994:206f). Verschiedene Gruppen können verschiedene Repräsentationen desselben Phänomens oder Phänomenbereiches ausbilden, da diese aus der Praxis des sozialen Handelns hervorgehen (und ihr gleichzeitig zugrunde liegen) und somit stets interessengeleitet – "biased" – sind (Moscovici 2000:48; Wagner 1994:205). Ebenso können Individuen bei Zugehörigkeit zu unterschiedlichen Gruppen über unterschiedliche Repräsentationen desselben Phänomens oder Phänomenbereiches verfügen (vgl. Kapitel 3.2).

Die Vielfalt und Varietät sozial geteilter Repräsentationen reflektiert die Inhomogenität moderner Gesellschaften, die die ungleich verteilten Machtverhältnisse widerspiegelt und heterogene Repräsentationen hervorbringt. "Within any culture there are points of tension, even of fracture, and it is around these points of cleavage in the representational system of a culture that new social representations emerge. In other words, at these points of cleavage there is a lack of meaning, a point where the unfamiliar appears, and just as nature abhors a vacuum, so culture abhors an absence of meaning, setting in train some representational work to familiarize the unfamiliar so as to re-establish a sense of stability" (Duveen 2000:8).

3.6.2   Objektivierung

Objektivierung bezeichnet den Prozess der Konkretisierung abstrakter Ideen in vorstellbare Bilder, womit Unbekanntes zu "denkbarer" Wirklichkeit wird (Moscovici 2000:42). Abstrakte Vorstellungen oder Ideen des intellektuellen Denkgebäudes werden im Zuge des kollektiven Diskurses vergegenständlicht und damit für viele verständlich. Durch Objektivierung steigt die Faktizität der Repräsentation und das die Vorstellung symbolisierende Objekt erlangt Realitätsstatus: "what is perceived replaces what is conceived" (Moscovici 2000:51). Mit dem Prozess der Ausbildung sozial geteilter Repräsentationen geht die Ausbildung der oben beschriebenen bildhaften bzw. metaphorischen figurativen Schemata einher (Wagner 1994:207).

In seinen frühen Arbeiten untersucht Moscovici das figurative Schema der Psychoanalyse, wie es in der französischen Öffentlichkeit repräsentiert ist (vgl. Moscovici 2000:50; Wagner 1994:187f). Dabei wirken zwei Entitäten, das Unbewusste und das Bewusste so aufeinander, dass psychische Inhalte verdrängt werden und in der Folge daraus ein psychischer Komplex entsteht. Diese Metapher ontologisiert (psychische Kräfte werden zu Objekten) und personifiziert (die Objekte sind aktiv "handelnd" wie Menschen)[76]. "Thus everyone, nowadays, can perceive and distinguish a person's 'repressions' or his 'complexes' as if they were his physical features" (Moscovici 2000:51).

---

[76] Außerdem bedient sie sich der Orientierungsvorstellung von körperlicher Verdrängung und Unterdrückung und beruht auf der Behältnisvorstellung, da sich alles in einem individuellen Kopf abspielt (Wagner 1994:187f).

Im Zuge der Objektivierung werden bereits vorhandene Repräsentationen nicht ersetzt, sondern oftmals im Gegenteil zur Vergegenständlichung herangezogen. Populärwissenschaftliche Erkenntnisse beispielsweise werden durch ältere symbolische Systeme quasi "eingefangen" und bekannt gemacht, wobei fast der ganze einstige wissenschaftliche Inhalt verloren geht (Billig 1988:10, zit. in Wagner 1994:208). Die Einbettung in das bestehende Repräsentationssystem ist für die erfolgreiche Etablierung von Repräsentationen ebenso notwendig, wie ihr eine gelungene Vergegenständlichung und damit einfache Handhabbarkeit des Konzeptes sowie die häufige Anwendbarkeit auf konkrete Situationen förderlich ist.

3.7   Rekonstruierbarkeit sozialer Repräsentationen

Beiträge aus den Bereichen Konversationsanalyse, Rhetorik und vor allem diskursive Psychologie haben sich immer wieder kritisch mit der Theorie der sozialen Repräsentationen auseinandergesetzt (z.B. Billig 1988, 1993; Litton/Potter 1985; McKinlay/Potter 1987; McKinlay et al 1993; Potter 1997, 1996; Potter/Billig 1992; Potter/Litton 1985; Potter/Wetherell 1987, 1995). Insbesondere die Konzeption der figurativen Schemata auf individueller Ebene mit ihren Prozessen der Verankerung und Objektivierung wird als "kognitivistischer Reduktionismus" qualifiziert (Potter/ Wetherell 1995:180). Potter/Wetherell negieren dabei allerdings keineswegs die Existenz mentaler Repräsentationen, sondern thematisieren den unterschiedlichen Fokus von Diskursanalyse und Theorie der sozialen Repräsentation über die Frage: "Sollen kulturelle Inhalte als mentale Bilder behandelt werden, die dann Verwendung finden, wenn bestimmten Phänomenen eine Bedeutung zugeschrieben wird, oder soll man sie vielmehr als Bestandteil der Interaktion in einzelnen Situationen (in Zeitungsartikeln, in Gesprächen, in politischen Reden) auffassen?" (Potter/Wetherell 1995:181). Die Theorie der sozialen Repräsentation entscheidet sich ihrer Meinung nach für die erste Option, während die Diskursanalyse Repräsentationen begrifflich als Eigenschaften des Diskurses bestimmt (Potter/Wetherell 1995:183). Reprä-

sentationen würden demgemäß aus diskursanalytischer Perspektive als Bestandteil menschlicher Tätigkeit thematisiert, nicht jedoch als mentale, die Tätigkeit hervorbringende Mechanismen. "Cognition is thereby moved from being
an explanatory resource to a topic of study" (Potter/Edwards 1999:449). Eine
Perspektive, die sich durchaus mit kognitiv orientierten Diskursanalytikern wie
van Dijk verträgt: "[...] van Dijk still analyses discourse as discourse. He does not
see discourse simply as a means of discovering cognitive structures or mental
representations, nor does he see the cognitive structures of mental representations as producing the discourses" (Antaki et al 2002:11). Die z.T. als
"paradigmatisch" (z.B. Augostinos 1995:213) bezeichnete Verschiebung des
Untersuchungsfokusses von Organisation und Prozessen des Bewusstseins bzw.
der Kognition hin zur Organisation und Prozessen von Diskursen sollte daher
nicht dazu führen, "sich um Repräsentationen nicht mehr zu scheren"
(Potter/Wetherell 1995:183), sondern die Auseinandersetzung um die Konzepte
der Diskursanalyse zu beleben und zu bereichern.

Potter/Wetherell vergleichen eine diskursive Tätigkeit mit einem Brückenbau, bei
dem es einerseits vorgefertigte Elemente wie z.B. Bögen gäbe, die den situativen
Erfordernissen wie etwa der Statik angepasst werden müssen, während andere
Teile wie etwa ins Landschaftsbild passende Pfeiler an Ort und Stelle gebaut
werden. Im Rahmen einer empirischen Analyse der Tätigkeit müssen sämtliche
Elemente – Bögen und Pfeiler – untersucht werden, was Ziel der Diskursanalyse
sei, während die Theorie der sozialen Repräsentation einiges zu den Bögen,
aber fast nichts zu den Pfeilern zu sagen habe (Potter/Wetherell 1995:198)[77].
Diese lasse eine Erklärung für die Verwendung von Repräsentationen in
einzelnen Handlungen bzw. deren taktischen Einsatz vermissen (Potter/Wetherell
1995:193 bzw. 195) und mache sich im Gegensatz zur Diskursanalyse die

---

[77] Die "vorfabrizierten Brückenbögen" werden von Potter/Wetherell als Interpretationsrepertoirs bezeichnet. Diese breit angelegten, klar unterscheidbaren Cluster von Begriffen, Beschreibungen und
Redewendungen, die oft von Metaphern oder lebhaften Vorstellungsbildern zusammengehalten
werden und als Bausteine für die Interpretion von Handlungen, der eigenen Person und gesellschaftlicher Strukturen im Sprechen verwendet werden. "Der Begriff des Interpretationsrepertoires
bezieht sich somit auf den Inhalt des Diskurses und auf die Organisation dieses Inhalts"
(Potter/Wetherell 1995:189).

Erkenntnisse der Konversationsanalyse nicht zunutze (Potter/Edwards 1999:449).

Die etwas polemische Replik Moscovicis auf die Kritik bzgl. des Stellenwertes von Diskursanalyse versus Repräsentationen - "Geht man mit dem linken oder dem rechten Bein?" Moscovici (1995:313) – weisen Potter/Edwards zurück: "We agree that it is misleading to make an opposition between language and representation. However, we have argued that an adequate study of representation (either in talk or cognition) *requires* attention to situated discourse practices" (Potter/Edwards 1999:454)[78].

Soziale Repräsentationen konstituieren und manifestieren sich in sozialen Handlungen und sind nur über die Artefakte dieser sozialen Praktiken analysierbar. In diesem Sinne sind Texte eine Form der Manifestation, in der soziale Repräsentationen produziert und zugleich reproduziert und damit erst einer Analyse zugängig werden. Dabei werden soziale Repräsentationen in Diskursen nur selektiv (wenn überhaupt) expliziert (van Dijk 2001a:108f), ebenso wenig sind sie umfassend geteilt und "in den Köpfen" der Individuen tatsächlich in einem ontologischen Sinne vorhanden[79]. Als theoretisches Konstrukt beschreiben sie den handlungsleitenden Sinn- bzw. Referenzrahmen für die diskursive Praktik, sind dabei stets prototypisch und daher niemals in "Reinform" anzutreffen.

---

[78] An anderer Stelle hat aber auch Moscovici die Unterbelichtung des Zusammenhanges zwischen Diskurs und sozialer Repräsentation eingestanden: "For various reasons, largely to do with dominant orientations in social psychology, there has been a tendency to leave in the shadow one of the essential references of the theory of social represenations. We mean their reference to communication, to language, in short, to the discursive aspect of knowledge elaborated in common. It is true that social psychology has only had a marginal interest in this aspect, and that nearly all of the research on social cognition has not taken it into account" (Moscovici/Vignaux 2000:160).

[79] Ganz ähnlich argumentieren Potter/Edwards in einem anderen Zusammenhang, wenn sie im Hinblick auf psychologische Kategorien wie Motive oder Intentionen betonen, dass "very little of this is direct talk about mental states (however construed); it is mostly event descriptions, uses of categories and narrative devices, ways of *implicating*, *handling* or *managing* common sense psychological concerns (such as motive, memory, intentions) rather than 'talking about' them" (Potter/Edwards 2003:169). Im weiteren Sinne geht es also stets darum, "how events are described and explained, how factual reports are constructed, how cognitive states are attributed. These are defined as discursive topics, things people topicalize or orient themselves to or imply in their in their discourse. And rather than seeing such discursive constructions as expressions of speakers' underlying cognitive states, they are examined in the context of their occurence as situated and occasioned constructions whose precise nature makes sense to participants and analysts alike, in terms of the social actions those descriptions accomplish (Edwards/Potter 1992:2, zit. in Potter/Edwards 2003:169f).

Zur (Re)Konstruktion dieses Konstruktes ist eine sorgfältige Textanalyse in einem geeigneten methodologischen Rahmen, der die Text-Kontext-Beziehung theoretisch zu fassen vermag und damit eine systematische und nachvollziehbare Interpretation erlaubt, unumgänglich. Wagner ist zuzustimmen, wenn er in diesem Zusammenhang auf die Unzulänglichkeit rein quantitativer Umfragen (mit geschlossenen Fragebögen) verweist – auch Gaskell bemerkt, dass "quantification is not the be all and end all" (Gaskell 2001:240) – und detailliertere Inhaltsanalysen zur Isolation figurativer Schemata fordert, die die strukturellen Beziehungen zwischen den produzierten Bildern und Vergleichen der Individuen mit den Gegenstandsbereich freilegen (Wagner 1994:190). Während Inhaltsanalysen[80] als Methode zweifellos ein brauchbares Instrumentarium (unter mehreren) darstellen, können sie die theoretisch fundierte (Re)Konstruktion der Repräsentationen aus den sozialen Praktiken nicht leisten, da die Einbeziehung kontextueller Einflussfaktoren ihren Rahmen sprengt (vgl. Titscher et al 1998:46 bzw. die dort zitierte Literatur).

Ein ähnliches Problem stellt sich bei rein linguistischen Forschungsprogrammen wie z.B. in der Untersuchung Eberts (1997)[81], die Kohäsion und Kohärenz der untersuchten Texte fokussieren und inhaltliche bzw. kontextuelle Aspekte explizit ausblenden[82]. Zwar werden systematisch konventionalisierte Sprachformen (auf Sprechaktebene) untersucht, für die Analyse der dadurch realisierten Inhalte, die ebenfalls auf konventionalisiertem, sozial verfügbarem Wissen in Form von

---

[80] Zur traditionellen quantitativen Inhaltsanalyse vgl. z.B. Früh (1991), zur qualitativ orientierten Inhaltsanalyse z.B. Mayring (2003).

[81] Ziel der linguistischen Untersuchung Eberts ist die Rückführung der funktions- und strukturverschiedenen Textexemplare auf bestimmte Grundtypen von Texten (Ebert 1997:27f). Ebert kommt in seiner "systematische Korpusanalyse" (Ebert 1997:31) von 154 "schriftlichen Texten unternehmenspolitischer Art, die in der Betriebswirtschaftslehre als "Unternehmensgrundsätze" oder als "Führungsgrundsätze" bekannt sind" (Ebert 1997:27), zum Ergebnis, dass die untersuchten Texte nicht in zwei disjunkte Grundklassen "Führungsgrundsätze" und "Unternehmensgrundsätze" unterschieden werden können. Ausgangspunkt von Eberts Analyse ist die Sprechaktanalyse. Lässt sich die Textstruktur nicht ausreichend auf der Basis von Sprechhandlungen bzw. Sprechhandlungssequenzen (Illokutionsstruktur) bestimmten, ist die Argumentationsstruktur und Themenstruktur mitzuberücksichtigen (Ebert 1997:40).

[82] "Das Inhaltsproblem betrifft die Frage, was ein Textproduzent sagen will, das Sprachproblem die Frage, wie er etwas sagen will. Mir geht es im folgenden primär um das Wie von Texten, die Führungs- und Unternehmensgrundsätze explizieren wollen, nicht so sehr um das Was, denn die Bewertung von betriebswirtschaftlichen Inhalten kann nur vor dem jeweiligen Theoriehintergrund geschehen und erfordert betriebswirtschaftliches Fachwissen" (Ebert 1997:33).

institutionalisierten Vorstellungen bzw. sozial geteilten Repräsentationen beruhen, steht weder eine theoretische Basis noch ein methodologischer Rahmen zur Verfügung. Sie unterbleibt daher und schränkt damit die Analyse und die Interpretation auf linguistisch relevante Aspekte ein[83].

Im Unterschied zu linguistischen Ansätzen stehen diskursanalytische Ansätze – wenn auch nicht immer explizit (Meyer 2001:16) – einer soziologischen bzw. sozialpsychologischen Perspektive nahe, indem sie Texte als Bestandteile eines sozialen Diskurses betrachten (z.b. Jäger 1999:173). Angesichts der verbalen Natur von Diskursen ist eine solide linguistische Basis unabdingbar (van Dijk 2001a:97), sodass elaborierte Textanalysen – "sprachliche Formalanalysen" (Jäger 1999:119) – zum Standardprogramm diskursanalytischer Untersuchungen gehören (Meyer 2001:16). Diskursanalyse geht dabei stets über den Satz hinaus (Keller 1997); Sprechakte werden hinsichtlich der umgebenden Sätze (intratextualer Kontext, Mittext) analysiert und unter Referenz auf den lokalen und globaleren Kontext. Erst wenn ein Text als Bestandteil eines gesellschaftlichen und historisch verankerten Gesamtdiskurses begriffen und interpretiert wird, wird Textanalyse zur Diskursanalyse (Jäger 1999:119).

Der Untersuchung in der vorliegenden Arbeit wird daher eine diskursanalytische Forschungsstrategie zugrunde gelegt, in der die Vermittlungsinstanz zwischen Text und Kontext über soziale Repräsentationen konzeptionalisiert wird. Damit steht ein fundierter, theoretisch kompatibler methodologischer Rahmen zur Verfügung, der unter Anwendung des geeigneten methodischen Instrumentariums die Beachtung von Form, Struktur und Organisation der Leitbildtexte auf den für das Untersuchungsziel relevanten inhaltlichen wie formalen Ebenen der Sprache ermöglicht.

---

[83] Jäger bringt die Problematik, die auch den Stand der Leitbildforschung treffend charakterisiert, folgendermaßen auf den Punkt: "Während die Linguisitik und ihre Vertreter in der Regel glaubten, ohne Inhalte operieren zu können, sticht [...] beim Nachbarfach Soziologie ein anderes Phänomen hervor: die immer wieder zu beobachtende Beschäftigung mit Texten, die meist unter Verzicht auf jegliche linguistische Methodologie und Theorie interpretiert werden" (Jäger 1999:19).

Im zweiten Teil der Arbeit wird das Forschungsdesign der empirischen Untersuchung ausführlich darstellt. Nach der Präzisierung von Forschungsfrage und Untersuchungsziel werden auf Basis der explizierten methodologischen Grundlagen die Forschungsstrategie und der konkrete Untersuchungsablauf inklusive kurzer Skizzierungen des eingesetzten Methodenkanons vorgestellt und die Grenzen der Untersuchung aufgezeigt. Der dritte Teil ist der Darstellung der empirischen Befunde gewidmet.

Teil II: Untersuchungsdesign – Methodologie und Methodik

1 Forschungsfrage und Untersuchungsziel

Die in dieser Arbeit gewählte Perspektive begreift im Gegensatz zur von funktionalistischen Effektivitäts- oder Effizienzüberlegungen geprägten Steuerungslehre Unternehmensleitbilder als eine konventionalisierte und typisierte Form organisationaler Kommunikation, die als institutionalisiertes "template for organizing" Vorstellungen rationaler organisatorischer Gestaltung in der Umwelt der Organisationen widerspiegelt. Das Leitbild-Genre als institutionalisierte Kommunikationsform des unternehmerischen Kontextes definiert somit einen sinnstiftenden Referenzrahmen normativer Erwartungshaltungen, der den spezifischen Handlungskontext strukturiert und die legitimen – die "richtigen" – Verhaltensweisen bestimmt bzw. von "falschen" abgrenzt. Vor diesem Hintergrund intersubjektiv geteilter Relevanzstrukturen werden Leitbilder erstellt, sodass ihre konkrete inhaltliche wie formale Ausgestaltung eine (partielle) Manifestierung dieser kontextspezifischen Relevanzstrukturen darstellt.

Übergeordnetes Ziel einer empirischen Untersuchung ist aus dieser Perspektive die (hypothetische) (Re)Konstruktion der sozial geteilten Wissensbasis mit ihren Klassifikationssystemen und Relevanzstrukturen, die u.a. den im Genre *Unternehmensleitbild* realisierten diskursiven Ausprägungen zugrunde liegen. Über die Extrahierung typischer formaler wie inhaltlicher Charakteristika von Leitbildtexten, also die Analyse der diskursiven Strukturen der Dokumente, wird die (Re)Konstruktion der Vertextlichungsstrategien und der zugrunde liegenden konventionalisierten Bedeutungs- und Sinnstrukturen angestrebt, die wiederum Rückschlüsse auf bzw. Hypothesen für die Strukturbedingungen des typisierten Handlungskontextes ermöglichen sollen. Leitbilder sind Artefakte eines besonderen – hier: organisationalen – Kontextes (kaum eine Familie hat ein Leitbild,

geschweige denn ein formalisiertes), rekurrieren aber sowohl auf Repräsentationen eines weiteren kulturellen Kontextes als auch – auf einer tieferen
Ebene – auf quasi-universelle Basisschemata (z.B. richtig-falsch, wahr-unwahr,
nützlich-schädlich etc.). Eine umfassende Analyse von Diskursen als "Verläufe
oder Flüsse von sozialen Wissensvorräten durch die Zeit" zielt letztlich auf die
vollständige Erfassung des gesamtgesellschaftlichen Diskurses (Jäger
1999:158).

Untersuchungsziel

Die vorliegende Untersuchung ist eine Querschnittsanalyse deutschsprachiger
Unternehmensleitbilder. Ziel ist die (Re)Konstruktion der typischen Struktur von
Leitbildtexten auf formaler wie inhaltlicher Ebene, um zu entschlüsseln, welchen
Sinn- und Bedeutungsrahmen diese Dokumente bieten, was die impliziten
Grundpositionen sind und wie sich diese in den (hypothetisch) zu rekonstruie-
renden Handlungskontexttypus einfügen. Die folgenden forschungsleitenden
Fragestellungen umreißen den Untersuchungsfokus und machen das Erkenntnis-
interesse transparenter.

Die Analyse der diskursiven Ordnungen und Strukturen von Leitbildtexten im Hinblick auf die zugrunde liegenden bzw. implizierten sozial geteilten Repräsentationen richtet den Blick im ersten Schritt auf die angesprochenen Themen im
Sinne der Frage:

- Was kommt denn in diesen Texten überhaupt zur Sprache? Welche Sachthemen – aus der Vielzahl der denkbar möglichen – kommen in Unternehmensleitbildern vor? Welche Bereiche der unternehmerischen Wirklichkeit
  werden also herausgegriffen? Welche internen oder externen Akteure bzw.
  Akteursgruppen kommen vor? In welcher Beziehung stehen die Akteure zueinander? Was zeichnet die Beziehung aus, was charakterisiert sie? Welche
  Rollen werden den Akteuren damit zugeschrieben? Welche Erwartungen sind
  damit verbunden, welche Handlungsimplikationen? Werden sie deutlich gemacht oder kommen sie implizit zum Ausdruck? Werden nicht erfüllte

Erwartungen sanktioniert bzw. gibt es Hinweise auf Sanktionsformen? Wird die Interaktionsebene expliziert, z.B. über gewünschte/erwartete Verhaltensstandards, Regeln, Normen...?

Institutionen strukturieren den Handlungskontext und eröffnen den Handlungsspielraum, innerhalb dessen das konkrete Dokument ausgestaltet wird. Eine Annäherung an diesen Handlungsspielraum muss zunächst über vergleichende Analyse der Dokumente gehen:

- Was kommt denn typischerweise in diesen Texten zur Sprache? Wie wird das typischerweise qualifiziert und bewertet? Gibt es typische inhaltliche wie formale Charakteristika? Welche zentralen, rekurrenten Themenbereiche (Themen und Themengruppen) werden in den Leitbildern verarbeitet? Welcher Stellenwert innerhalb des Leitbild-Genres (unter der Annahme, dass ein solches existiert) kommt den Themen zu? Wie sind sie gewichtet? Welche Muster (Pattern, Templates) lassen sich identifizieren?

Gegenstand der Analyse ist die Extrahierung typischer formaler wie inhaltlicher Charakteristika von Leitbildthemata mit dem Ziel, auf Basis identifizierter typischer Muster (Pattern, Templates) eine Normalitätsfolie zu entwickeln. Diese im Zuge der Vertextlichung realisierten inhaltlichen wie formalen Standards stellen eine konventionalisierte Interpretation der Realität dar, der Annahmen, Konzepte und Theorien über die Organisation, die Umwelt, die Akteure und die Beziehungen der Elemente zugrunde liegen. Ihre Extrahierung ist daher ein weiterer Schritt zur Herausarbeitung dieser impliziten Theorien.

Unternehmensleitbilder kategorisieren und qualifizieren die spezifische soziale Wirklichkeit eines Unternehmens – seiner Ziele und Aktivitäten, seiner internen Organisation und ihrer Akteure sowie seiner Beziehungen zur äußeren Umwelt und ihrer Akteure –, indem sie Elemente in ein Begriffs- und Beziehungsgefüge positionieren. Das führt zur nächsten Fragestellung im Rahmen der komparativen Untersuchung: Wodurch zeichnen sich die Themen aus? Welche Bewertungen werden in den Texten typischerweise zum Ausdruck gebracht, in welcher Form und in welchen intratextualen Kontexten?

Zur Analyse der Sinn- und Bedeutungsstrukturen wird im nächsten Schritt eine detailliertere Untersuchung hinsichtlich der Aufnahme und Entfaltung des Themas sowie eventueller Verschränkungen mit anderen Themen vorgenommen, um Stellenwert und Funktion des Themas im Text herauszuarbeiten:

- Wie wird das, was in den Texten typischerweise vorkommt, zum Ausdruck gebracht, damit positioniert und zu anderen Elementen in Beziehung gesetzt (gerahmt, kategorisiert)? In welchen Bedeutungssystemen – sozial geteilten Repräsentationen – sind die Elemente verankert?

- Welche Hinweise geben die identifizieren Muster auf das Repräsentationssystem des Leitbild-Genres selbst, seine impliziten Grundpositionen und einen (hypothetischen) Handlungskontexttypus?

2   Methodologische Grundlagen

2.1   Grundlagen interpretativer Methodologie

Interpretative Sozialforschung im hier verstandenen Sinne (Lueger 2000:16f)[1] zielt auf die wissenschaftliche Konstruktion von Wirklichkeit, die sich mit den Bedingungen und Ordnungsformen menschlichen Zusammenlebens befasst. Im Gegensatz zu *Realität* als der Erkenntnis prinzipiell unzugänglicher Welt des Subjektunabhängigen bezeichnet *Wirklichkeit* den Ausdruck dieser Realität in der Erkenntnistätigkeit und den Erfahrungen. **Realität bleibt also stets außerhalb des Bewusstseins[2].**

---

[1] Im Rahmen der theoretischen Ausführungen in Teil I wurden die hier zusammengefassten Überlegungen an unterschiedlichen Stellen bereits aufgegriffen bzw. andiskutiert. Diese komprimierte Darstellung folgt den Ausführungen Manfred Luegers zur Methodologie und Organisierung interpretativer Sozialforschung (vgl. Lueger 2001, 2000).
[2] Die Existenz einer äußeren Realität wird auch von Vertretern des Radikalen Konstruktivismus nicht geleugnet; in Frage gestellt wird hingegen, wie Flick (2000:152) formuliert "von Schütz bis Glasersfeld", dass die äußere Realität *unmittelbar* zugänglich sei.

Die **Konstruktion der Wirklichkeit vollzieht sich als aktiver Prozess** und nicht etwa als passiver Prozess individueller Aufnahme und Verarbeitung von Wahrnehmung. Durch diesen interaktiven und sozialen Prozess der Auseinandersetzung mit der physischen und sozialen Umwelt erlangen Menschen ein Verständnis von Wirklichkeit, "wobei durch dieses Weltverständnis angeleitetes Handeln Realität erzeugt, die sich von den Intentionen der Menschen löst und diesen als äußere Handlungspämisse und als Rahmenbedingung der Wirklichkeitsauffassung gegenüber tritt" (Lueger 2000:19). Handlung (auch im Sinne von Unterlassung) wirkt auf die Umwelt und schafft damit die Grundlage für Aufbau, Veränderung und Reproduktion gesellschaftlicher Realität (die freilich als solche nicht zugänglich ist) sowie die Voraussetzung für die (Re)Konstruktion der lebensweltlichen Wirklichkeit aus der Erfahrung und damit die Basis für den Aufbau komplexer Weltbilder.

Die ordnungsleistende Funktion von Sinn als Unterscheidungsoperation ist allgegenwärtig, da ohne sie keine Identifikation von etwas stattfinden kann (Lueger 2001:124). Die im Prozess der Wirklichkeitskonstruktion ausgebildeten **Sinnstrukturen sind sozial konstituiert**. Sinn kann nur im gesellschaftlichen Prozess angeeignet werden und enthält damit stets auch kollektive Komponenten, womit wiederum soziale Handlungsfähigkeit erzeugt wird (Lueger 2000:23; 2001:124)[3]. Die Einbettung in den gesellschaftlichen Prozess (Lebenslage, gesellschaftliche Verortung etc.) schafft kollektive Erfahrungshorizonte: "Soziale Beziehungen, die Koordinierung von Positionen, Rollenzuweisungen, normative Orientierungen und historische Entwicklungen schaffen ein Bezugssystem, das Weltbilder als generatives Muster emergieren und stabilisieren lässt (vgl. Dux 1982)" (Lueger 2001:35).

---

[3] Lueger differenziert zwischen verschiedenen Verständnisweisen von Sinn, bei denen man es mit Varianten von Relationierungen vor verschiedenen Verweisungshorizonten zu tun hat: "Der gemeinte Sinn zentriert die Relationen um das beobachtende und handelnde Subjekt, während der subjektive Sinn bereits Typisierungen aufnimmt, die von außen den Handelnden als Normallfall unterstellt werden. Der objektive Sinn wiederum koppelt die Verweisungssruktur von den Handelnden ab und bestimmt diese als Deutung, welche die Subjektunabhängigkeit als konstitutives Merkmal betont. Der praktische Sinn löst sich aus der impliziten Dualität der vorgenannten Sinnformen, indem er die gesellschaftliche Totalität der Welterzeugung reflektiert. Aber all diesen Sinnverständnissen ist gemeinsam, dass sie nur sozial konstituiert sein können" (Lueger 2000:25f).

Entwicklungsprozesse spielen sich also immer in einem sozialen Bezugsrahmen bzw. einem konkreten sozialen Kontext ab, sodass sich Erkenntnis nur als genuin sozial und prinzipiell über die individuelle Ebene hinausgehend verstehen lässt: "Die Instanzen der Vermittlung dieser bereits vorinterpretierten Welt sind verschiedene und begleiten die Menschen im Verlauf ihrer gesamten Lebensbiographie [...]. Obzwar sich die Inhalte oder die Verlaufsformen der Einübung in spezifische Umwelten innerhalb und zwischen Stammesgesellschaften oder modernen Industriegesellschaften unterschieden – das Prinzip der Vermittlung einer Interpretationslogik für die Welterschließung bleibt erhalten" (Lueger 2001:37f). Mead (1978:186) erkennt diese Vermittlung von Gesellschaft und Individuum im Prozess der Individuation, während Luckmann (1996:108f) von jenem Sinnsystem spricht, das die im Sozialisationsprozess verinnerlichte historische Weltansicht, welche in der Biographie in einen Gesamtzusammenhang integriert wird, in Form von Deutungsschemata und Verhaltensmodelle den subjektiven Bewusstseinsstrom überlagert (Lueger 2001:38)[4].

Im Gegensatz zu radikal-konstruktivistischen Argumenten, die den individuellen Prozess des Wirklichkeitsaufbaues fokussieren, stellen sozialkonstruktionistische Argumente den interindividuellen und sozialen Prozess kollektiver Orientierungen in den Vordergrund. So verstandene **interpretative Sozialforschung fokussiert die Ordnung sozialer Prozesse**, die historisch-konkrete Einbettung individuellen Handelns in lebensweltliche Erfahrungshorizonte und Milieubedingungen (Lueger 2001:35). Die angestrebte (Re)Konstruktion der als virtuell, symbolisch und latent zu begreifenden (Sinn)Strukturen[5] ist nur über materiale Ausdrucksträger (z.B.

---

[4] Lueger zeichnet die Auseinandersetzung mit dem Sinnbegriff im Rahmen der interpretativ orientierten Sozialforschung beginnend mit der Begründung der verstehenden Soziologie durch Weber (1980, 1988a) über die Lebensweltanalysen von Schütz oder Luckmann (Schütz 1981; Schütz/Luckmann 1979,1984; Luckmann 1992) bis hin zur Theorie der Praxis bei Bourdieu (1979, 1987a) oder der Systemtheorie Luhmanns (z.B. 1984).
[5] Virtuell, weil sie niemals selbst Phänomene realisieren, sondern Ausdrucksoptionen von Phänomenen repräsentieren und somit topologische und relationale Ordnungen definieren, in die konkrete Subjekte oder Gegenstände eingebunden sind. Symbolisch, weil sie sich nur als Relation definieren, in der die einzelnen Plätze verschieden besetzbar sind und nur zueinander definiert werden können, was die kontextuelle Analyse von Strukturelementen im Rahmen der Totalität gesellschaftlicher Praxis notwendig macht. Latent, weil die verborgene (Sinn)Struktur erhalten

Akteure, Handlungen, gehandhabte Gegenstände) möglich, die als Ergebnis von Strukturierungsleistungen die selektive Relationierungen zwischen diesen beobachtbaren Phänomenen und den diesen zugemessenen Merkmalen zum Ausdruck bringen (Lueger 2000:27f).

Die durch ein dialektisches Wechselspiel zwischen Stabilität und Emergenz gekennzeichneten Strukturierungsprozesse sind aber nicht nur Untersuchungsgegenstand, sondern zugleich auch Grundlage des Wissenschaftssystems selbst – Wirklichkeitskonstruktion als aktiver Prozess macht auch vor der Wissenschaft nicht Halt (Lueger 2000:21 bzw. 29). Durch Bedeutungszuschreibung (Beobachtbares wird mit Sinn unterlegt) verwandelt sich Realität in Wirklichkeit, wobei sich sowohl die Objekte (als sinnbezogene Wirklichkeit) als auch die erkennenden Systeme im wissenschaftlichen Prozess verändern, während umgekehrt Wirklichkeit Realität produziert, sofern sich erstere in materialen Äußerungen objektiviert (etwa im beobachtbaren sozialen Handeln oder in Form eines Forschungsberichts) (Lueger 2001:348). Die Berücksichtigung des Kontextes von Wirklichkeit bedingt die Frage nach den spezifischen Differenzschemata der wissenschaftlichen Arbeit und macht damit zwei Rahmenbedingungen sozialer Phänomene analytisch relevant: zum einen den Forschungskontext (er verleiht wahrgenommenen Erkenntnisobjekten durch ihre Einflechtung in eine Situation, ein Forschungssystem und einen gesellschaftlichen Kontext einen spezifischen Sinnbezug) und zum anderen den Kontext des fokussierten Phänomenbereiches (Lueger 2001:349)[6]. Unter der Prämisse der prinzipiellen Prozessualität sozialen Geschehens nehmen zeitliche Zusammenhänge, die historische Genese und die Form der Herstellung von Dauerhaftigkeit oder Veränderungen einen zentralen

---

bleiben kann, auch wenn sie sich zeitweilig nicht durch Handlungen oder Personen manifestiert (Lueger 2000:28f).
[6] "Als gesellschaftlich geformte individuelle Erkenntnis lassen sich Erkenntnisobjekte nur als immer schon sinnhaft vorgegeben verstehen, wobei Sinn eine Form von Ordnung erzeugt. Für die Forschung bilden Verstehensprozesse den Schlüssel zur Wirklichkeit, welche die Totalität der Einbettung von Phänomenen in einen gesellschaftlichen Lebenszusammenhang umschließt. Alle sozialwissenschaftlich relevanten Phänomene werden so als in einen Sinnhorizont integriert verstanden, den es zu entschlüsseln gilt. Analysematerialien sind Ausdrucksformen dieser zu enträtselnden Sinnbezüge, wobei der Vorgang der wissenschaftlichen Analyse diese Erkenntnisse in einen sekundären wissenschaftlichen Sinnhorizont transformiert, der sich als wissenschaftlicher Sinn von anderen Sinngebungen absetzt" (Lueger 2001:351f).

Stellenwert im Forschungsverlauf ein – und zwar sowohl hinsichtlich des Kontextes des Phänomenbereiches als auch des Forschungskontextes (Lueger 2001:348).

Im Zentrum sozialer Prozesse steht Kommunikation als selektive Akkordie-rung von Aktivitäten[7], ohne die Gesellschaft bzw. soziale Systeme nicht bestehen können (Lueger 2000:32) und die daher ebenfalls sowohl auf der Ebene des Phänomenbereiches als auch auf der Ebene des Forschungskontextes zu berücksichtigen ist. Sprache macht Erkenntnisse in Form von Bezeichungen und Beschreibungen diskursfähig und übernimmt eine symbolische Vermittlungs-funktion. Interpretative Forschung bezieht sich auf die Analyse des Sprach-gebrauches, der bereits Wissen voraussetzt (innerhalb des Zeichenprozesses kommt Zeichen keine kontextfreie Bedeutung zu), und muss daher die Regeln des Zeichengebrauchs innerhalb einer Deutungsgemeinschaft erkunden: "Die Feinheiten der Sprache und die (Re-)Konstruktion der Bedeutungen lassen dabei Folgerungen über den sozialen Umgang mit Sachverhalten zu, wobei im Hintergrund die Behauptung steht, dass es keine Zufälligkeiten der Sprachstruktur gibt, sondern nur eine Bandbreite selektiver Ausdrucksweisen einer sprachlich formulierbaren Lebenswelt" (Lueger 2001:351).

Die dargestellten Grundlagen interpretativer Sozialforschung verdichtet Lueger zu folgenden drei Maximen, die sich (a) auf die grundlegende Problematik der wissenschaftlichen Zugänglichkeit der Welt als spezielle Konstruktionsmethode von Wirklichkeit im Rahmen der sozialwissenschaftlichen Deutungsgemeinschaft, (b) auf die Besonderheit des Erkenntnisobjekts, das sich weder aus sich heraus erschließt noch in seinen Wesenszügen der Erkenntnis zugänglich ist und (c) den Forschungsprozess als dialektische Produktion eines sozialen Systems der Forschung beziehen.

---

[7] Lueger beschreibt Kommunikation nach Luhmann (1984) als Zusammenspiel dreier Selektionen, "wonach sich Mitteilende für einen bestimmten Inhalt entscheiden (Information), der sich über Han-deln an potentielle oder reale andere AkteurInnen richtet (Mitteilung) und bei diesen im Verstehensprozess Veränderungen auslöst bzw. Anschlusshandlungen provoziert, auf deren Grundlage die Mitteilenden erkennen können, was ihre Mitteilung ausgelöst hat (Verstehen)" (Lueger 2000:32). Verbunden mit Sinn enthält Kommunikation als Strukturierungsleistungen stets eine soziale, eine sachliche und eine zeitliche Dimension (Lueger 2000:34ff).

- **Wissenschaft als Spezialfall konstruktiver alltäglicher Interpretation** mit der Prämisse, dass sich Erkenntnisobjekte immer nur als schon sinnhaft vorgegeben verstehen lassen, also immer schon vorinterpretiert und sozial konstituiert (vgl. Lueger 2000:41ff, 2001:253ff)[8].

- **Die Orientierung an der Totalität sozialer Phänomene** verweist auf das **dialektische** Grundprinzip, wonach der Erkenntnisgegenstand seine Sinnbezüge (als Ordnungsleistung) nur über die Einbettung in einen Kontext erschließen lässt und Interpretation somit zur Kontext(re-)konstruktion wird (vgl. Lueger 2000:44ff, 2001:262ff).

- **Tätige Beobachtung als Ausgangspunkt wissenschaftlicher Forschung** bezieht sich auf den Beobachtungsprozess, der Denken und Handeln, aber auch Produktion und Reproduktion rekursiv miteinander verbindet und somit in der Forderung nach **aktivem** Umgang mit dem Forschungsgegenstand mündet, der sich nur in einer iterativen Annäherung erschließen lässt (vgl. Lueger 2000:44ff, 2001:272ff).

2.2 Interpretative Forschungslogik – der zirkuläre Forschungsprozess

Entscheidungen im Forschungsprozess müssen reflektiert getroffen werden, da die Möglichkeiten der Auswahl der berücksichtigten Aspekte unendlich sind und jede unbegründete Entscheidung in den Verdacht der Beliebigkeit gerät: "Die Ignoranz gegenüber diesen Aspekten, weil man vermeintlich die richtigen Fragen stellt und über geeignete Verfahren der Erhebung und der Datenanalyse verfügt, lässt Forschung zur *Pseudowissenschaft* mutieren, die sich unreflektiert am Alltagswissen orientiert, sich Selbstverständlichkeiten bedient, aber diese als

---

[8] Luhmann (1990:68ff) differenziert zwischen Beobachtung erster und zweiter Ordnung, wobei sich erstere auf Operationen beschränkt, die sich auf die unmittelbare Wahrnehmung und Beschreibung eines Ausschnitts der Welt beziehen, während *Beobachtung zweiter Ordnung* die Operationen von BeobachterInnen selbst zum Erkenntnisgegenstand macht, indem jetzt BeobachterInnen jeweils andere BeobachterInnen beobachten. "Im Rahmen interpretativer Sozialforschung ist speziell Beobachtung zweiter Ordnung von höchstem Interesse, weil sie den Prozess des Interaktionsaufbaus und der wechselseitigen Realitätskonstruktion mitreflektiert" (Lueger 2001:91).

solche nicht registriert. Damit läuft sie Gefahr, gesellschaftliche Verhältnisse in der empirischen Forschung zu reproduzieren und enthebt sich der Möglichkeit einer kritischen Distanzierung" (Lueger 2001:9). Im Wissenschaftsprozess unterliegen die Konzeption und Anwendbarkeit von Methoden, Verfahren und Instrumenten einem **Begründungszwang**, der ihre Tauglichkeit für das jeweilige Vorhaben nachweisen muss. Sie sind damit den epistemologischen und methodologischen Vorstellungen über den prinzipiellen Aufbau der untersuchten Welt und den wissenschaftliche Zugängen zu dieser untergeordnet (Lueger 2001:23).

Die **standardisierte Ausgestaltung des Forschungsablaufes** im Rahmen einer deduktiv-nomologischen Forschungsorientierung (z.B. Atteslander et al 1991; Diekmann 1995; Friedrichs 1990) – Definition von Begriffen, Hypothesen-formulierung, Isolation der relevanten Variablen, Codierung, Indikatorenbildung etc. – zielt auf eine "möglichst exakte, nachprüfbare und objektive Prüfung der Hypothesen" (Friedrichs 1990:53) und fokussiert immer einen ausspezifizierten Teilbereich des Phänomens (vgl. Abbildung 7)[9].

Qualitative Sozialforschung sucht soziale Phänomene in ihrer Komplexität zu er-fassen (z.B. Heinze 2001:44), wobei die Strukturierung des Forschungsgegen-standes durch die Forschungssubjekte selbst vorzunehmen ist und nicht durch Relevanzstrukturen der Forscher ersetzt werden soll (z.B. Kelle 1994:358, Kelle/Kluge 1999:14). Im Rahmen des qualitativen Forschungsprozesses ist theoretisches Vorwissen aber auch anders strukturiert und wird anders genutzt als bei einem hypothetiko-deduktiven Vorgehen (Kelle/Kluge 1999:25).

Im Sinne Blumers werden "die (oft notwendigerweise vagen und vieldeutigen) theoretischen Begriffe aus soziologischen Theorien als sensibilisierende

---

[9] Kelle/Kluge weisen hier auf die zunehmenden Schwierigkeiten aufgrund des "neuen Individualisie-rungsschubes" hin: Die im Zuge der Hypothesengenerierung eingesetzte "Gewohnheitsheuristik" wird dann problematisch, wenn soziale Lebensformen, die den Akteuren relativ stabile Deutungs-muster und Handlungsorientierungen vorgeben, sich verändern. [...] Ihre Anwendung versagt überall dort, wo die ForscherInnen nicht über genügend Wissen über typische Deutungsmuster und Handlungsorientierungen der Akteure verfügen" (Kelle/Kluge 1999:15).

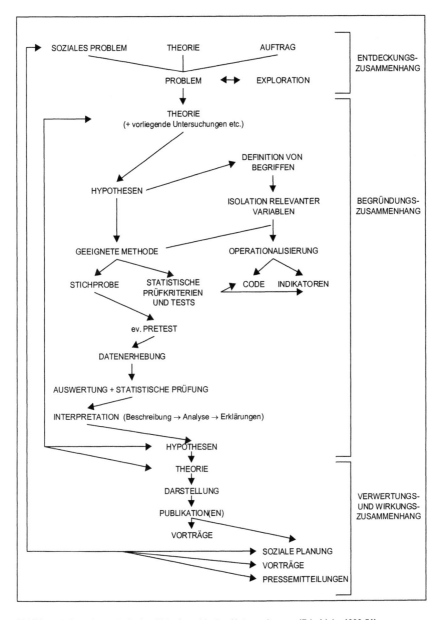

Abbildung 7: Forschungslogischer Ablauf empirischer Untersuchungen (Friedrichs 1990:51)

Konzepte [verwendet], die in Auseinandersetzung mit dem empirischen Feld konkretisiert und damit in definitive Konzepte umgewandelt werden" (Kelle/Kluge
1999:27). "Whereas definitive concepts provide prescriptions of what to see,
sensitizing concepts merely suggest directions along which to look" (Blumer
1954:7, zit. in Kelle/Kluge 1999:26). Allgemeine theoretische Konzepte
ermöglichen die Einordnung empirischer Sachverhalte. Sie sind die Basis zur
Wahrnehmung und Beschreibung relevanter Phänomene und gleichzeitig offen
genug, um als heuristische Konzepte (oder in der Terminologie Blumers:
sensitizing concepts) zu dienen. Je breiter die theoretische Basis des Forschers,
desto größer die theoretische Sensibilität, die Fähigkeit, "empirische
Sachverhalte in einer theoretischen Sprache zu beschreiben" (Kelle/Kluge
1999:29).

Das zentrale Prinzip der Offenheit (Hoffmann-Riem 1980) bezieht sich auch auf
den Forschungsablauf an sich und ist durch die Schlüsselfunktion von Kommunikation zur (Re)Konstruktion der Differenzschemata des interessierenden
Phänomenbereiches zu ergänzen (z.B. Lamnek 1988:29f).

Kelle/Kluge (1999:12) warnen allerdings vor einem "induktivistischen Selbstmiss-
verständnis" im Zusammenhang mit dem **Postulat der Offenheit**: Zentrale
Kategorien oder Konzepte emergieren nicht von selbst aus dem Datenmaterial.
Kelle/ Kluge bewerten das vor allem im Rahmen der Grounded Theory
(Glaser/Strauss 1967) vertretene "Emergenzkonzept" als forschungspolitische
Rhetorik, die methodologisch (miss)verstanden fatal wäre: "Jeder Versuch,
theoretische Konzepte allein aus den Daten emergieren zu lassen, kann letztend-
lich nur dazu führen, dass die UntersucherInnen hilflos einer großen Menge
unstrukturierten Datenmaterials gegenüberstehen" (Kelle/Kluge 1999:19).
Theoretische Konzepte können vielmehr in einem methodisch kontrollierten
Prozess hypothetischen Schlussfolgerns (Kelle/ Kluge 1999:21ff) aus dem Datenmaterial gewonnen werden, und zwar unter kreativer Nutzung theoretischen Vorwissens. Diese Form des logischen Schließens ist weder induktiv noch deduktiv
sondern hypothesengenerierend, und damit geeignet zur Formulierung neuer
Begriffe und Entdeckung neuer Einsichten. "Um eine Hypothese handelt es sich,

wenn wir einen sehr seltsamen Umstand finden, der durch die Unterstellung erklärt werden würde, dass es ein Fall einer bestimmten allgemeinen Regel ist, und wenn wir daraufhin jene Unterstellung akzeptieren" (Peirce, 2.624, zit. in Kelle/Kluge 1999:22). Greift der Forscher dabei auf eine bereits bekannte Regel zur Formulierung zurück, handelt es sich um die Subsumtion eines Falles unter eine Klasse. Generiert der Forscher eine neue Regel, um das Phänomen zu erklären, nennt Peirce diesen Schluss Abduktion. Abduktiv erschlossene Hypothesen sind zwar originell, aber nicht beliebig, da sie durch die zu erklärenden Fakten ebenso begrenzt sind wie durch das theoretische Vorwissen des Forschers, in das sie sich einfügen bzw. auf Grundlage dessen sie erst möglich sind[10].

Für eine die interpretative Sozialforschung mit dem Anspruch der verstehenden Erforschung von Sinnstrukturen gesellschaftlicher Entwicklungslogiken ist Deduktion nur als Begleitverfahren brauchbar, "weil das Wissen, d.h. das Produkt interpretativer Forschungsarbeit schon verfügbar sein muss und daher kein systematischer innovativer Anschluss an empirische Phänomene gefunden werden kann, es sei denn im Rahmen eines Verfahrens der Absicherung des bereits Gewussten. Das Induktionsprinzip dagegen ist geeignet, neues Wissen zu produzieren und abzusichern, solange kein Anspruch auf allgemeine Gültigkeit erhoben wird, sondern immer nur von begrenzter, definierter Gültigkeit der Aussagen auf der Basis von Wahrscheinlichkeiten ausgegangen wird. Will man im Forschungsprozess neue Wege gehen, so ist es sinnvoll, ein Klima herzustellen, welches die Chancen auf abduktive Schlüsse erhöht und Verfahren zu deren Elaborierung und Prüfung bereitstellt" (Lueger 2001:242).

Abbildung 8 integriert die Formen des Schlussfolgerns in eine schematische Darstellung der zirkulären Forschungslogik interpretativer Sozialforschung.

---

[10] Für eine ausführlichere Diskussion im Kontext interpretativer Sozialforschung vgl. z.B. Reichertz (1990, 1993, 1999), Kelle (1994), Lueger (2001).

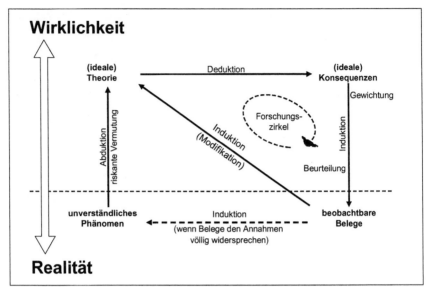

Abbildung 8: Die zirkuläre Forschungslogik (Lueger 2001:249).

Den im Rahmen interpretativer Sozialforschung formulierten Grundlagen bzw. Maximen (vgl. Teil II: 2.1) und der daran geknüpften Forderung nach einer weltoffenen Erkundung des Forschungsfeldes stehen sowohl die antizipative Strukturierung des Forschungsgegenstandes als auch die exakte Planung des Forschungsprozesses sowie jedwede bloße Anwendung eines methodisch-technischen Regelwerkes diametral entgegen. Vielmehr ist eine methodisch konsequente Forschungshaltung und der flexible Umgang mit den jeweiligen Anforderungen des jeweiligen Forschungsgegenstandes gefordert, um die Erlangung neuen und verlässlichen Wissens sicherzustellen (Lueger 2000:11). Die Forschungsentscheidungen sind am Forschungsgegenstand zu begründen, wobei einander Analyse- und Interpretationsphasen – dem Erkenntnisfortschritt entsprechend – abwechseln (Froschauer/Lueger 1992:24)[11]. Unter der Prämisse des permanenten Vergleichens werden Erkenntnisse auf theoretischer Ebene

---

[11] Damit ist auch eine Zerlegung des Prozesses in bzw. ein sequenzielles Durchlaufen von durchgeplanten Forschungsphasen oder -zusammenhängen – Entdeckungszusammenhang, Begründungszusammenhang und Verwertungs- und Wirkungszusammenhang (z.B. Friedrichs 1990:50ff; vgl. auch Abbildung 7) – inadäquat.

laufend am Datenmaterial überprüft und so empirisch verankerte Erkenntnisse im Sinne der Forschungsfrage generiert. *Tätige Erkenntnis* (vgl. Teil II: 2.1) beruht auf dem aktiven Umgang mit dem Forschungsgegenstand, wobei in einer iterativen Annäherung die Analysen im Lichte sich jeweils herauskristallisierender Erkenntnisse so lange wiederholt werden, bis sich keine groben Veränderungen mehr einstellen und ein Ergebnis als vorläufig gültig akzeptiert wird (Lueger 2001:278)[12].

Auf Basis der explizierten Grundlagen interpretativer Sozialforschung wird im Folgenden nach einem kurzen Überblick die diskursanalytische Forschungsstrategie der Arbeit dargelegt, die den methodologischen Rahmen der vorliegenden Untersuchung bildet, bevor im Anschluss daran der konkrete Untersuchungsablauf beschrieben wird.

3 Eine diskursanalytische Forschungsstrategie als methodologischer Rahmen der Untersuchung

Die Rekonstruktion der Ordnung und Struktur der Leitbilddiskurse erfordert einen fundierten, theoretisch kompatiblen methodologischen Rahmen mit einem ausreichend elaborierten methodischen Instrumentarium – er wird in der vorliegenden Untersuchung über eine diskursanalytische Forschungsstrategie generiert. Im Folgenden werden nach einem Überblick über diskursanalytisch ausgerichtete Untersuchungen in der jüngeren Organisationsforschung die Grundlagen einer soziologisch orientierten Diskursanalyse ausgeführt und die Ansätze von drei Vertretern der kritischen Diskursanalyse exemplarisch vorgestellt. Im Anschluss daran wird ein sozio-kognitiver diskursanalytischer Zugang als methodologischer Rahmen der vorliegenden Untersuchung definiert, der die not-

---

[12] Glaser/Strauss (1967) sprechen von "theoretischer Sättigung".

wendige Vermittlungsinstanz zwischen Diskurs und Gesellschaft über soziale Repräsentationen konzipiert (vgl. Teil I: 3).

3.1 Diskursanalyse in der Organisationsforschung

Die Analyse von Sprache, ihrer Rolle und Funktion in organisationalen Kontexten, und damit verbundene diskursanalytische Forschungsprogramme haben mittlerweile einen prominenten Platz in der modernen Organisationsforschung (z.B. Putnam/Fairhurst 2001)[13]. Neben der steigenden Anzahl diskursanalytisch orientierter Untersuchungen zeigt sich die Etablierung eines "field of inquiry termed 'organizational discourse'" (Grant et al 2001:6) auch an einer Reihe von Sonderausgaben bzw. Themenschwerpunkte etablierter Zeitschriften[14].

Ohne den interdisziplinären Charakter diskursanalytischer Untersuchungen in Abrede zu stellen betonen Putnam/Fairhurst, dass "discourse patterns fuse with organizational processes in ways that make language and organizations a unique domain – one that differs from the study of linguistics in general and discourse analysis in other social settings" (Putnam/Fairhurst 2001:78). In ihrem Beitrag geben sie neben einem kurzen historischen Abriss einen breiten Überblick über Studien "that make linguistic patterns the key to examining organizational life" (Putnam/Fairhurst 2001:79). Auf Grundlage ausgewählter Literatur zu Organisationen und Diskurs[15] unterteilen sie die Studien in acht von als Kategorien bezeichnete Richtungen, die zudem eine Synthese der üblichen linguistischen Typologien (Haslett 1987; van Dijk 1985, 1997b) repräsentieren sollen[16].

---

[13] Alvesson/Kärreman (2000) sprechen vom "linguistic turn" in der Organisationsforschung.
[14] Special Issues oder Themenschwerpunkte finden sich z.B. in International Studies of Management and Organization (2001 Vol.31/3), Discourse & Society (1999 Vol.10/1), Organization (1997 Vol.4/2; 2000 Vol.7/3). Dazu kommen zahlreiche Sammelbände und Bücher zum Thema (z.B. Grant et al 1998a; Keenoy et al 1997, 2000b; Philips/Hardy 2002) sowie regelmäßig stattfindende Konferenzen (z.B. die zweijährig stattfindende International Conference on Organizational Discourse).
[15] Im Einzelnen: Donelloon (1986), Grant et al (1998a), Keenoy et al (1997), Tulin (1997).
[16] Die Einteilung: sociolinguistics, conversation analysis (openings and closings, turn taking, adjacency pairs, topic shifts, disclaimers and alignments), cognitive linguistics (scripts and schemata,

Während Putnam/Fairhurst (2001) sehr breit die Auseinandersetzung mit Sprache in organisationalen Kontexten darstellen, betonen Grant et al (2001:8) "the important role of discourse in constructing and maintaining social reality": Organizational Discourse meint in diesem Sinne nicht einfach Diskurse *in* Organisationen. Vielmehr existieren Organisationen in diesem Verständnis nur insofern "as their members create them through discourse. This is not to claim that organizations are 'nothing but' discourse, but rather that discourse is the principal means by which organization members create a coherent social reality that frames their sense of who they are" (Mumby/Clair 1997:181). Im Rahmen von Diskursanalysen in organisationalen Kontexten interessiert insbesondere "how communication functions simultaneously as both an expression and a creation of organizational structure" (ebd). Diverse Beiträge geben auf dieser Grundlage einen Überblick über ausgewählte Themen bzw. Studien, Zugänge und Perspektiven, methodologische Grundlagen und kritische Bereiche im Rahmen diskursanalytischer Organisationsforschung (vgl. z.B. Grant et al 1998b, 2001; Hardy 2001; Keenoy et al 1997, 2000a; Mumby/Clair; Idema/Wodak 1999; Oswick et al 2000; Marshak et al 2000).

Die Management- und Organisationstheorie hat die diskursanalytische Perspektive erst in der letzten Dekade verstärkt für sich nutzbar gemacht (z.B. Grant et al 2001), während im Rahmen anderer Disziplinen institutionelle Kontexte bereits seit längerem unter diesem Blickwinkel analysiert wurden. Der Begriff Diskursanalyse findet sich "als Bezeichnung eines je spezifischen Forschungsprogrammes" (Keller 1997:309) in unterschiedlichen Disziplinen, die Keller in Soziologie (z.B. Wootton 1980; Corsaro 1985), (Sozio)Linguistik (z.B. Brown/Yule 1983), Literaturwissenschaft, Geschichtswissenschaft, Politikwissenschaft und

---

cognitive mapping, semantic networks, framing), pragmatics (speech acts, ethnography of speaking, interaction analysis), semiotics (structuralism, semiosis), literary and rhetorical analyses (rhetorical strategies in corporate advocacy, argument in organizational decision making and identification, rhetorical and literary tropes), critical language studies (narrative talk, rituals and texts, everyday talk, irony contradictions and paradoxes), postmodern language analysis (fragmentation and ambiguity, irony and paradox, language as texts). Diese Forschungsfragen und daraus abgeleiteten Untersuchungsdesigns kommen durchaus "gemischt" zum Einsatz; die Einteilung sollte daher nicht als trennscharfes, exklusives Kategoriensystem missverstanden werden (Putnam/Fairhurst 2001:80).

Sozialpsychologie (z.B. Potter/Wetherell 1987; Davies/Harré 1990) unterteilt. Einige Vertreter (van Dijk 1985; Ehlich 1994; Jäger 1999) versuchen, Diskursanalyse explizit als Querschnittsdisziplin zu etablieren[17].

Die wachsende Bedeutung des Untersuchungsbereiches "organizational discourse" ist also relativ einfach nachzuvollziehen, seine theoretischen Implikationen und Grundlagen sind nicht zuletzt aufgrund des multidisziplinären Ursprungs und des interdisziplinären Charakters schon weniger leicht festzumachen (Grant et al 2001:6).

3.2   Zum sozialwissenschaftlichen Diskursbegriff

Keller (1997) führt den Begriff "Diskurs" auf drei Traditionslinien zurück: Zum Ersten auf den alltagssprachlichen Gebrauch von "Diskurs" als Gespräch (im Englischen) oder Rede (im Französischen). Zum Zweiten auf die Ausbildung einer wissenschaftlichen Tradition der "Analyse von Gesprächen, das heißt von mündlichen Kommunikationen und deren Regeln sowohl in lebensweltlichen als auch in institutionellen Kontexten" (Keller 1997:310), die in der sprachanalytischen Philosophie (Austin, Searle), im Symbolischen Interaktionismus (Blumer), im ethnomethodologischen Ansatz (Garfinkel) und in der Soziolinguistik (Labov, Cicourel) wurzelt. Als dritte Linie nennt Keller die Auffassung Saussures von Sprache als abstraktes, geregeltes Zeichensystem (langue), das dem konkreten Sprechen (parole) zugrunde liegt und die menschlichen Vorstellungen von "Welt" formt. Durch die Arbeiten von Benveniste und Greimas (Linguistik), Lévi-Strauss (ethnologischer Strukturalismus), Lathusser (marxistischer Strukturalismus), Barthes (Semiologie), Lacan und Kristeva (psychoanalytischer Poststrukturalismus), Derrida (literaturwissenschaftlicher Poststrukturalismus) und insbeson-

---

[17] Etwas anders als Keller zählt Van Dijk (1997) zu den Disziplinen, die sich mit Diskursanalysen befassen, u.a. Ethnographie, Strukturalismus und Semiotik, Discourse Grammar, Soziolinguistik und Pragmatik, Ethnomethodologie, Kognitive Psychologie und Kommunikationswissenschaften (für einen ausführlicheren Überblick vgl. auch van Dijk 1985). Weitere zusammenfassende Darstellungen aus unterschiedlichen Perspektiven bieten z.B. Brown/Yule (1983), Corsaro (1985), Potter/Wetherell (1987), Ehlich (1994), Fasold (1990), Wodak (2001).

dere Foucault (geschichtswissenschaftlicher Poststrukturalismus) entwickelt sich eine spezifische wissenschaftliche Vorstellung von "Diskursen als 'institutionalisierten und geregelten Redeweisen' (Link), deren Grundeinheit Sätze sind, und deren Bedeutung in der Konstitution von Wirklichkeit durch Sprache liegt (vgl. Frank 1988, Schöttler 1988, Ricoeur 1977, Kolkenbrock-Netz 1988)" (Keller 1997:311).

Vor diesem Hintergrund unterscheidet Keller zwei heute übliche Gebrauchsweisen von Diskurs, die sich hinsichtlich der perspektivischen Einordnung des Untersuchungsgegenstandes unterscheiden: Zum einen die Untersuchung formaler Grundlagen sprachlicher Kommunikation und sprachlich vermittelter Interaktion in Analysen alltäglichen konkreten Sprechens. Zum anderen "eine inhaltlich-thematisch bestimmte, institutionalisierte Form der Textproduktion" (Keller 1997:311), die die Grundlage für eine soziologische Diskursanalyse bildet. Das Analyseinteresse richtet sich dabei auf die kollektive Ebene von Prozessen gesellschaftlicher Wirklichkeitskonstruktion im Rahmen von Untersuchungen von allgemein-öffentlichen oder Spezialdiskursen (Keller 1997:313).

Beide Ausprägungen des Diskursbegriffs betrachten einzelne Sprechereignisse als Realisierung eines allgemeineren Musters und verorten diese nicht auf der Ebene von "Sprache als System", also der "langue" nach Saussure, sondern in deren Aktualisierung im konkreten Sprechhandeln ("parole" nach Saussure, "Sprechakte" nach Austin, Searle). Sprache und Praktiken des Sprechens oder Schreibens stehen im Mittelpunkt und werden hinsichtlich formaler und/oder inhaltlicher Merkmale und Strukturen untersucht (Keller 1997:312).

Soziologisch orientierte Diskursanalyse

Die im Rahmen soziologischer Diskursanalyse fokussierten kollektiven Prozesse gesellschaftlicher Wirklichkeitskonstruktion richten das Interesse auf medienvermittelte öffentliche Diskussionen von (politischen) Themen als "eine Art indirektes Gespräch unter Abwesenden" (Keller 1997:311). Zum einen werden dabei

Grundüberlegungen des Symbolischen Interaktionismus auf die Ebene von Prozessen kollektiver Wirklichkeitsinterpretation übertragen (Gusfield 1981, Gamson 1988a, Gerhards 1992, Donati 1992, zitiert in Keller 1997:312), zum anderen wird im Anschluss an französische poststrukturalistische Diskurstheorien die Perspektive von Diskursen als spezifische, gesellschaftlich ausdifferenzierte Formen der Wissensproduktion fokussiert (Keller 1997:312). Vor allem Foucault hat mit seinen Arbeiten nicht nur dem Diskursbegriff in den Sozialwissenschaften Popularität verschafft, sondern auch einige der zentralen Begriffe geprägt, die heute zu den Grundlagen von Diskursanalysen gezählt werden können (Keller 1997:314). Ein wichtiges Bindeglied zwischen den handlungsorientierten Ansätzen in der Tradition des Symbolischen Interaktionismus und den diskurstheoretischen, geschichtswissenschaftlichen Arbeiten im Anschluss an Foucault bildet der Entwurf einer "Theorie der Wissenssoziologie" von Berger/Luckmann (Keller 1997:314).

Den Überlegungen zur Diskursanalyse – sowohl vor dem Hintergrund des Symbolischen Interaktionismus als auch vor den diskurstheoretischen Arbeiten des französischen Poststrukturalismus – liegt eine konstruktivistische Grundperspektive zugrunde (Keller 1997:314). Diskurse als themenbezogene, disziplin-, bereichs- oder ebenenspezifische Arrangements von (Be)Deutungen implizieren die je spezifischen Handlungsvoraussetzungen und -folgen (Institutioen, Praktiken); sie sind zugleich Ausdruck und Konstitutionsbedingungen des Sozialen (Keller 1997:317). Ziel einer Diskursanalyse in der wissenssoziologischen Tradition ist die Rekonstruktion der Prozesse der sozialen Konstruktion, Objektivation, Kommunikation und Legitimation von Sinnstrukturen auf der Ebene von Institutionen, Organisationen bzw. kollektiven Akteuren und die Analyse der gesellschaftlichen Wirkungen dieser Prozesse (Keller 1997:319).

Sozialwissenschaftlichen Ansätzen zurechenbare diskursanalytische Arbeiten unterteilt Keller nicht disziplinenspezifisch, sondern nach ihrem Untersuchungsfokus in solche, die sich auf materiale Diskurs-Praktiken konzentrieren, und solche, die sich auf die durch die Diskurse entstehenden (schriftlichen oder mündlichen) Texte[18] konzentrieren. Im Sinne des Untersuchungsinteresses der vorliegenden Arbeit konzentriert sich die nachfolgende Darstellung ausgewählter Ansätze auf die Auseinandersetzung mit Texten[19] als Artefakte menschlicher Handlung[20].

3.3   Critical Discourse Analysis (CDA)

In den letzten Jahren haben sich unter dem Begriff *Critical Discourse Analysis* (CDA) unterschiedliche theoretische und methodologische Ansätze und Positionen[21] zu einer innovativen Strömung innerhalb der Diskursanalyse entwickelt, die eine "kritische Perspektive" eint. Kritisch ist in mehrfachem Sinne vorangestellt: zum einen im Sinne selbst-reflexiven Vorgehens unter Bezug auf Habermas (z.B. Wodak 2001:2; Titscher et al 1998:179), zum anderen hinsichtlich der Wahl des Forschungsgegenstandes und eines explizit gesellschaftspolitisch motivierten Forschungsinteresses (z.B. Meyer 2001:14f). Während Ersteres mit einer grundsätzlichen Forderung eines im interpretativen Forschungsparadigma verankerten Zuganges korrespondiert (vgl. Teil II: 2), beziehen sich die beiden anderen Aspekte auf die Forscher selbst: Vertreter der kritische Diskursanalyse untersuchen soziale Probleme (z.B. Wodak 2001; van Dijk 1993:252, 2001:96), wobei

---

[18] Zu den Untersuchungen mit Fokus auf materiale Diskurs-Praktiken zählt Keller z.B. Gusfield (1981), Foucault (1983, 1977), Kitschelt (1980), Gerhards (1991), Weingart (1994), Hajer (1995), zu jenen mit Schwerpunkt auf die produzierten Texte z.B. Jung (1994), Jäger (1993), Kitschelt (1984), Opp de Hipt (1987), Oechsle (1988),   Gamson/Modigliani (1989) (alle zit. in Keller 1997:319ff).

[19] Für einen ausführlichen Überblick über textanalytische Ansätze vgl. z.B. Titscher et al (1998), die zwölf Methoden der Textanalyse (Inhaltsanalyse, Grounded Theory, ethnographische Textanalyse, ethnomethodologische MCD-Analyse, ethnomethodologische Konversationsanalyse, Tiefenhermeneutik, qualitativ-heuristische Textanalyse, Narrative Semiotik, SYMLOG als Textanalysemethode, Kritische Diskursanalyse nach Norman Fairclough und der diskurs-historische Ansatz Ruth Wodaks, und die Funktionale Pragmatik) inklusive ihrer theoretischen Grundlagen und ihres methodologischen Programms vergleichend darstellen und drei weitere (Lesweisanalyse nach Utz Maas, die Objektive Hermeneutik Ulrich Oevermanns und die Differenztheoretische Methode Stefan Titschers und Michael Meyers) in einer exemplarischen Anwendung vorstellen, oder die beiden Herausgeberbände von van Dijk (1997a und b).

[20] Vor einer tendenziell zu starken Fokussierung der Diskursanalytiker (v.a. in der Psychologie) auf gesprochene und geschriebene Texte warnt Parker, wenn er die Organisiertheit des gesamten symbolischen Materials einer Kultur betont (Parker 2000:549f); eine Zusammenfassung der Ansätze der modernen Semiotik bieten Lemke (1995) und Kress/van Leeuwen (2000).

[21] Einen ausführlichen Überblick über die unterschiedlichen Ansätze der CDA bieten z.B. Fairclough/ Wodak (1997) oder die Beiträge im Sammelband von Wodak/Meyer (2001).

die Rolle bzw. Funktion des Diskurses in der (Re)Produktion von gesell-schaftlichen Dominanzstrukturen (van Dijk 1993:249) mit einem explizit emanzipatorischen Anspruch (z.b. Titscher et al 1998:181; Fairclough/Wodak 1997:259) fokussiert wird[22]. Theoretisch bewegt sich CDA (mit Ausnahme der Rezeption von Foucault) in der Tradition des Neomarxismus, der die Bedeutung kultureller und nicht nur ökonomischer Dimensionen zur Herstellung und Aufrechterhaltung von Machtbeziehungen betont und nicht mehr streng zwischen Über- und Unterbau differenziert (Titscher et al 1998:179)[23]. Forschungslogisch steht sie vor allem mit der Betonung des theoretischen Sampling in der Tradition der Grounded Theory (Glaser/Strauss 1967), mit der sie zudem das zyklische Durchlaufen von Datenerhebungs- und -interpretationsphasen im Forschungs-prozess (Meyer 2001:18) und das Ziel der Generierung empirisch verankerter Erkenntnisse (van Dijk 2001a:96f) teilt.

---

[22] Für diese explizite (gesellschafts)politische Positionierung wurde den Vertretern der CDA immer wieder "biased interpretation" vorgeworfen, und zwar sowohl hinsichtlich einer Präjudizierung der Ergebnisse durch das ideologische Commitment als auch hinsichtlich einer problematischen Selektion des Untersuchungsmaterials (z.b. gezielt zur Unterstützung der ideologischen Position gewählte Texte) (vgl. dazu die Auseinandersetzung zwischen Widdowson und Fairclough, z.B. Meyer 2001:17). Explizit gesellschaftspolitisch motivierte Forschung als unseriöse Forschung zu qualifizieren, wird von CDA-Vertretern selbstredend zurückgewiesen. Weder impliziert die Explizierung der politischen Position eines Forschers unreflektiertes Vorgehen noch stellt eine Nicht-Explizierung (oder die Wahl anderer Forschungsgegenstände oder –perspektiven) ein reflektiertes Vorgehen sicher: "Like in any kind of research, there is also bad scholarship in CDA, but not because it is biased. Biased scholarship is not inherently bad scholarship" (van Dijk 2001a:96). Aufgrund der politischen Exponiertheit müsse CDA hinsichtlich fundierter theoretischer, methodologischer und methodischer Standards im Gegenteil besonders streng sein: "Its multidisciplinary theories must account for the complexities of the relationships between discourse structures and social structures. Without explicit and systematic methods, no socially useful as well as scholarly reliable observations and descriptions can be produced" (van Dijk 2001a:96). Es bedarf daher einer erkenntnistheoretischen Fundierung und daraus abgeleitet einer theoretisch verankerten Methodologie, die die Entscheidungen im Forschungsprozess motiviert und selbige damit nachvollziehbar, argumentierbar und auch kritisierbar macht.
[23] Drei zentrale Konzepte stehen im Mittelpunkt: Macht, Historie und Ideologie: "Taking into account the insight that discourse is structured by dominance; that every discourse is historically produced and interpreted, that is, it is situated in time and space; and that dominant structures are legitimated by ideologies of powerful groups, the complex approach [..] makes it possible to analyse pressures from above and possibilities of resistance to unequal power relationships that appear as societal conventions (Wodak 2001:3). Kommunikative Konventionen sind aus dieser Perspektive Artefakte der kontextuellen Machtstrukturen: "According to this view, the effects of power and ideology in the production of meaning are obscured and acquire stable and natural forms: they are taken as 'given'. Resistance is then seen as the breaking of conventions of stable discursive practices, in acts of 'creativity' (Fairclough/Kress 1993:4ff)" (Wodak 2001:3). Wie jede soziale Handlung werden auch Machtbeziehungen – unter Rekurs auf Foucault (1990) und/oder Bourdieu (1987b) – diskursiv konstituiert begriffen. Sowohl Macht im Diskurs als auch Macht über den Diskurs steht im Zentrum des Forschungsinteresses, ebenso wie die ideologische Ausrichtung des Sprachgebrauches (Titscher et al 1998:180f).

3.3.1   Allgemeine Prinzipien einer diskursanalytischen Forschungsstrategie

Mit der nachfolgenden etwas ausführlicheren Darstellung von drei Ansätzen - mit Siegfried Jäger wird ein Ansatz der deutschsprachigen Tradition gewählt, mit Norman Fairclough und Teun van Dijk zwei Vertreter der angelsächsischen Tradition – sind zwei Zielsetzungen verbunden: Zum einen setzen die drei Ansätze auf ganz unterschiedlichen theoretischen Grundlagen auf und sind so geeignet, einen groben Überblick über die theoretische Breite zu geben. Zum anderen werden insbesondere bei den Arbeiten von van Dijk und Jäger Anleihen für die vorliegende Untersuchung genommen.

Trotz der Heterogenität der theoretischen Grundlagen sind folgende allgemeine Prinzipien den ausgewählten diskursanalytischen Ansätzen gemein (Titscher et al 1998:180f; Meyer 2001:15ff):

- Diskurs wird als soziale Handlung begriffen.
- Gesellschaft und Kultur sind diskursiv konstituiert und gleichzeitig konstitutiv für den Diskurs. In einem dialektischen Prozess wird Gesellschaft durch diskursive Handlungen (re)produziert und zugleich Diskurs ausgebildet und transformiert.
- Diskurse sind historisch und daher nur aus ihrem Kontext heraus verstehbar. Eingebettet in die spezifische Kultur, Ideologie und Vergangenheit sind sie stets intertextuell mit anderen Diskursen verbunden.
- Text und Kontext stehen in keiner direkten Verbindung, sondern sind über Vermittlungsinstanz verbunden.

Text, Kontext und vermittelnde Instanz sind als Betrachtungsebenen in allen Ansätzen präsent. Je nach theoretischer Basis wird die notwendige Vermittlungsinstanz ("necessary interface", "missing link") zwischen Diskurs und Handlung, Mikro- und Makrolevel, Individuum und Gruppe – in Jägers Terminologie: Subjekt und Objekt – oder Text und Kontext allerdings unterschiedlich gefasst. Während Fairclough auf Grundlage der multifunktionalen Theorie der Sprache nach Halliday und dem Konzept der Ordnungen der Diskurse nach Foucault den Text selbst als vermittelnd zugrunde legt, ist für Jäger die Tätigkeit des handelnden Subjektes die vermittelnde Instanz.

In der Tradition soziokognitiver Ansätze, wie sie z.b. Wodak oder van Dijk vertreten, erfüllen sozial geteilte Repräsentationen als soziokognitive Ebene diese Funktion (z.B. Titscher et al 1999:200f; Meyer 2001:15): "Socially shared representations of societal arrangements, groups and relations, as well as mental operations such as interpretation, thinking and arguing, inferencing and learning, among others, together define what we understand by social cognition (Farr and Moscovici 1984, Fiske and Taylor 1991, Wyer and Srull 1984)" (van Dijk 1993:257).

3.3.2   Norman Fairclough – Systemische Linguistik und Foucault

Norman Fairclough (1989, 1992, 1995a, 1995c) versucht eine "Art kritischer Diskurs-Linguistik" (Jäger 1999:122) zu entwickeln, der einerseits die multifunktionale Sprachtheorie der funktional-systemischen Linguistik nach Halliday (1978, 1994)[24] zugrunde liegt, andererseits das im Anschluss an Foucault (1981) definierte Konzept der "orders of discourse" und als dritte theoretische Basis die Konzepte der Interdiskursivität von Bakhtin (1986) und der Intertextualität von Kristeva (Moi 1986) (Titscher et al 1998:184).

Fairclough begreift Diskurs als "use of language seen as a form of social practice, and discourse analysis is analysis of how texts work within sociocultural practice" (Fairclough 1995a:7). Diskurs als soziale Praxis impliziert "a dialectical relationship between a particual discursive event and the situation(s), institution(s) and social structure(s) which frame it. [...] discourse is socially constitutive as well as socially shaped" (Fairclough/Wodak 1997:158).

Über die Multifunktionalität der Sprache nach Halliday fundiert Fairclough die theoretische Annahme, dass Texte und Diskurse sozial konstitutiv sind, während

---

[24] Auch Theo van Leeuwen (1993, 1995) basiert seinen diskursanalytischen Ansatz auf Halliday und Foucault; für weitere Beiträge zur funktional-systemischen Linguistik vgl. z.B. Eggins (1994), Martin (1999) bzw. die Beiträge in Ghadessy (1999).

er die soziale Determiniertheit über das in Anschluss an Foucault definierte Konzept der "orders of discourse" begründet. Die Erforschung der Spannung zwischen den beiden Annahmen – Sprache ist sozial konstitutiv und gleichzeitig sozial bestimmt – steht im Zentrum dieses diskursanalytischen Zuganges (Titscher et al 1998:183f).

Fairclough verwendet einen dreidimensionalen Analyserahmen: Text, diskursive Praxis inklusive Textproduktion und –rezeption, und soziale Praxis (Fairclough 1995a:9). Unter Text[25] versteht Fairclough geschriebene oder gesprochene Sprache, die im Zuge diskursiver Ereignisse (discursive events) produziert wird. Diskurs umfasst "the whole process of social interaction of which a text is just a part" (Fairclough 1989:24).

Text stellt einen sozialen Raum dar, in dem zwei Arten von sozialen Prozessen simultan ablaufen: zum einen Kognition und Repräsentation der Welt, zum anderen soziale Interaktion (Fairclough 1995a:6). Anknüpfend an Halliday geht Fairclough davon aus, dass Sprache in Texten mehrere Funktionen erfüllt: eine *ideationale* Funktion durch die Repräsentation von Erfahrung und die Repräsentation der Welt, eine *interpersonale* Funktion durch das Herstellen sozialer Interaktion zwischen den Partizipanten des Diskurses und eine *textuelle* durch (a) das Verbinden der Textteile zu einem Gesamttext und (b) das Verbinden des Gesamttextes mit dem situativen Kontext (Fairclough 1995a:6). Jeder Text kann im Hinblick auf Kopräsenz und Zusammenspiel dieser Konstitutionsprozesse analysiert werden, was die Beachtung von Form, Struktur und Organisation von Texten auf allen Ebenen erfordert[26].

---

[25] Auch im Falle schriftlicher Textformen darf der Textbegriff nicht zu eng gefasst werden, sondern muss die Co-Präsenz von sprachlichen und nicht-sprachlichen (Bilder, Diagramme, aber auch Layout etc.) Ausdrucksformen umfassen (Fairclough 1995:4). Gezielt mit multisemiotischen Texten bzw. dem Zusammenspiel von Sprache und visuellen Ausdrucksformen beschäftigen sich die Vertreter der "social semiotics" (z.B. Hodge/Kress 1988; Kress/vanLeeuwen 2000; van Leeuwen/Jewitt 2001).

[26] Im Gegensatz zum soziokognitiven Strang der Diskursanalyse nimmt neben den diskurspsychologischen Vertretern also auch die funktional-systemische Linguistik in der Tradition der Halliday'schen Sprachtheorie eine explizit anti-mentalistische Position ein (van Dijk 2001b). Mit Referenz auf die drei Metafunktionen (ideational, interpersonal und textual) werden nach Halliday drei Hauptkomponenten zur Analyse des Handlungskontextes definiert (z.B. Eggins/Martin 1996;

Auf der Ebene der diskursiven Praxis wird im Zuge jeder Textproduktion oder -interpretation auf kollektiv verfügbares, die Order of Discourse konstituierendes Wissen rekurriert. Im Falle der Textproduktion wirkt die spezifische sozio-kulturelle Praxis unmittelbar in der Art und Weise, wie der entsprechende Diskurs in der konkreten "discourse practice" (dem Text) bzw. ihren einzelnen Features als diskursive Ordnung manifestiert und aufgenommen wird (Fairclough 1995a:10). Die spezifische Ausformung der unterschiedlichen Diskurse (discourse practice) fungiert dabei als vermittelnde Instanz zwischen Text und soziokulturellem Kontext. Mit anderen Worten: Die spezifische inhaltliche wie formale Gestaltung von Texten ist das Ergebnis eines Selektionsprozesses, der wiederum spezifisch für das konkrete Umfeld bzw. nur in einem bestimmten Umfeld sinnvoll ist. Die spezifische Textgestaltung (discourse practice) wiederum ist ausschlaggebend für das Spektrum an Interpretationsmöglichkeiten, das einem Rezipienten bei der Interpretation der manifesten Inhalte zur Verfügung steht (Fairclough 1995b:97).

Texte sind daher stets kulturspezifische Artefakte, über die auf den sozioökonomischen Kontext (die soziale Realität) inferiert werden kann. In der Ordnung des Textes spiegelt sich die soziale Ordnung des Entstehungskontextes: "What I mean is that (a) the order of discourse is the social order in its discoursal facet – or, the historical impress of sociocultural practice on discourse; (b) any discursive event necessarily positions itself in relation to this historical legacy, selectively reproducing or transforming it; (c) the specifity of the particular sociocultural practice which a discursive event is a part of is realized first in how the discursive event draws upon and works upon the order of discourse, which is in turn realized in features of texts, so that the text-sociocultural practice link is mediated by discourse practice" (Fairclough 1995a:10f).

---

van Dijk 2001b): "field" (social action, ongoing activity, subject matter), "tenor" (role structure, participant relations) und "mode" (medium, the role discourse plays in the ongoing activity, symbolic organisation) (für eine ausführlichere Diskussion vgl. z.B. Eggins 1994, Halliday 1978, Leckie-Tarry 1995 und die Beiträge in Ghadessy 1999). Van Dijk (2001b:3ff) kritisiert die Begriffe als "hardly transparent, as to their intended meanings, but also the usual – informal – descriptions of their meanings are barely enlightening" (ebd:3), da "not original", "theoretically unproductive and intert", "rather vague" und "heteregeneous" (ebd:4).

Thematisch fokussiert Fairclough in seinen Arbeiten insbesondere den Zusammenhang zwischen soziokulturellem und diskursivem Wandel (Fairclough/ Wodak 2001:264f). Eine dieser Untersuchungen beschäftigt sich mit der Infiltration des Universitätswesens mit privatwirtschaftlich geprägten Prinzipien und damit einhergehenden Veränderungen des öffentlichen Diskurses, im Zuge dessen er auch zwei Mission Statements analysiert (Fairclough 1995c).

3.3.3   Siegfried Jäger – Tätigkeitstheorie und Foucault

Am Duisburger Institut für Sprach- und Sozialforschung (DISS) hat die Gruppe um Siegfried Jäger eine große Anzahl diskursanalytischer Untersuchungen[27] durchgeführt und einen eigenen Ansatz entwickelt mit dem Anspruch, Grundlagen für ein Verfahren der Diskursanalyse zur Durchführung empirischer Analysen zu schaffen (Jäger 1999:120). Jäger (1999) legt seinem diskurstheoretischen Ansatz die Tätigkeitstheorie Leontjews (1982, 1984a, 1984b), den Diskurs- und Machtbegriff Foucaults und die Kollektivsymbolik Links (1982, 1988) zugrunde[28], wobei die Funktion der Tätigkeitstheorie in der individual-psychologischen Ergänzung zur strukturellen Ebene Foucaults besteht.

Jäger gründet seinen Diskursbegriff auf Link, der Diskurs definiert als "eine institutionell verfestigte Redeweise, insofern eine solche Redeweise schon Handeln bestimmt und verfestigt und also auch schon Macht ausübt" (Link 1983a:60, zitiert in Jäger 1999:128). Diese Definition von Diskurs führt Jäger weiter, indem er Diskurse als "Verläufe oder Flüsse von sozialen Wissensvorräten durch die Zeit" begreift (Jäger 1999:158), die individuelles und kollektives Handeln und Gestalten bestimmen und dadurch Macht ausüben. In diesem Sinne kann man Diskurse auch als Materialitäten sui generis verstehen (Jäger 2001:34). Die verschiedenen Diskurse sind als "diskursives Gewimmel" eng miteinander

---

[27] Vgl. dazu die Internetbibliothek des DISS mit Büchern und Artikeln im Volltext zum Downloaden: http://www.uni-duisburg.de/DISS/Internetbibliothek/diss_internet_bibliothek.htm (23.10.2003).
[28] Jäger bezieht sich bei der Entwicklung einer Diskurstheorie zwar auf Maas (1984) nimmt dessen theoretische Grundlagen aber nicht explizit auf; insbesondere mit der Rezeption Foucaults geht er über Maas hinaus (Titscher et al 1998:225). Zudem setzen sie unterschiedliche Untersuchungsschwerpunkte: Maas konzentriert sein Untersuchungsinteresse in stärkerem Ausmaß auf den Kontext, während Jäger den Fokus auf die Mikroanalyse von Texten legt (Fairclough/Wodak 1997:268).

verflochten und verschränkt (Jäger 1999:117), wobei Kollektivsymbole, definiert als kollektiv tradierte und benutzte kulturelle Stereotypen (Drews et al 1985:265, zit. in Jäger 1999:134), ein wichtiges Bindemittel darstellen. Ziel der Diskursanalyse ist es, ganze Diskursstränge bzw. Verschränkungen mehrerer Diskursstränge historisch und gegenwartsbezogen zu analysieren und kritisieren (Jäger 1999:171) [29].

Diskurse sind Resultat menschlicher Tätigkeit; gleichzeitig findet Subjektbildung in diskursiver Auseinandersetzung mit der Umwelt statt, die damit diskursiv – sozial – konstituiert ist (Jäger 1999:66). Die Tätigkeitstheorie Leontjews soll einen Erklärungsrahmen für die Konstituierung der Subjekte durch die Diskurse bereitstellen und erklären, "wie und wodurch dieser Konstituierungsprozess der Subjekte zustande kommt und wie denn dieser Prozess der 'Ableitung' aus den diskursiven Ereignissen vonstatten gehen soll" (Jäger 1999:78f)[30]. Zentral ist dabei die prinzipielle Unterscheidung von subjektivem Sinn und objektiver Bedeutung, weil sie den Unterschied zwischen individueller Verstrickung in den Diskurs und subjektiver Verarbeitung dieser Verstrickung markiert. Herauszuarbeiten sei die "Vermitteltheit" von subjektiver und objektiver Seite, von Individuellem und Sozialem. Diese Seite sei bei Foucault unzureichend entfaltet, bei Leontjew "schief" konzipiert (Jäger 1999:110).

---

[29] Ein Diskursstrang besteht aus Diskursfragmenten (= ein Text oder Textteil, der ein bestimmtes Thema behandelt) gleichen Themas und hat eine synchrone und eine diachrone Dimension (Jäger 1999:159f).

[30] Tätigkeit wird dabei als allgemeinste Kategorie menschlichen Tuns begriffen und bewegt sich mit der Tätigkeit des Individuums auf der psychologischen Ebene. Tätigkeiten werden durch (eine oder mehrere) Handlungen realisiert. Handlungen haben neben dem intentionalen Aspekt (auf ein Ziel ausgerichtet) auch einen operationalen Aspekt (wie soll das Handlungsziel realisiert werden). Die Verfahren zur Realisierung bezeichnet Leontjew als Operationen. Diese Operationen stehen mit den Rahmenbedingungen in Beziehung und sind im allgemeinen erarbeitet, verallgemeinert und gesellschaftlich-historisch fixiert: Von einfachen Handlungsroutinen (Treppensteigen) bis hin zu im Rahmen kognitiver Theorien als Frames oder Scripts bezeichnete Deutungskonventionen, die erlernt, angeeignet und angewendet werden können (Jäger 1999:100f). Von Operationen klar zu unterscheiden sind Werkzeuge oder Wörter, die Vergegenständlichungen von geistigen oder materiellen Operationen sind. "Im Hammer ist das routinisierte Hämmern vergegenständlicht, im Wort ein routinisierter Denkprozess, in Skripts und Frames routinisierte Wirklichkeitsdeutungen" (Jäger 1999: 103). Bedeutungen sind diskursiv strukturiert: über die Bedeutung der Wörter und die Grammatik hinaus erlernen Menschen übergreifende Zusammenhänge, Inhalte, Wissen, Normvorstellungen, Routinen, Frames, Scripts etc., die den Interpretationsrahmen (im Zuge der Bedeutungszuweisung) beschreiben und beschränken (Jäger 1999:90). Jäger konstatiert in diesem Zusammenhang eine Nähe zu soziokognitiven Ansätzen (z.B. van Dijk).

Für Jäger repräsentieren die "objektiven Bedeutungen"[31] das "Weltwissen der Menschheit", das "gesamte soziokulturelle Erbe" in all seiner Vielschichtigkeit und seinem Bedeutungsreichtum. Die individuelle quantitative und qualitative Ausprägung hängen von der Biographie des Subjektes ab, oder in Jägers Worten: "von der Qualität und auch Quantität der diskursiven Verstrickungen, die ein Subjekt durchlaufen und durchlitten hat" (Jäger 1999:110). Die Welt-"Erkenntnisse" sind mehr oder weniger "brauchbar", "konstruktiv" oder eher "destruktiv", in jedem Falle aber historisch in stetigem Wandel begriffen, interkulturell unterschiedlich und vielgestaltig (ebd).

Mit seinem Ansatz versucht Jäger eine Methode zu entwickeln und zu begründen, die (im Prinzip) die vollständige Erfassung des gesamtgesellschaftlichen Diskurses und der ihn konstituierenden Diskursstränge ermöglichen soll. Dazu stellt er ein Beschreibungs- und Materialaufbereitungsverfahren als Grundlage differenzierter Analyse von Texten und Diskursen vor, das als eine Art Werkzeugkasten verschiedene Tools für unterschiedliche Fragestellungen bzw. Untersuchungsschwerpunkte zur Verfügung stellt (vgl. z.B. Jäger 1999; 2001). Insbesondere sein Begriffssystem – er spricht von "terminologisch/pragmatischen Vorschlägen" (Jäger 1999:159) – ist geeignet, die prinzipielle Struktur von Diskursen durchschaubarer und damit der Analyse zugängig zu machen. Im empirischen Teil der Arbeit wird daher zur Beschreibung der Analyseebenen darauf Bezug genommen.

3.3.4 Teun van Dijk – Sozialpsychologie und kognitive Modelle

In seinem sozio-kognitiven Ansatz fasst van Dijk soziale Repräsentationen als die notwendige Vermittlungsinstanz zwischen Gesellschaft und Diskurs folgender-

---

[31] Die Bedeutung eines Gegenstandes liegt nicht in ihm selbst sondern ist für das Individuum nur über aktive Bedeutungszuweisung erfassbar, was wiederum die Kenntnis der Bedeutung voraussetzt. Erlernt wird die Bedeutung "im tätigen Umgang mit diesem Gegenstand im sozialen, im diskursiven Zusammenhang, in einem Prozess also, in dem der Bedeutungserwerb sich abspielt" (Jäger 1999:109). Diese objektiven Bedeutungen stehen als Handlungspotential zur Verfügung. Ein Wort etwa "steht dem Aussprechen von Gedanken(komplexen) zur Verfügung, also einer menschlich-individuellen Tätigkeit und kann dem Menschen nur als Instrument dieser Tätigkeit dienen, wenn er in der Lage ist, dem 'Wort' seine Bedeutung zuzuweisen und damit einen Sachverhalt etc. heranzuziehen" (Jäger 1999:110).

maßen[32]: "It is theoretically essential to understand that there is no other way to relate macro-level notions such as group dominance and inequality with micro-level notions as text, talk, meaning and understanding" (van Dijk 1993:280).

Innerhalb des Dreiecks discourse-cognition-society ist Diskurs als kommunikatives Ereignis im weiteren Sinne zu verstehen und inkludiert gesprochene wie geschriebene Sprache ebenso wie nonverbale Formen (Gestik, Mimik) bzw. jede weitere Art semiotischer Signifikation (Layout, Bilder etc.). Kognition umfasst individuelle wie soziale Kognitionen jeder Art: "Socially shared representations of societal arrangements, groups and relations, as well as mental operations such as interpretation, thinking and arguing, inferencing and learning, among others, together define what we understand by social cognition (Farr and Moscovici, 1984; Fiske and Taylor 1991; Wyer and Srull 1984)" (van Dijk 1993:257). Society inkludiert in seinem Verständnis sowohl lokale Mikrostrukturen als auch globalere Strukturen wie Institutionen, Organisationen, Movements, Machtrelationen, politische Systeme und sonstige Charakteristika von Gesellschaften und Kulturen (van Dijk 2001a:98).

Die kognitive und die soziale Dimension der Triade beschreibt van Dijk als relevanten (lokalen und globalen) Kontext des Diskurses (van Dijk 2001a:98). Globaler Kontext meint die sozialen, politischen, kulturellen und historischen Strukturen, in die ein kommunikativer Event eingebettet ist, während der lokale Kontext die Charakteristika des unmittelbaren situativen Kontextes der kommunikativen Handlung bezeichnet (van Dijk 2001a:102). Diese Handlungskontexte werden zumeist als determinierend für die Selektionsprozesse im Zuge der kommunikativen Handlung verstanden. Dagegen betont van Dijk die Bedeutung der wahrnehmungs- und handlungsleitenden Sinnstrukturen oder Repräsenta-

---

[32] Van Dijk distanziert sich explizit von jeder Form personenzentrierter Etikettierungen von Ansätzen oder Schulen: "This does not mean, however, that I offer a ready-made 'method van Dijk' of doing CDA. I have no such method. Nor do I lead or represent an 'approach', 'school' or other scholarly sect that seems so attractive to many scholars. I am against personality cults" (van Dijk 2001a:95). Die folgenden Ausführungen unter seinem Namen bzw. dem Label "Ansatz" stellen in diesem Sinne nur von ihm publizierte Beiträge bzw. Argumente zusammenfassend dar: "[...] the overall label I sometimes use for my way of doing CDA is that of 'socio-cognitive' discourse analysis" (van Dijk 2001a:97).

tionen, die er in Form von (mentalen) Modellen konzipiert: "[...] not the various properties of the local situation control and constrain text and talk, but the ways language users interpret or define these properties in their mental context models (van Dijk 2001a:109). Diese mentalen Repräsentationen steuern Textproduktion und –rezeption (local und global meanings ebenso wie lokale und globale Diskursformen), sodass die realisierten inhaltlichen wie formalen Formen einer kommunikativen Handlung (z.B. ein Text) umgekehrt Rückschlüsse auf die Relevanzstrukturen der Akteure erlauben (van Dijk 2001a:109).

Neben den mentalen Modellen über die kommunikative Handlung selbst sind die Vorstellungen über die kommunizierten Inhalte (Ereignisse, Situationen, sonstige Themen etc.) und ihre Beziehungen - van Dijk bezeichnet sie als "event models" – für die Kohärenz und Anschlussfähigkeit von Bedeutung. Kohärenz ist dementsprechend immer nur in Relation zu den zugrunde liegenden Modellen (also Repräsentationen) zu begreifen. Nur aufgrund der sozial geteilten Repräsentationen ist Anschlussfähigkeit trotz des hochgradig selektiven, voraussetzungsvollen Charakters kommunikativer Handlungen möglich. Context models kontrollieren in diesem Verständnis den pragmatischen Aspekt der kommunikativen Handlung, während event models für die semantische Dimension verantwortlich zeichnen (van Dijk 2001a:112).

Über die Explikation von Bedeutungen und kontextuell begründeten Variationen von Texten hinausgehend liegt die Bedeutungen der Modelle in ihrer Funktion als zentrale Schnittstelle zwischen Diskurs und Gesellschaft, zwischen individueller und sozialer Ebene: "[...] mental models of language users are the core interface that theoretically enable the link between social groups, their social representations, the mental models of their members and finally the discourse of their members. Mental models explain how a discourse can exhibit both personal and social properties, and indeed how in the same social situation each discourse is different. It is this complex series of links that theoretically adequate CDA research focuses on. There is no direct link between discourse and society" (van Dijk 2001a:113).

Soziale Repräsentationen sind für van Dijk "particularized" in mentalen Modellen, durch die sie im Zuge von Sprechhandlungen wiederum Eingang in Texte und Gespräche finden. "And conversely, it is through mental models of everyday discourse such as conversations, news reports and textbooks that we acquire our knowledge of the world, our socially shared attitudes and finally our ideologies and fundamental norms and values" (van Dijk 2001a:114). Als wichtigste Formen sozialer Repräsentationen nennt van Dijk knowledge[33], attitudes und ideologies. Trotz der fehlenden wissenschaftlichen Erkenntnisse könne mit Sicherheit von einer zentralen Rolle von Wissen in Form von Wissensstrukturen wie Skripts ausgegangen werden (van Dijk 1993:257). Aber auch 'weichere' Formen sozialer Kognition bzw. wie Meinungen, Einstellungen, Ideologien, Normen und Werte können anzunehmenderweise ebenso schematische Formen im Sinne sozial geteilter Repräsentationen haben (van Dijk 1993:258).

Die Verbindung zwischen der Struktur des Diskurses und der sozialen Struktur ist dabei stets indirekt bzw. vermittelt, und zwar können sie über eine kognitive und eine interaktionale Schnittstelle in Beziehung stehen: "firstly through the social representations of social members about such social structures, and secondly through the instantiation of social structures (such as groups and organizations) through social actors, interactions and situations at the local, micro level. In other words, there is a cognitive and a social way to bridge the famous levels of differentiation in the account of social structure. Thus, CDA may be interested in

---

[33] Er differenziert zwischen individuellem Wissen (repräsentiert in mentalen Modellen, s.o.), Gruppenwissen und kulturellem Wissen. "Cultural knowledge is shared by all competent members of a society or culture, and forms the basis or common ground of all social practices and discourses. Indeed, in principle all culturally shared knowledge may therefore be presupposed in public discourse. Of course, such common ground knowledge constantly changes, and what is common ground yesterday, may be ideological group belief today (as is the case for Christian religion), or vice versa, as is the case for much scholarly knowledge. Discourses are like icebergs of which only some specific forms of (contextually relevant) knowledge are expressed, but of which a vast part of presupposed knowledge is part of the shared sociocultural common ground. Many properties of discourse, such as overall topics, local coherence, pronouns, metaphors and many more require definition in terms of this kind of socially shared cultural knowledge. One of the main theoretical challenges has been the organization of knowledge in memory, for which many proposals have been formulated, for instance in terms of scripts, schemas, scenarios, and many more. These proposals are not only relevant for cognitive science, but also for CDA, because such knowledge structures (directly or through models) also organize the structures of discourse" (van Dijk 2001a:114).

macro notions such as power and domination, but their actual study takes place at the micro level of discourse and social practices" (van Dijk 2001a:115).

Über die sozial verfügbaren Kognitionen bzw. Repräsentationen können individuelle Textproduktion und –rezeption erklärt werden, die bei van Dijk auf Basis der beschriebenen Modelle – also mentalen Repräsentationen von Erfahrungen, Ereignissen oder Situationen bzw. deren Meinungen darüber – erfolgt. "Whereas knowledge, attitudes and ideologies are generalized representations that are socially shared, and hence characteristic of whole groups and cultures, specific models are – as such – unique, personal and contextualized: they define how one language user now produces or understands this specific text, even when large parts of such processes are not autobiographically but socially determined" (van Dijk 1993:258).

Van Dijk bezieht sich in der Entwicklung seiner kognitiven Modelle zwar primär auf die Tradition sozial-psychologischer Forschung (Meyer 2001:21), greift die dieser Arbeit zugrunde gelegte Theorie der sozialen Repräsentationen allerdings nicht auf, um die notwendige Vermittlungsinstanz zwischen Diskurs und Handlung, Mikro- und Makrolevel oder eben Text und Kontext zu bilden. Seine Konzepte sind aufgrund des gleichen sozio-kognitiven Zuganges freilich mit dieser kompatibel und werden in der empirischen Untersuchung dieser Arbeit neben den terminologisch/pragmatischen Vorschlägen Jägers zur Entwicklung eines geeigneten Analyserahmen herangezogen.

3.4   Diskursanalyse als Forschungsstrategie

Mit einer diskursanalytischen Forschungsstrategie werden der vorliegenden Arbeit somit folgende Prinzipien zugrunde gelegt: Diskurs wird als soziale Handlung begriffen. Gesellschaft und Kultur sind diskursiv konstituiert und gleichzeitig konstitutiv für den Diskurs. In einem dialektischen Prozess wird Gesellschaft durch diskursive Handlungen (re)produziert und zugleich Diskurs ausgebildet und transformiert. Diskurse sind historisch und daher nur aus ihrem

Kontext heraus verstehbar. Eingebettet in die spezifische Kultur, Ideologie und Vergangenheit sind sie stets intertextuell mit anderen Diskursen verbunden. Text und Kontext stehen in keiner direkten Verbindung, sondern sind über eine Vermittlungsinstanz verbunden (Titscher et al 1998:180f; Meyer 2001:15ff).

In der vorliegenden Untersuchung erfüllen sozial geteilte Repräsentationen als soziokognitive Ebene diese Funktion als Vermittlungsinstanz (vgl. dazu Teil I: 3). Die durch soziale Interaktion erworbenen intersubjektiv geteilten Deutungs-, Erklärungs-, Handlungs- und Problemlösungsrepertoires des gemeinsamen Repräsentationssystems bilden den handlungsleitenden Referenzrahmen, der über die Artefakte menschlicher Tätigkeit – in diesem Fall die Leitbildtexte – rekonstruiert werden kann. Leitbilder als typisierte kommunikative Ereignisse sind in den relevanten globalen (die umgebenden sozialen, politischen und kulturellen Strukturen) und lokalen (situativen) Kontext eingebettet. Die Selektionsprozesse im Zuge der kommunikativen Handlung werden nicht direkt durch diese Handlungskontexte determiniert, sondern durch wahrnehmungs- und handlungsleitende Sinnstrukturen in Form von Repräsentationen.

Sowohl Texproduktion als auch Textrezeption setzt eine Interpretationsleistung der Akteure voraus, die auf Basis dieser individuellen kognitiven Strukturen erfolgt. Neben der Einzigartigkeit individueller Sinnstrukturen interessiert aber besonders die jedem sozialen System inhärente gemeinsam geteilte Wissensbasis als Voraussetzung für erfolgreiche Kommunikationsprozesse. Nur auf Basis der sozial geteilten, systemspezifischen Differenzschemata und Ordnungsmuster (Froschauer/ Lueger 1992:29) ist Anschlussfähigkeit trotz des hochgradig selektiven, voraussetzungsvollen Charakters kommunikativer Handlungen möglich, wobei die Repräsentationen selbst in Diskursen nur selektiv (wenn überhaupt) expliziert werden (van Dijk 2001a:108f). Ebensowenig sind sie umfassend geteilt und "in den Köpfen" der Individuen tatsächlich in einem ontologischen Sinne vorhanden, sondern vielmehr als theoretisches Konstrukt zu begreifen, das in prototypischer Form den handlungsleitenden Sinn- bzw. Referenzrahmen für die diskursive Praktik beschreibt.

Wie jede soziale Praktik treten auch Texte stets als individuelle Produkte in Erscheinung. Sie sind als Artefakte individueller Handlungen das Ergebnis der handlungsleitenden individuellen Repräsentationen, auf Basis derer Objekte, Personen oder Ereignisse in einer bestimmten Form wahrgenommen, zugleich einer Kategorie zugeordnet und damit zu anderen Kategorien in Beziehung gesetzt werden. Gleichzeitig sind die zugrunde liegenden sozial konstituierten Deutungs-, Erklärungs-, Handlungs- und Problemlösungsrepertoires als systemspezifische Differenzschemata und Ordnungsmuster Teil der gemeinsamen Wissensbasis. Im konkreten Text sind der Kontext der diskursiven Praxis und der globalere Kontext der soziokulturellen Praxis insofern präsent, als durch sie bzw. ihre mentale Repräsentation die Textproduktion und –rezeption determiniert wird (van Dijk 2001a:102 bzw. 109).

Die Rekonstruktion der Ordnung und Struktur eines Textes und der zugrunde liegenden bzw. damit aktivierten sozialen Repräsentationen berührt somit alle Analyseebenen[34]. Es bedarf daher eines Textbegriffes, der diese Ebenen berücksichtigt.

Was ist ein Text?

Die Texthaftigkeit von verschrifteten Unternehmensleitbildern wurde bisher stillschweigend vorausgesetzt. Die Frage, was einen Text zum Text macht, bewegt die Textlinguistik und Diskursanalyse seit ihrer Entstehung und kann hier weder umfassend dargestellt noch in ihren unterschiedlichen Entwicklungsströmen diskutiert werden (vgl. die Übersicht über Textdefinitionen bei Titscher et al 1998:37 ff bzw. die dort zitierte Literatur).

Grundsätzliche Überlegungen zur Charakteristika von Texten formuliert Krause, die er nach einer kurzen Übersicht über Versuche zur Generierung eines verbind-

---

[34] Nochmals betont werden soll an dieser Stelle, dass es um die Analyse des Diskurses geht, der auf Grundlage mentaler Modelle produziert bzw. durch diese determiniert wird. Mentale Modelle selbst können und sollen in diesem Rahmen nicht untersucht werden – dazu bedürfte es psychologischer Studien.

lichen Kataloges von allgemeinen Textmerkmalen (ATM)[35] folgendermaßen zu-
sammenfasst (Krause 2000:51f; ähnlich Titscher et al 1998:42f):

- Ausschlaggebend für Anzahl wie Ausprägung der Merkmale ist die jeweilig
  zugrunde liegende theoretische Position.

- ATM können nicht als eine statische, in sich abgeschlossene Menge von
  Merkmalen betrachtet werden sondern müssen aufgrund der Polyaspektua-
  lität des Erkenntnisstandes und der Subjektivität und Dynamik der Erkenntnistätigkeit prototypisch, also von flexiblen Merkmalsmengen ausgehend,
  konzeptionalisiert werden.

- Zentral zur Bewertung der Qualität Text sind die Beziehungen der Merkmale
  untereinander (die freilich wiederum je nach theoretischer Position unterschiedlich gewichtet werden). Deren kompliziertes Beziehungsgeflecht von
  Über- und Unterordnungen, Wechselbeziehungen, Ergänzungen und Inklu-
  sionen kann realiter nicht aufgelöst werden, sodass jede isolierte Betrachung
  nur forschungsmethodologisch begründbar ist.

- Innerhalb des Beziehungsgefüges lassen sich verschiedene Gruppierungen
  wie text-zentrierte versus verwender-zentrierte Merkmale (Beaugrande/
  Dressler 1981) oder extratextuelle, intratextuelle und intertextuelle Dimensionen (Fillmore 1985:11f) bilden.

Neben allgemeinen Textmerkmalen werden in der Linguistik noch zwei weitere
Ebenen unterschieden. Die drei Abstraktionsebenen von Textmerkmalen basieren auf dem Verhältnis *Allgemeines – Besonderes – Einzelnes* (Krause 2000:48):

- allgemeine Textmerkmale zur Identifikation der Objektklasse (Text)

- typologische Textmerkmale zur Identifikation von Teilmengen (Texttypen,
  Textsorten)

- individuelle Merkmale zur Identifikation einzelner Texte (Textexemplar, als
  Vertreter einer Textsorte auch Textsortenexemplar genannt).

---

[35] Als Beispiele nennt Krause (2000:50f) u.a.: Kohäsion, Kohärenz, Intentionalität, Akzeptabilität,
Informativität, Situativität, Intertextualität (Beaugrande 1980 bzw. Beaugrande/Dressler 1981);
Merkmale der Handlungsbezogenheit (gesellschaftliche Legitimität, kommunikative Funktionalität),
inhaltliche Kriterien (Semantizität, Wohlgeformtheit, Wohlkomponiertheit, Grammatikalität) und als
übergeordnetes Kriterium den Aspekt der Ganzheitlichkeit (Isenberg 1976:48f, zit. in Krause
2000:50f).

Zum einen erlauben die Kriterien von Textualität, einen allgemeinen Textbegriff – Was macht einen Text zum Text? – zu entwickeln. Zugleich können bestimmte ausgezeichnete Mengen von Texten ausgesondert werden, die über spezielle Merkmale verfügen, die nicht allen Texten gleichermaßen zukommen. In der kommunikativen Praxis tritt der Text immer als konkrete, einmalige, unverwechselbare Größe in Erscheinung, in der sich die allgemeinen und besonderen Merkmale von Texten in Form von individuellen Eigenschaften wie konkreter Referenz, unverwechselbarer Gestaltung, spezifischem Sprechtempo etc. realisieren (Krause 2000:48 f).

Im Rahmen diskursanalytischer Analysen geht es aber über die auf Kohäsion und Kohärenz fokussierten linguistischen Untersuchungen hinausgehend um die Betrachtung von Texten als Bestandteile eines sozialen Diskurses (Jäger 1999:173; vgl. auch Titscher et al 1998:42f). Obwohl Diskurse immer in Gestalt individueller Produkte in Erscheinung treten und als solche zunächst ernst zu nehmen sind, dient dennoch bspw. die Erfassung der Wirkungsabsicht eines Autors nicht der Bestimmung der Autorintention, sondern ausschließlich dem Zweck, Wirkungen des Diskurses insgesamt zu erfassen. Aus diesem Grunde hält Jäger auch die Analyse zahlreicher individueller Produkte, die – in ihrer qualitativen Gesamtheit – den Diskurs ausmachen, für notwendig (Jäger 1999:173)[36].

Jäger entwickelt einen Textbegriff mit dem Anspruch, alle wichtigen Merkmale gängiger Textdefinitionen zu berücksichtigen und zugleich darüber hinausgehend im oben beschriebenen Sinne den Text als Artefakt sozialer Praxis (auf Grundlage seiner theoretischen Position spricht Jäger vom Tätigkeitsaspekt unter gesellschaftlichen Bedingungen) systematisch zu integrieren. Texte sind demgemäß immer Resultate mehr oder weniger gelungener Tätigkeit – auch ein miserabler oder unverständlicher Text ist immer noch ein Text (Jäger 1999:119). Aus analytischen Gründen wird daher eine indifferente Haltung gegenüber Korrektheit bzw. Richtigkeit der sprachlichen Äußerungen eingenommen (auch

---

[36] Dabei geht es Jäger nicht um die vollständige Erfassung, sondern um die qualitative Vollständigkeit der Erfassung eines Diskursstranges (vgl. dazu Jäger 1999:204ff).

scheinbare inhaltliche Unsinnigkeiten, Dysfunktionalitäten, Shortcomings oder Widersprüche sind Ergebnis eines keineswegs zufälligen Selektionsprozesses im Zuge der Textproduktion), was zugleich aber aufseiten der Forscher ein den Partizipanten zumindest ebenbürtiges Expertentum vorausgesetzt (Potter/ Edwards 2003:173f)[37].

Im Rahmen von Diskursanalysen geht es also keinesfalls um eine normative Bewertungen der Korrektheit des Sprachgebrauchs (im Sinne von gut/schlecht oder richtig/falsch), sondern um die systematische Untersuchung der Organisation und Ziel der konkreten diskursiven Handlung (Potter/Edwards 2003:173, 178). Begreift man Sprache als sozial konstituiert und Bedeutung eingebettet in den lebenspraktischen Zusammenhang, ergibt sich als eine der Konsequenzen für den Sprachgebrauch, dass Regeln für die Anwendung einer Sprache gleichzeitig Regeln einer Lebensgemeinschaft sind: "Dies spricht gegen die Auffassung von einheitlichen Sprachverwendungsregeln und für die Annahme multipler Regeln je nach sozialem Kontext" (Lueger 2001:109).

Jäger kommt zu folgender Textdefinition, die auch dieser Arbeit zugrunde gelegt wird (Jäger 1999:118f)[38]:

- Ein Text ist in diesem Verständnis das sprachlich gefasste Ergebnis einer mehr oder minder komplexen Tätigkeit bzw. eines mehr oder minder komplexen individuellen Denkens.

- Ein Text wird zum Zwecke der Weitergabe an andere (Kommunikation) oder an den Textproduzenten selbst (zu einem späteren Zeitpunkt) produziert.

- Die Produktion eines Textes setzt das Vorhandensein von Wissen (Weltwissen, Wissenshorizont) voraus. Dieses Wissen ist in einem Lernprozess zustande gekommen, den ein Individuum lernend und verstrickt in bestehende gesellschaftliche Diskurse in einer bestimmten historischen Zeit absolviert hat und weiterhin absolviert.

---

[37] Um ein Beispiel Potter/Edwards aufzugreifen: Man muss nicht an Poltergeister glauben, um den Diskurs über Poltergeister zu analysieren, aber man muss zumindest so viel Fachwissen wie die am Diskurs Beteiligten besitzen (Potter/Edwards 2003:173f).
[38] Die Hervorhebungen entsprechen dem Original.

- Individuen folgen in einer konkreten Situation wie der Textproduktion bestimmten Bedürfnissen, haben also ein entsprechendes Motiv. Auf Grundlage ihres Wissens verarbeiten sie dieses in zu einer bestimmten (Wirkung)s-Absicht, einem Ziel, weiter. In der Regel berücksichtigen sie dabei die Rezeptionsbedingungen durch andere.

- Die mündlichen oder schriftlichen Texte selbst werden als Resultate ihrer (Sprech-/Denk)Tätigkeit und somit auch nach Maßgabe eines bestimmten **Tätigkeitsziels** unter Zuhilfenahme bestimmter überlieferter (und konventionalisierter, in der Regel unbewusst/routinierter) **sprachlich/gedanklicher Mittel** (Syntax, Grammatik, Pragmatik, Lexikon als Werkzeuge bzw. Operationen), die zum Aufbau bestimmter zusammenhängender sprachlich-gedanklicher **Handlungen und Tätigkeiten** bzw. **Themen** notwendig sind, produziert.

In Zuge der Textanalyse sind die genannten Elemente möglichst umfassend zu analysieren. Dabei kann man sich vorhandener Grammatiken bzw. linguistischer Analysetools im Sinne einer Werkzeugkiste bedienen (Jäger 1999:173), ohne sich dabei dem Vorwurf eines eklektischen Vorgehens aussetzen zu müssen (van Dijk 2001a:95f). Die Entwicklung der Analysekategorien und daraus abgeleitet der Analysetools ist in der Forschungsfrage bzw. der Methodologie der Untersuchung zu begründen. Im Zuge der nachfolgenden Beschreibung des Untersuchungsablaufes werden die Analysekategorien und die daraus abgeleiteten Analysetools – also der eingesetzte Methodenkanon – kurz skizziert.

4 Untersuchungplanung bzw. -ablauf und Methodenkanon

Der Untersuchung liegt ein offenes, dem qualitativen bzw. interpretativen Forschungsparadigma verpflichtetes Forschungsdesign zugrunde. Die Forschungsentscheidungen sind am Forschungsgegenstand zu begründen und aus dem jeweiligen Kenntnisstand der aktuellen Projektphase zu treffen, wobei Analyse-

und Interpretationsphasen einander – dem Erkenntnisfortschritt entsprechend – abwechseln.

Die folgende Darstellung des Untersuchungsablaufes soll in kurzer Form einen Überblick über die einzelnen Analysephasen inklusive Zielsetzung und Methodik geben und zugleich die forschungspragmatischen Entscheidungen nachvollziehbar machen. Eine ausführliche Beschreibung der Analysen und der eingesetzten Methoden wird im nächsten Teil der Arbeit geleistet, der den empirischen Befunden gewidmet ist.

Analysephase 1: Extrahierung des "Gesagten"

Die Analyse der diskursiven Ordnungen und Strukturen von Leitbildtexten im Hinblick auf die zugrunde liegenden bzw. implizierten sozial geteilten Repräsentationen wurde mit einer sehr offenen Fragestellungen nach den in Unternehmensleitbildern realisierten Inhalten begonnen.

In Anlehnung an Jäger (1999) wurden Diskursfragmente als einem bestimmten Thema gewidmete Textabschnitte definiert, wobei sich Diskursfragmente zum gleichen Thema zu Diskurssträngen zusammenfügen. Diskursstränge haben eine synchrone und eine diachrone Dimension und werden auf unterschiedlichen diskursiven Ebenen – Wissenschaft(en), Politik, Medien, etc. – realisiert. Diskursebenen bezeichnen in diesem Sinne soziale Orte, von denen aus "gesprochen" wird – Unternehmensleitbilder sind eine davon (Jäger 1999:163).

Ziel war die Identifizierung der Diskursstränge, die in Leitbildtexten aufgegriffen und mehr oder weniger präzise verarbeitet werden, und ihre anschließende Systematisierung. Dazu wurden 74 deutsche, Schweizer und österreichische Texte einer qualitativen Inhaltsanalyse nach Mayring unterzogen. Ein weiterer Textkorpus von 10 österreichischen Leitbildern wurde einer detaillierteren Analyse unterzogen, die sich an den im Rahmen der Objektiven Hermeneutik Oevermanns üblichen Analyseverfahren (Grobanalyse, Fein- bzw. Sequenzanalyse) orientierte, um über die manifesten Inhalte hinauszukommen und bereits erste Annahmen über möglicherweise zugrunde liegende Sinn- und Bedeutungsstrukturen zu generieren. Diese Feinanalysen dienten außerdem durch die methodisch erzwungene Reflexion des Vorwissens einer frühzeitigen Sensibilisierung hinsichtlich der eigenen Bedeutungs- und Relevanzstrukturen.

Die empirisch entwickelten und geordneten Themenfelder (z.T. wurde auf gängige betriebswirtschaftliche Systematisierungsansätze zurückgegriffen) wurden zunächst in zwei Ebenen oder Perspektiven geteilt: eine sachliche und eine soziale Ebene (Sachthemen, Akteursthemen). Es wurde zudem ein repräsentatives lexikales (bzw. para-lexikalisches) Feld extrahiert, das einem Thema zugeordnet werden kann (auf die Analyse bildhafter Elemente wurde in dieser Untersuchung verzichtet) und soweit wie möglich die Strukturen der Vertextlichung herausgearbeitet, mit Hilfe derer besondere Informationen (Themen) in einem konkreten Dokument verarbeitet werden (im Zuge der Detailanalyse des zweiten Korpus wurde diesem Aspekt mehr Raum gewidmet, vgl. Kapitel Teil III: 2).

Analysephase 2: Identifizierung typischer Diskursstränge und erster Entwurf einer Normalitätsfolie

Nach der in der ersten Analysephase durchgeführten Extrahierung der relevanten Themen bzw. Themenfelder wurde ein Korpus von 30 österreichischen Leitbildtexten einer detaillierteren thematischen Analyse unterzogen. Ziel war die Extrahierung typischer formaler wie inhaltlicher Charakteristika, um auf Basis identifizierter typischer Muster (Patterns, Templates) eine Normalitätsfolie zu entwickeln.

Während die Inhaltsanalyse der Rekonstruktion von Aussagen und Aussagengruppen zu einem Objekt diente, fokussierte die zweite Untersuchungsphase die Rekonstruktion erster Standards im Sinne konventionalisierter Sprachformen, mittels derer ein Objekt qualifiziert und durch einen Text vermittelt wird. Sie erfolgte in drei Schritten:

In einem ersten Schritt wurden die Leitbildtexte anhand der Sachsystematik und der thematisierten Protagonisten (Akteure) analysiert. Auf Basis einer Themenfrequenz und -relevanzanalyse wurde der Konventionalisierungsgrad einzelner Themen im Textkorpus herausgearbeitet und eine Normalitätsfolie entworfen, die die häufigsten und auf Basis formaler Kriterien relevantesten Leitbildthemen widerspiegelt. Durch die systematische Erfassung der Themenpositionierung wurde zudem ein typisiertes Themenablaufmuster (re)konstruiert, das – ähnlich einem Skript – den untersuchten Texten mehrheitlich zugrunde liegt.

Im nächsten Schritt wurden anhand einer weiteren Systematik – Systematik der Wertdimensionen – qualifizierende oder bewertende Themen bzw. Aussagen erfasst und nach diesen allgemeinen Dimensionen geordnet, um durch die Herausarbeitung der zentralen Wertdimensionen typische Muster (Patterns, Templates) in Leitbildtexten zu identifizieren. Die Ergebnisse wurden ebenfalls in die Normalitätsfolie integriert.

Der dritte Schritt einer differenzierteren Untersuchung der einzelnen Topiken diente der Analyse der Themengestaltung, also der Art und Weise der Vertextlichung der Themen der Sach- und Akteurssystematik unter Einbeziehung qualifizierender und bewertender Aspekte (Wertdimensionen). Für diese Analyse war im Rahmen der Akteursthemen die relationale Dimension von besonderer Bedeutung, während die Sachtopiken insbesondere im Lichte der explizierten Handlungsdimension (Handlungsziel, -mittel oder -zweck etc.) untersucht wurden.

Analysephase 3: Detailanalyse der Diskursstränge

Die komparative Analyse in Phase zwei konzentrierte sich auf formale Charakteristika. Sie geben zwar einen Hinweis auf die Bedeutung der Themen in den Texten, erlauben aber keine Rekonstruktion der Sinn- und Bedeutungsstrukturen, die Ziel der nächsten Untersuchungsphase war.

Dazu wurden die Diskursfragmente der einzelnen Diskursstränge detaillierter hinsichtlich der Aufnahme und Entfaltung des Themas sowie eventueller Verschränkungen mit anderen Themen untersucht, um Stellenwert und Funktion des Themas im Text herauszuarbeiten. Zugleich wurden – wo zweckdienlich bzw.

erforderlich – feinere, linguistische Textanalysen (Einsatz von Substantiva versus Adjektiva etc.) durchgeführt. Die Explizierung der Struktur und Rationalität der realisierten Diskurse sollte eine (Re)konstruktion der zugrunde liegenden konventionalisierten Vorstellungen erlauben, wobei ein an van Dijks Modellen orientiertes Begriffssystem als analytischer Rahmen diente.

Auf diese Weise konnten die im Korpus am häufigsten angesprochenen Themen hinsichtlich ihrer Verankerung in spezifischen Begriffskomplexen und den damit einhergehenden Relationen und Rationalitäten identifiziert und protoypisch dargestellt werden. Diese Repräsentationssysteme wurden unter Berücksichtigung der typischen Themenverschränkungen und der in der Mehrzahl der Dokumente vorgefundenen sequenziellen Themenabfolge in einen Plot überführt, der das Template der Normalitätsfolie durch die narrative Komponente ergänzt.

5 Scope der Untersuchung

Jede empirische Untersuchung hat ihre Grenzen. Zum einen werden sie durch Forschungsinteressen definiert, zum anderen durch beschränkte Ressourcen oder auch durch vordefinierte Rahmenbedingungen. Interpretative empirische Sozialforschung ist mit ihrem (wissenschafts)theoretischen Zugang und den damit verbundenen methodologischen Ansprüchen auf Forscher- bzw. Interpretationsteams ausgerichtet, und auch dem interdisziplinären Charakter diskursanalytischer Untersuchungen würde so ein Untersuchungsdesign mit entsprechender personeller Besetzung weit mehr entsprechen. Die obligatorische Einzelarbeit im Rahmen einer Dissertation schränkt den Handlungsspielraum in qualitativer wie quantitativer Hinsicht entsprechend ein, und das beschriebene Design der vorliegenden Untersuchung spiegelt diese Einschränkungen wider.

Im Folgenden wird der Scope der Untersuchung noch einmal explizit aus dieser Perspektive zusammengefasst: Was nicht gemacht oder geleistet wird.

- Textproduzenten stehen sowohl sprachliche wie nicht-sprachliche Ausdrucks-mittel zur Verfügung, und gerade Unternehmensleitbilder können in vielen Fällen als "multisemiotische Texte"[39] bezeichnet werden: Im Rahmen der vor-liegenden Untersuchung bleibt die Analyse (mit Ausnahme einzelner formaler Aspekte) auf sprachliche Ausdrucks- und Gestaltungsformen beschränkt.

- Die Untersuchung ist synchron, also als Querschnittsuntersuchung konzipiert. Analysiert werden Ordnungen und Strukturen der Texte des Untersuchungs-korpus, der ausschließlich Texte enthält, die im Jahr 1998 als das derzeit gültige Unternehmensleitbild zur Verfügung gestellt wurden. Die empirische Erfassung historischer Entwicklungen in formaler oder inhaltlicher Hinsicht ist weder möglich, noch wird sie angestrebt. Trotzdem sind die in den Texten realisierten Inhalte und Strukturen selbstverständlich als historisch zu begreifen und zu interpretieren (vgl. auch die Ausführungen zur diskursanalytischen Forschungsstrategie in Teil II: 3).

- Die Beschränkung auf die Leitbilddokumente berücksichtigt weder den Ent-stehungs- noch den Verwertungszusammenhang. Die Untersuchung fokus-siert die zugrunde liegende sozial geteilte Wissensbasis eines breiteren, in-terorganisationalen Kontextes und nicht den situativen unternehmerischen Kontext, der bis auf ein paar Eckdaten der im Korpus repräsentierten Unter-nehmen vollkommen ausgeblendet bleibt. Es handelt sich nicht um detaillierte Einzelfallstudien, sondern um eine komparativ angelegte Untersuchung, die den konventionalisierten Sinn- und Bedeutungsrahmen fokussiert. Unter-nehmensspezifische Referenzsysteme interessieren aus dieser Perspektive nicht.

- Die vergleichende Analyse beschränkt sich auf die Texte des Untersuchungs-korpus und bezieht damit keine anderen Diskursebenen ein (denkbar wären z.B. andere Unternehmensdokumente, Medienanalysen, populärwissen-

---

[39] "[...] written (printed) texts are also increasingly becoming multisemiotic texts, not only because they incorporate photographs and diagrams, but also because the graphic design of the page is becoming an even more salient factor in evaluation of written texts" (Fairclough 1995a:4).

schaftliche oder wissenschaftliche Literatur, aber auch Interviews mit Produzenten bzw. Rezipienten zum Leitbilddiskurs bzw. den darin aufgegriffenen Diskurssträngen). Die (hypothetisch) (re)konstruierten Repräsentationssysteme sind damit zwar im Korpus verankert, können aber auf diese Weise nicht hinsichtlich ihrer Eingebettetheit und Verschränktheit – oder auch Opposition gegenüber alternativen oder konkurrierenden Repräsentationen zum selben Diskursstrang – im kontextspezifischen Symbolsystem untersucht werden. Sie verharren im Status von Hypothesen oder Annahmen für weitere Untersuchungen.

Der dritte Teil der Arbeit ist den empirischen Befunden gewidmet. Eine dem roulierenden Forschungsprozess entsprechende Darstellung der Untersuchung würde sich durch Unübersichtlichkeit und hohe Redundanz auszeichnen. Aus diesem Grunde wurde zwar eine den durchgeführten Untersuchungsschritten angenäherte sequenzielle Beschreibung des Ablaufes gewählt (freilich ohne jede Schleife zu explizieren), gleichzeitig aber – unter Berücksichtigung der Nachvollziehbarkeit – auf eine möglichst zusammenfassende und damit gut lesbare Darstellung der Ergebnisse geachtet.

Teil III: Untersuchungsergebnisse – Empirische Befunde

1 Extrahierung des "Gesagten" – Identifikation möglicher Diskursstränge in Unternehmensleitbildern [1]

> "Die Welt liefert keinerlei Anhaltspunkte,
> was zu beobachten wert wäre; und in-
> nerhalb unserer lebensweltlichen Er-
> fahrungen sind wir darauf geschult, die
> Welt in spezifischer Weise zu erfassen"
> (Lueger 2000:8).

Die Analyse von Diskursen kann je nach gewählter Perspektive unzählige relevante Einheiten, Ebenen, Dimensionen, Strategien – "paraverbal, visual, pho-
nological, syntactic, semantic, stylistic, rhetorical, pragmatic, and interactional
levels and structures" – etc. fokussieren, was bedeutet, dass "in any practical
sense there is no such thing as a 'complete' discourse analysis: a 'full' analysis of
a short passage might take months and fill hundreds of pages. Complete
discourse analysis of a large corpus of text or talk, is therefore totally out of the
question" (van Dijk 2001a:98f). Die Auswahl der Untersuchungseinheiten und
-ebenen hat forschungslogisch begründet, also auf Grundlage der gewählten
methodologischen Position im Lichte der Forschungsfrage zu erfolgen, wobei der
methodologische Rahmen die möglichen Alternativen definiert und die Forschungsfrage die Relevanzstruktur liefert, die die konkrete Wahl determiniert.

Die Analyse der diskursiven Ordnungen und Strukturen von Leitbildtexten im Hinblick auf die zugrunde liegenden bzw. implizierten sozial geteilten Repräsentationen richtet den Blick im ersten Schritt auf die angesprochenen Themen im

---

[1] Teile der empirischen Arbeit habe ich im Rahmen eines vom FWF finanzierten Forschungsprojek-
tes (FWF Projekt Nr. P12347-OEK; Leitung: Univ.-Prof. Dr. Karl Sandner) durchgeführt (vgl. auch
Knassmüller 2003, sowie die Working Paper Knassmüller/Sandner 2001; Knassmüller/Stockinger/
Sandner 2000).

Sinne der Frage: Was kommt denn in diesen Texten überhaupt zur Sprache? (z.B. van Dijk 2001; Jäger 1999)[2].

Themen (topics) repräsentieren für van Dijk semantische Makrostrukturen, die benennen, 'worum es geht', und die Kohärenz von Texten und Gesprächen sicherstellen. "They are the global meaning that language users constitute in discourse production and comprehension, and the 'gist' that is best recalled by them. Language users are unable to memorize and manage all meaning details of a discourse, and hence mentally organize these meanings by global meanings or topics" (van Dijk 2001a:102). Sie werden im Zuge der Auseinandersetzung mit der Umwelt aus lokalen Sinnstrukturen entwickelt und repräsentieren als "global meanings" sozial geteilten Wissensvorrat, auf den im Zuge diskursiver Handlungen rekurriert wird. Sie definieren "what speakers, organizations and groups orient towards and [have] most impact on further discourse and action" (van Dijk 2001a:102).

Auch Jäger (1999:158ff)[3] versteht unter Thema den inhaltlichen Kern einer Aussage bzw. eines Diskurses, das "wovon die Rede ist" (Jäger 1999:159), dem sich eine Fülle von Aussagen zuordnen lassen und das sich unter Umständen in Unterthemen herunterbrechen lässt. Ob ein Thema als Haupt- oder Unterthema zu qualifizieren ist, richtet sich nach dem Untersuchungsinteresse (Jäger 1999:167). In Texten können mehrere Themen angesprochen werden, wobei Jäger ein bestimmtes Thema behandelnde Textteile "Diskursfragmente" nennt. Diskursfragmente gleichen Themas bilden einen "Diskursstrang", der eine synchrone – "was zu einem bestimmten gegenwärtigen oder früheren Zeitpunkt [...] 'gesagt' wurde bzw. sagbar ist bzw. war" – und eine diachrone – "thematisch

---

[2] Eine entsprechende Empfehlung geben sowohl van Dijk – "Because topics have such an important role, and since topical (macrostructural) analysis can also be applied to larger corpora, I usually recommend starting such an analysis. [...] Since summaries by definition express macrostructures, we can – for all practical purposes – simply list the topics of a text by summarizing it, a method that can be repeated for various levels of abstraction" (van Dijk 2001a:102) – als auch Jäger: "Es erscheint mir sinnvoll, Diskursanalyse zunächst als rein beschreibendes Verfahren zu begreifen, das das jeweils Gesagte, das man auch als das jeweils Sagbare zu jeweiligen Themen begreifen kann, erfasst" (Jäger 1999:127).
[3] Im Sinne "terminologisch/pragmatischer Vorschläge" (Jäger 1999:159) ist das Begriffssystem Jägers geeignet, die prinzipielle Struktur von Diskursen durchschaubarer zu machen und damit der Analyse zugängig.

einheitliche Wissensflüsse durch die Zeit" – Dimension hat (Jäger 1999:160). Unterschiedliche Diskursstränge, die einander gegenseitig beeinflussen und stützen, woraus diskursive Effekte resultieren, bezeichnet Jäger als "verschränkt". Eine Diskursverschränkung liegt vor, wenn ein Text verschiedene Themen anspricht, aber auch, wenn nur ein Hauptthema angesprochen ist, gleichzeitig aber Bezüge zu anderen Themen vorgenommen werden (Jäger 1999:166). Diskursstränge werden auf unterschiedlichen diskursiven Ebenen wie Wissenschaft(en), Politik, Medien, Geschäftsleben usw. realisiert. Jäger bezeichnet diese Diskursebenen als "soziale Orte", von denen aus jeweils "gesprochen" wird (Jäger 1999:163). Diskursebenen wirken aufeinander ein bzw. beziehen sich aufeinander. Unternehmensleitbilder sind in diesem Begriffssystem eine Diskursebene, in der unterschiedliche Diskursstränge aufgegriffen werden.

Untersuchungsziel der ersten Analyse war die Extrahierung (historisch) der Themen bzw. Diskursfragmente der Dokumente des Untersuchungskorpus und ihre anschließende Systematisierung, die weder als vollständig (im Sinne von alle möglichen Themen umfassend) noch als endgültig betrachtet werden sollte. Diese empirisch entwickelten Themenfelder wurden zur Organisierung der Detailanalyse von 30 österreichischen Unternehmensleitbildern (Phase 2) genutzt, im Zuge derer (im Sinne des roulierenden Forschungsprozesses) wiederum Themenfelder und Themen reflektiert und wenn notwendig modifiziert wurden.

1.1 Datenmaterial und Methodik

Das besondere Erkenntnisinteresse der ersten Untersuchungsphase war somit die Rekonstruktion der zentralen, rekurrenten Themenbereiche (Themen und Themengruppen), die in den untersuchten Leitbildtexten des deutschen Sprachraumes aufscheinen und mehr oder weniger präzise verarbeitet werden. Das Material wurde auf der Grundlage von Zeitschriften-Rankings der umsatzstärksten ("Trend" für Deutschland und Österreich) bzw. erfolgreichsten (Gewinnranking der Zeitschrift "Bilanz" für die Schweiz) Unternehmen gesammelt.

Die jeweils 100 umsatz- bzw. gewinnstärksten Unternehmen wurden schriftlich um Zusendung ihres Unternehmensleitbildes gebeten. Jene Unternehmen, die auf die schriftliche Anfrage nicht reagierten, wurden zudem telefonisch kontaktiert.

Das Korpus der ersten Phase der Untersuchung bestand aus 84 deutschen, Schweizer und österreichischen Leitbildtexten bzw. leitbildähnlichen Dokumenten. Die Sortierung des gesammelten Datenmaterials – die Abgrenzung der Unternehmensleitbilder von anderen Dokumenten der Unternehmenskommunikation wird in Literatur wie Praxis uneinheitlich gehandhabt (vgl. Teil I: 1.1) – orientierte sich an einer die wichtigsten Elemente gängiger Definitionen oder Konzepte zusammenfassenden Begriffsumschreibung: *Ein Unternehmensleitbild als fundamentaler, intepretationsbedürftiger und offener Orientierungsrahmen enthält die grundsätzlichsten und damit allgemein gültigsten, gleichzeitig aber auch abstraktesten Vorstellungen über angestrebte Ziele und Verhaltensweisen der Unternehmung und spiegelt die Werten, Normen und Ideale des Unternehmen wider.* Als weiteres Auswahlkriterium diente die Multifunktionalität der Leitbilder (sowohl Innen- als auch Außenorientierung bzw. entsprechende Anspruchsgruppen), nicht aber formale Kriterien wie Länge oder Erscheinungsform[4].

Zur Identifizierung einer ersten Liste von Themen, die auf inhaltlicher Ebene die wesentlichen Sach- bzw. Handlungsbereiche von Leitbildtexten widerspiegelt, wurde eine Inhaltsanalyse durchgeführt. Die Anwendung der klassischen Inhaltsanalyse als eine der am häufigsten verwendeten Methoden zur Textanalyse[5] wäre dem Forschungsziel nicht gerecht geworden. Eine traditionelle quantitative Inhaltsanalyse erfordert die Entwicklung eines exklusiven, trennscharfen und erschöpfenden Kategorienschemas, das gerade so anspruchsvoll und komplex

---

[4] Nicht aufgenommen wurden aufgrund dieser Kriterien Führungsgrundsätze, aber auch andere Dokumente der Unternehmenskommunikation wie Imagebroschüren bzw. Firmenpräsentationen oder Umweltgrundsätze. Dokumente mit konkretem Anweisungscharakter (Abwicklungsvorschriften, Verfahrensweisen etc.) wurden keine übermittelt.

[5] Im Zusammenhang mit Unternehmensleitbildern vgl. z.B. Gabele/Kretschmer 1986; Pearcell/David 1987; David 1989; Siebert 1992; Brabet/Klemm 1994; Albach 1994; Matje 1996 (bzw. Teil I: 1.5).

sein soll, dass es die in der Problemstellung formulierten theoretischen Konstrukte angemessen auf der Objektebene erfasst und in eine adäquate Datenstruktur übersetzt (z.b. Früh 1991:80). Diese Vorgangsweise hätte dem im zugrunde gelegten methodologischen Rahmen geforderten Prinzip der Offenheit widersprochen (vgl. Teil II: 2.2).

Aus dem vorhandenen methodischen Spektrum – es reicht von streng quantitativen Ansätzen (z.b. Friedrichs 1990; Früh 1991) über qualitativ orientierte (z.b. Mayring 1994) bis zu eindeutig der qualitativen Forschungslogik verpflichteten Methoden (z.b. Oevermann et al 1979) – wurde zur ersten explorativen Annäherung eine qualitative Inhaltsanalyse nach Mayring gewählt. 74 deutsche und Schweizer Leitbilder wurden im Sinne der zusammenfassenden Inhaltsanalyse (Mayring 1994:55ff) zweimal paraphrasiert, um empirisch die wichtigsten Sach- und Handlungsbereiche abzustecken, die für die Konstruktion und Vermittlung eines Unternehmensleitbildes herangezogen werden. Ergebnis dieses Vorgehens war eine Liste von in den Texten manifest zum Ausdruck gebrachten Thematiken, die eine Art repräsentativen Schlagwortkatalog für das untersuchte Korpus darstellen.

Um über den manifesten Inhalt der Texte hinauszukommen, schien ein heuristisch-interpretativer Zugang zielführend. Im Rahmen einer weiteren Untersuchung wurde daher aus einem Testkorpus von 10 österreichischen Leitbildern eine weitere Themenliste aus den Leitbildtexten extrahiert[6]. Die Vorgangsweise orientiert sich an den methodologischen Grundätzen der Objektiven Hermeneutik Oevermanns, die die Rekonstruktion latenter Sinnstrukturen zum Ziel hat (z.B. Oevermann et al 1979; Oevermann 1995; Reichertz 1997). Neben einer Grobanalyse wurde bei ausgewählten Texten eine Feinanalyse (ähnlich der Sequenzanalyse nach Froschauer/Lueger 1992:62ff) durchgeführt, indem durch extensive Sinnauslegung mögliche Lesarten der einzelnen Sinneinheiten identifiziert und in der nachfolgenden Selektionsphase die wahrscheinlichste(n) herausgefiltert wurden. Dieses Vorgehen erfordert im Zuge der Generierung mögli-

---

[6] Diese Untersuchung wurde ebenso wie die Detailanalyse (vgl. Teil III: 3.) unter Einsatz von Atlas/ti, einer Software zur qualitativen Datenauswertung, durchgeführt.

cher Bedeutungsgehalte eine sorgfältige Analyse der sprachlichen Ausformung der Texte (Wortwahl, grammatikalische Konstruktion etc.), um im nächsten Schritt die im Zuge der Textproduktion vorgenommene Selektion reflektieren bzw. interpretieren zu können. Auf diese Weise wird zudem das eigene Vorwissen, das normalerweise zur Themenidentifikation herangezogen wird, reflektiert und hinterfragt. Eine weitere häufig angewandte Technik ist die (lexikalische) Substitution, bei der Wörter oder Wortgruppen durch andere ersetzt werden, um den Sinneffekt zu verstehen.

Die beiden Themenlisten wurden anschließend zusammengeführt und nochmals am Datenmaterial überprüft, um eine fundierte empirische Verankerung des entwickelten Themenkatalogs sicherzustellen.

Um die Themen des Kataloges, die unterschiedliche Themenarten bzw. Analyseebenen oder Blickwinkel widerspiegelten, zu ordnen, wurde die Themenliste zunächst in zwei Ebenen oder Perspektiven geteilt: eine sachliche und eine soziale Ebene (Sachthemen, Akteursthemen). Der so entwickelte Beschreibungsrahmen ist dabei weder im Sinne aller möglichen Themen noch im Sinne aller möglichen Perspektiven erschöpfend (eine Untersuchung mit linguistisch orientiertem Beschreibungsziel beispielsweise würde andere Themen identifizieren und diese auch anders systematisieren). Die Systematiken gliedern sich in Themengruppen (manchmal auch weiter in Untergruppen), die die einzelnen Themen beinhalten, die wiederum in Subthemen aufgefächert sein können. Die Themengruppen dienen der Zusammenfassung der in den Aussagen repräsentierten Themen zu Gruppen, wobei, sofern zweckdienlich, auf gängige (u.a. betriebswirtschaftliche) Systematisierungsansätze zurückgegriffen wird.

Zur Entwicklung der Beschreibungssystematik wurde ein repräsentatives lexikales (bzw. para-lexikalisches) Feld extrahiert, das einem Thema zugeordnet werden kann (auf die Analyse bildhafter Elemente wurde in dieser Untersuchung verzichtet) und soweit wie möglich die Strukturen der Vertextlichung herausgearbeitet, mit Hilfe derer besondere Informationen (Themen) in einem konkreten Dokument verarbeitet werden (im Zuge der Detailanalyse des zweiten

Korpus wurde diesem Aspekt mehr Raum gewidmet, vgl. Kapitel 2). Die Erstellung von lexikalischen und para-lexikalischen (idiomatischen, phrastischen, ...), visuellen und sonoren Feldern dient einerseits zur Herausarbeitung von "sprachlichen" Stereotypen ("sprachlich" im weiten Sinne des Wortes, d.h. unter Einbeziehung visueller und Tonkodes), die mehr oder weniger durchgängig Gruppen von konkreten Dokumenten charakterisieren, und andererseits zur Analyse von besonderen Figuren und Tropen, die in einem oder mehreren konkreten Dokumenten zur Anwendung kommen (bildhafte Codes wurden, wie bereits erwähnt, nicht einbezogen, Toncodes spielen in Leitbildtexten keine Rolle.) Aufgrund des synchronen Designs besteht aber im Rahmen dieser Untersuchung keine Möglichkeit, die lexikalische oder para-lexikalische Evolution eines Themas in den Griff zu bekommen.

Die Systematik der Sachthemen etwa erfasst bzw. systematisiert die Themen in Bezug auf das Unternehmen selbst, seine Tätigkeitsbereiche und Objekte (Innenwelt), seine Umwelt (Kontext) und die Akteure innerhalb wie außerhalb des Unternehmens. Unternehmensleitbilder nehmen regelmäßig eine System-Umweltabgrenzung vor, die das soziale System Unternehmen gegenüber seinem internen wie externen Kontext abgrenzt und diese Elemente dabei zugleich konzeptionalisiert.

Ziel ist also eine Ordnung bzw. Aufbereitung des Datenmaterials zur Beantwortung der Leitfrage dieser Thematik: Welche Sachthemen – aus der Vielzahl der denkbar möglichen – kommen in Unternehmensleitbildern vor? Welche Bereiche der unternehmerischen Wirklichkeit werden zur Beschreibung des Unternehmens, seiner Umwelt und seiner Akteure herausgegriffen? Die Analyse und Bewertung der Leitbildtexte mit Hilfe dieser Fragestellung bzw. Systematik dienen damit der Reflexion der Selektionsmechanismen auf Sachthemenebene und eröffnen einen ersten Einblick in die Differenzierungsstrategien: Warum diese Sachthemen und keine anderen? Wodurch zeichnen sich diese Themen aus?

Die Darstellung der extrahierten Themenfelder bzw. -gruppen erfolgt zur besseren Lesbarkeit als systematische Ergebnisbeschreibung und liest sich daher wie ein Codierschema. Die Themen wurden allerdings empirisch aus den Texten extrahiert, systematisiert bzw. reorganisiert und schließlich in die so genannten Systematiken mit ihren Themenfeldern bzw. -gruppen als Ergebnis der ersten Analysephase überführt. Zur einfacheren Orientierung werden typische forschungsleitende Fragestellungen der in dieser Gruppe zusammengefassten Themen oder Themenfelder den jeweiligen Erläuterungen vorangestellt.

Im Anhang der Arbeit sind sämtliche im Rahmen der gesamten Untersuchung extrahierten Themen zusammenfassend dargestellt: Die empirisch entwickelten Indikatoren, Wort- und Beschreibungsfelder und illustrierenden Beispiele (inkl. kurzer einführender Beschreibungen) bieten einen umfassenden Überblick über die in den untersuchten Dokumenten angesprochenen Themen und die konventionalisierten Sprachformen, mittels derer sie qualifiziert und durch die Text vermittelt werden.

1.2   Systematik der Sachthemen

Forschungsleitende Fragestellung(en)
Welche Sachthemen – aus der Vielzahl der denkbar möglichen – kommen in Unternehmensleitbildern vor? Welche Bereiche der unternehmerischen Wirklichkeit werden also herausgegriffen? Wodurch zeichnen sich diese Themen aus?

1.2.1   Die Themengruppe "Organisation"

In der Themengruppe Organisation sind Themen zusammengefasst, die sich auf den konfigurativen Organisationsbegriff beziehen. Sie beinhalten sowohl Aussagen zur Beschreibung des Unternehmens als soziales System (institutioneller Organisationsbegriff) als auch Aussagen zur Organisation als Ergebnis dieser Organisationstätigkeit (instrumenteller Organisationsbegriff), während Aussagen zur organisationalen Gestaltungshandlung (funktionelles Verständnis) dieser Themengruppe nicht zugeteilt wurden (zum Organisationsbegriff vgl. z.B. Schreyögg 1996:4ff).

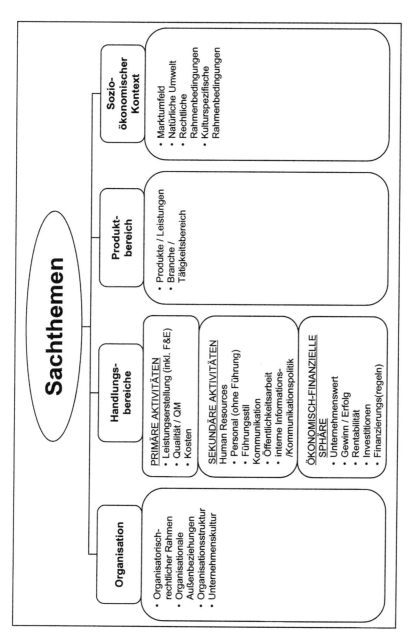

Abbildung 9: Sachthemen

Im Rahmen des konfigurativen Organisationsbegriffes – Organisation als "dauerhafte Strukturierung von Arbeitsprozessen, ein festes Gefüge (Konfiguration)" (Schreyögg 1996:8) – werden neben der Gestaltung des Innenbereiches von Unternehmungen auch zwischenbetriebliche Organisationsformen, wie beispielswiese strategische Allianzen oder Joint Ventures, berücksichtigt. Die Organisation einer Unternehmung bildet in diesem Sinne den Ordnungsrahmen für das betriebliche Geschehen. Dieser Rahmen bezieht sich auf die Strukturierung des Systems, besteht aus einem Geflecht von Regeln und tritt als Organisationskultur und Organisationsstruktur in Erscheinung.

Unter **Organisatorisch-rechtlicher Rahmen** sind Aussagen zusammengefasst, in denen das Unternehmen sich gegenüber der Umwelt abgrenzt, womit ein Naheverhältnis zum institutionellen Organisationsbegriff besteht, der unter Organisation ein zielgerichtetes, soziales System versteht, das in ein Umfeld eingebettet ist und dessen Teile in komplexen, wechselseitigen Beziehungen zueinander stehen (z.B. Schreyögg 1996:4). Diese Innen/Außen-Differenz kann durch die Beschreibung des Unternehmensrahmens (Rechtsform, Eigentumsverhältnis, Organisationsform) vorgenommen werden, aber etwas impliziter durch Unternehmenscharakterisierungen wie etwa Aussagen zur örtlichen bzw. nationalstaatlichen Verbundenheit (österreichisches Unternehmen) oder die Feststellung, dass es sich um ein Familienunternehmen handelt.

Im Rahmen der **Außenbeziehungen der Organisation** werden Aussagen zur Gestaltung bzw. Bedeutung der Außenbeziehungen des Unternehmens zusammengefasst, also die organisatorische Seite von Beteiligungen, Partnerschaften, Kooperationen, Netzwerken etc. Inhaltlich können in diesem Zusammenhang vor allem zwei Themenbereiche differenziert werden, die in den Leitbildtexten aber zumeist gemeinsam vorkommen, nämlich Beteiligungen (also rechtswirksame Unternehmensverflechtungen) und – mehr oder weniger vertraglich geregelte – Kooperationen oder Partnerschaften.

Organisationsstruktur umfasst alle Aussagen, die in Leitbildtexten zur formalen Gestaltung der Organisation gemacht werden, wobei auf eine literaturkonforme

Verwendung des Begriffes oder Konzeptes wie immer keine Rücksicht genommen wird[7] - es geht stets um die Ausformung der Diskurse selbst, nicht aber um eine Bewertung der "Richtigkeit" der getroffenen Aussagen. Erfasst werden daher alle Aussagen zur Integrations- oder Koordinationsform (üblicherweise die hierarchische Über- und Unterordnung) bzw. Organisationsform (z.B. Einlinienstruktur, Stablinienstruktur, Mehrlinienstruktur, Matrixstruktur, Netzwerkstruktur, Projektstrukturen, Zentralabteilungen und Sparten/ Geschäftsbereiche). Ebenso berücksichtigt werden Aussagen zu formalen Koordinationsinstrumenten in Form von persönlichen oder technokratischen (standardisierte Formen wie Programme und Pläne, im Falle einer schriftlichen Fixierung als Formalisierung) Weisungen oder Aussagen zur Verteilung von Entscheidungsrechten (Zentralisation bzw. Dezentralisation/ Delegation).

Aussagen zur **Unternehmenskultur** gebrauchen den Begriff in den Dokumenten keineswegs einheitlich, geschweige denn im Sinne wissenschaftlicher Konzepte[8]. Andere thematisch nahe Begriffe/Konzepte, die in Leitbildern – oft im selben Zusammenhang – vorkommen, sind Corporate Identity und Unternehmensphilosophie. Keine Beachtung finden die zahlreichen Aussagen, in denen auf die Kultur des Unternehmens verwiesen wird, ohne diese Thematik explizit anzusprechen[9].

1.2.2   Die Themengruppe "Handlungsbereiche ("Aktivitäten")

Diese Themengruppe umfasst Themen, die sich auf den primären Leistungserstellungsprozess (z.B. Produktion, Forschung und Entwicklung, Absatz) bezie-

---

[7] Unter der formalen (bzw. formellen) Organisation werden die geplanten, offiziellen und zumeist kodifizierten Regelungen verstanden, welche die Zielerreichung im Unternehmen sicherstellen sollen (vgl. z.B. Schreyögg 1996:12). Dazu zählen u.a. die Aufbauorganisation (diese unterteilt das Unternehmen in arbeitsteilige, funktionsfähige Einheiten und wird oftmals mit Organisationsstruktur gleichgesetzt), die prozessbezogene Ablauforganisation (diese beschreibt die betrieblichen Aktivitäten in einer logisch aufeinander folgenden Weise) (vgl. z.B. Wöhe1990:180f).
[8] Die – je nach Forschungszugang und Wissenschaftsdisziplin – unterschiedlichen Definitionen bzw. Konzeptionalisierungen von Kultur als theoretisches Konstrukt sind in Zusammenhang mit diesem Code daher nicht von Bedeutung. Zur Orientierung mag als Begriffsbeschreibung genügen, "dass es sich [...] um ein System gemeinsam geteilter Werte, Normen, Einstellungen, Überzeugungen und Ideale handelt" (Staehle 1999:498). Es bildet sich im Laufe der Zeit heraus, wird von den Organisationsmitgliedern in einem Sozialisationsprozess gelernt und hat als Orientierungs- und Interpretationshilfe handlungsleitenden Charakter.
[9] Ein Beispiel zur Verdeutlichung: Trotz der Größe und Internationalität bewahren wir uns die positiven Traditionen eines Familienunternehmens. (#49)

hen, sowie allgemeine Aussagen zu den Aktivitäten des Unternehmens, sekundären Prozessen der Leistungserstellung und Steuerungsprozessen. Sie dient daher der differenzierten Erfassung der Handlungsbereiche bzw. Aktivitäten des Unternehmens und nimmt in stärkerem Ausmaß als die Organisationsthemen eine prozessorientierte Perspektive ein.

Um diese Gruppe von Aussagen zu systematisieren, wird in Anlehnung an Porter (1992:59ff) zwischen primären und sekundären Prozessen der Leistungserstellung unterschieden. Während unter primären Aktivitäten der Leistungserstellung alle Tätigkeiten verstanden werden, die sich mit der Herstellung des Produktes bzw. der Leistung, des Verkaufes und der Übermittlung an den Abnehmer sowie den Kundendienst befassen, unterstützen sekundäre Aktivitäten die primären bzw. erhalten sie aufrecht und ermöglichen so eine kontinuierliche Leistungserstellung. Jede Tätigkeit eines Unternehmens kann grundsätzlich als primär oder unterstützend klassifiziert werden, (die Bezeichnungen sind willkürlich, Porters eigene Terminologie entspricht am ehesten einem Produktionsbetrieb), die Einordnung der Aktivitäten in die Themengruppe ist kontextabhängig.

Während sich in Leitbildtexten Aussagen zu den primären Aktivitäten aufgrund der Zugehörigkeit der Unternehmen zu unterschiedlichen Sektoren oder Branchen anzunehmenderweise sehr stark unterscheiden (freilich nicht notwendigerweise auch hinsichtlich der attribuierten Eigenschaften oder Qualitäten), finden sich im Rahmen der sekundären Aktivitäten eine Reihe von Tätigkeitsbereichen wie Personalmanagement oder Öffentlichkeitsarbeit, die mehr oder weniger für sämtliche Unternehmen relevant sind (wenn auch freilich mit unterschiedlichen Schwerpunkten).

Die Unterscheidung innerhalb der Beschreibungssystematik ermöglicht daher die Beantwortung von Fragen wie:
- Welcher Stellenwert wird den primären im Gegensatz zu den sekundären Aktivitäten in den Texten zugewiesen? Welche werden überhaupt aus dem Spektrum der möglichen Aktivitäten herausgegriffen?

- Welche Informationen werden über die verschiedenen internen Tätigkeitsbereiche kommuniziert? – etc.

Neben dem Ordnungseffekt könnte bei genügend großem Untersuchungskorpus
eine sektoren- oder branchenspezifische Analyse durch diese Differenzierung an
Reichhaltigkeit sehr gewinnen.

Während sich die ersten beiden Untergruppen auf den güterwirtschaftlichen Prozess beziehen, ist der finanzwirtschaftliche Prozess in einer eigenen Gruppe erfasst, die Aussagen zu finanziellen bzw. ökonomisch relevanten Themen wie beispielsweise Gewinn-, Ertrags- oder Rentabilitätsthematiken inkludiert.

1.2.3   Die Themengruppe "Produktbereich"

Die Themengruppe "Produktbereich" ist Aussagen zum Leistungsbereich und
Leistungssortiment gewidmet und umfasst damit den zentralen Objektbereich in
der (Austausch)Beziehung zwischen Organisation und Umwelt. Um diese
Schnittstelle der Analyse einfacher zugänglich zu machen, wurden die Themen
herausgenommen (man hätte Branche/Tätigkeitsbereich dem Umfeld zuordnen
können, Produkte/Leistungen dem primären Aktivitäten des Handlungsberei-
ches).

Branche / Tätigkeitsbereich umfasst alle Äußerungen, in denen ein Unternehmen seine Branche oder seinen Tätigkeitsbereich (also den Leistungsbereich, den es abdeckt) thematisiert. Es handelt sich um einen Akt der Charakterisierung des Unternehmens: Es definiert sich als einem bestimmten Teil des
Marktes zugehörig, und zwar in einer ganz spezifischen Rolle – als Leistungsersteller (nicht aber als Wettbewerber oder Anbieter). Die Abgrenzung zum Markt
ergibt sich aus der gewählten Perspektive: Markt ist der absatzorientierte Blickwinkel, Branche der leistungserstellungsorientierte. Die gewählte Perspektive
kann über das Wort 'Branche' selbst zum Ausdruck gebracht werden oder aber
indirekt über das Leistungssortiment, sofern es in allgemeiner Form passiert. Um
die Zuordnung einer Aussage zu überprüfen, kann die Sortimentsbeschreibung
gegen die Branche ausgetauscht werden.

Unter **Produkte / Leistungen** werden Spezifizierungen des Produkt- bzw. Leistungssortiments ebenso erfasst wie sonstige Aussagen zur Produktpolitik des Unternehmens[10].

1.2.4 Die Themengruppe "Sozio-ökonomischer Kontext"

Diese Themengruppe bezieht sich auf den sozio-ökonomischen Kontext der Unternehmen, und zwar

- auf das organisationale (Um)Feld der unternehmerischen Tätigkeit im engeren Sinne (Marktumfeld),

- auf das gesellschaftspolitische Umfeld als Gesamtheit aller regulativen Beziehungen in nicht-ökonomischen Sphären (vgl. Zerfaß 1996:297).

Das Marktumfeld als **Organisationales Umfeld im engeren Sinne** umfasst die ökonomische Sphäre als zentralen Bezugspunkt, in der die wirtschaftlichen Beziehungen zu Lieferanten, Abnehmern und Wettbewerbern gestaltet werden (Zerfaß 1996: 280 und 297). Dieser Themenbereich bleibt allerdings auf Aussagen aus einer absatzmarktorientierten Perspektive beschränkt (eine leistungserstellungs- bzw. beschaffungsorientierte – z.B. Produktionsstandorte, Tätigkeitsbereich – bleibt den entsprechenden Themen in den Themengruppen Organisation, Handlungsbereiche und Produktbereich vorbehalten). In den Aussagen zum organisationalen Umfeld (i.e.S.) scheinen vor allem folgende drei Themenbereiche von Relevanz: Der (derzeitige und zukünftige) Markt bzw. das regionale Betätigungsfeld des Unternehmens, also der (Absatz-)Markt, die relative (angestrebte oder erreichte) Positionierung in diesem Markt, also die Marktposition, und spezifischere Charakterisierung dieses Kontexts.

Unter **Rechtliche und kulturspezifische Rahmenbedingungen** werden zum einen Aussagen subsumiert, in denen die rechtlichen Rahmenbedingungen (Gesetze, Vorschriften) thematisiert werden und zum anderen Textstellen, in denen

---

[10] Unter Produkt- bzw. Sortimentspolitik können alle Entscheidungen zusammengefasst werden, die sich auf die Entwicklung und Einführung neuer Produkte beziehen sowie auf die Produktgestaltung, also die Festlegung von Qualität und Aufmachung der Produkte und ihre Veränderung im Laufe der Zeit (Produktvariation) sowie auf die Produktelimination (Wöhe 1990:714).

eine kulturspezifische Perspektive explizit zum Ausdruck kommt, etwa bei international tätigen Unternehmen die (rechtlichen, sozialen) Rahmenbedingungen anderer Länder (lokale Gepflogenheiten, Sitten, Gebräuche).

Dieses Thema umfasst Aussagen in Bezug auf die **Natürliche Umwelt**, also vor allem ökologische Themen bzw. Umweltschutz. Diese Themen werden oft im Rahmen anderer Thematiken (z.B. als Produkteigenschaften oder Charakteristika der Produktionsverfahren) abgehandelt, hier aber – um den Umwelt-Diskurs zu erfassen – nochmals verortet.

1.3   Systematik der Akteursthemen

Forschungsleitende Fragestellung(en)
Welche internen oder externen Akteure bzw. Akteursgruppen kommen vor?

Diese Systematik beinhaltet die in Unternehmensleitbildern vorkommenden Akteure bzw. Akteursgruppen, wobei zwischen unternehmensinternen und externen Anspruchsgruppen differenziert wurde und das Unternehmen selbst als Sonderfall eines kollektiven Akteurs eigenständig erfasst wurde.

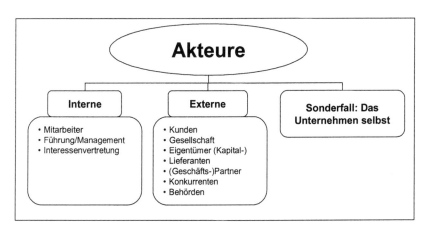

Abbildung 10: Die Themengruppe "Akteure"

1.3.1 Interne Anspruchsgruppen

Unter dieser Themengruppe wurden Personengruppen zusammengefasst, die als interne Akteure der Organisation angesehen bzw. diesem sozialen System zugeordnet werden können. Obwohl gerade die Thematik der veränderten oder sich auflösenden Unternehmensgrenzen an Bedeutung gewinnt (z.B. Picot u.a. 1998) und eine eindeutige Innen-/Außen-Differenzierung zunehmend schwieriger wird (z.B. Zerfaß 1996:277), spielt diese Problematik in Leitbildtexten keine Rolle – sie lassen sich auf Grenzfälle gar nicht ein.

- Sämtliche Aussagen, die sich auf die **Mitarbeiter** beziehen, werden zusammengefasst, wobei zunächst unerheblich ist, wer genau damit gemeint sein soll (Leitbildtexte sind in dieser Hinsicht oft mehrdeutig). Es spielt auch keine Rolle, wenn die darin inkludierte Gruppe innerhalb eines Textes variiert. Ausschlaggebend ist alleine die Explizierung einer Gruppe, die mit Mitarbeiter oder Synonymen wie Beschäftigte bezeichnet wird.

- Als **Führungskräfte** werden sowohl Personen in leitenden Funktionen als auch Personen mit Personalverantwortung sowie Geschäftsführung und Management erfasst.

- **Eigentümer** umfasst alle Personengruppen, die in einem Eigentümerverhältnis zum Unternehmen stehen, unabhängig von der Rechtsform (Aktionäre im Falle von Aktiengesellschaften, Kommanditisten bei KGs ....). Grenzfälle wie beispielsweise "Stille Gesellschafter" kommen in Unternehmensleitbildern nicht vor.

- Eine weitere Gruppe interner Akteure ist jede Art der **Interessenvertretungen** (egal ob gesetzliche oder private) wie z.B. Gewerkschaften, Betriebsräte, Belegschaftsvertreter.

1.3.2 Externe Anspruchsgruppen

Externe Akteure sind der Organisationsumwelt zugeordnet, wobei in Leitbildtexten diese Unterscheidung i.d.R. so klar durchgehalten wird, dass sie eindeutig als "Externe" identifizierbar sind.

- **Partner (Geschäfts-; extern)** umfasst jene Akteure, die vom Unternehmen als Partner bezeichnet werden und zu keiner anderen Akteurs-Gruppe gehören (denn freilich können Kunden oder Lieferanten auch als Partner bezeichnet werden). Die Gruppe dient daher der Erfassung einer Akteursgruppe, nicht eines Interaktionsmodus oder einer Beziehungsqualität[11].

- Weitere externe Bezugsgruppen sind **Lieferanten / Auftragnehmer**,

- **Konkurrenten** (oft als Mitbewerber bezeichnet),

- und natürlich die **Kunden** (interne Kunden waren im wahrsten Sinne des Wortes kein Thema).

- Unter **Gesellschaft** sind explizite Aussagen mit Bezug zur Gesellschaft als Öffentlichkeit (Gesellschaft beinhaltet auch nicht öffentliche und private Sphären) des gesellschaftspolitischen Umfeldes (vgl. 1.2.4 Die Themengruppe "Sozio-ökonomischer Kontext") ebenso zusammengefasst wie die indirekte Thematisierung dieses kollektiven Akteurs über andere Thematiken (z.B. über gesellschaftliche Verantwortung).

1.3.3   Sonderfall: Das Unternehmen selbst

Der Hauptakteur in Leitbildtexten ist das Unternehmen selbst, das entweder in Form eines – implizit oder explizit für das Unternehmen sprechendes (bzw. zu sprechen befugtes) – Autorenkollektivs in der ersten Person Plural (WIR) oder in der dritten Person Singular (die XYZ-AG) adressiert wird. Dieser Akteur[12] wird aufgrund der Omnipräsenz in den Texten grundsätzlich nicht eigenständig erfasst, sondern als primärer Referenzakteur im Rahmen der Vertrags- bzw. Handlungsthematik themenspezifisch aufgearbeitet. Um allerdings die Analyse

---

[11] Eventuelle Unschärfen hinsichtlich der Zuteilung wurden festgehalten bzw. im Zuge der Interpretation berücksichtigt.

[12] Dieser kollektive Akteur ist freilich ein Konstrukt. Konstrukte sind hypothetische Konzepte, die selbst nicht direkt beobachtbar sind, sondern die durch Abstraktion ein Erklärungspotential für beobachtbare Phänomene generieren (Morgeson/Hofman 1999:250f). Im Zuge der Reifizierung (Reifikation = Vergegenständlichung, Konkretisierung) wird ein abstraktes Konzept so behandelt, als würde es sich auf ein Ding, ein selbständiges Substantiv beziehen, das in der Lage ist, Subjekt-Prädikat-Beziehungen mit anderen Dingen einzugehen (Weick 1995:52). Wenn Organisationen handeln, dann nicht im Sinne eigenständiger Kräfte oder Akteure, sondern als Ergebnis einer "Reihe von Interakten zwischen Individuen von der Art, dass, wenn diese Leute nicht einen bestimmten Satz von Handlungen hervorgebracht und ineinander verzahnt hätten und wenn diese Handlungen nicht auch von anderen Leuten hervorgebracht und zwischen ihnen verzahnt worden wären, die Organisation den ihr zugeschriebenen Akt nicht ausgeführt hätte" (Weick 1995:53).

der Themen im Rahmen der Systematik der Wertdimensionen zu erleichtern, werden entsprechende Aussagen im Zusammenhang mit dem Unternehmen selbst (in der Regel generelle Handlungsregeln oder Wertorientierungen des Unternehmens) unter diesem Akteur zusammengefasst.

1.3.4 Relationale Perspektive - Beziehungsorganisation

Forschungsleitende Fragestellung(en)
In welcher Beziehung stehen die Akteure zueinander? Was zeichnet die Beziehung aus, was charakterisiert sie? Welche Rollen werden den Akteuren damit zugeschrieben? Welche Erwartungen sind damit verbunden, welche Handlungsimplikationen? Werden sie deutlich gemacht oder kommen sie implizit zum Ausdruck? Werden nicht erfüllte Erwartungen sanktioniert bzw. gibt es Hinweise auf Sanktionsformen? Wird die Interaktionsebene expliziert, z.B. über gewünschte/erwartete Verhaltensstandards, Regeln, Normen...?

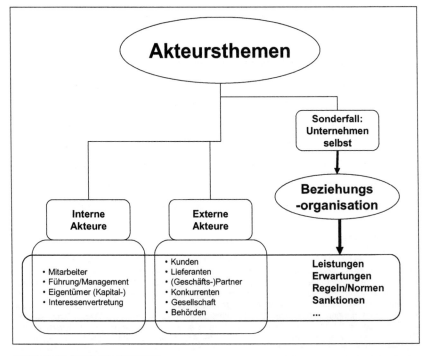

Abbildung 11: Relationale Perspektive

Die simple Erfassung der auftretenden Akteure stellt ein sehr grobes Kriterium dar. Um die mit einzelnen Akteursgruppen verbundenen Aussagen etwas differenzierter zu ordnen, wurde eine weitere Perspektive hinzugefügt, die in einer Art Matrix quer über die Akteure gelegt werden kann und de facto bereits eine feinere Analyse der Akteure thematisierenden Aussagen ermöglicht (vgl. Abbildung 11). Fokussiert werden Aussagen, die die Beziehungen der Akteure zueinander thematisieren – etwa die an einzelne Bezugsgruppen geknüpften Erwartungen im zumeist von Austauschbeziehungen (Leistung/Gegenleistung) geprägten Beziehungsgeflecht, aber auch die Explizierung von (Verhaltens)Regeln und Normen, eventuell daran geknüpfte Sanktionen etc[13]. Der gewählte Blickwinkel ist der des (kollektiven) Autors, also des Unternehmens.

Die **Leistungen** bezeichnet aus Unternehmensperspektive die explizierten Leistungen vonseiten der Unternehmung an diverse Bezugsgruppen, also Aktivitäten, die die Interessen der jeweiligen Bezugsgruppe bedienen oder im Leitbildtext zumindest thematisieren[14]. **Leistungen an Mitarbeiter** umfasst demgemäß alle Aussagen, die als Leistungen des Unternehmens an seine Mitarbeiter interpretiert werden können. Darunter sind Aktivitäten des Unternehmens zu verstehen, von denen der Mitarbeiter unmittelbar und persönlich profitiert. Unmittelbar deshalb, weil der Mitarbeiter aus einer bestimmten Perspektive mittelbar immer – zumindest teilweise – am Erfolg des Unternehmens teilhat und so gesehen von allen entsprechenden Aktivitäten profitiert. Mitarbeiter können in unterschiedlicher Hinsicht profitieren: in monetärer (z.B. Bezahlung) ebenso wie in nicht-monetärer (z.B. gutes Arbeitsklima), in materieller ebenso wie in sozialer oder persönlicher Hinsicht usw. Die funktionale Verankerung der Leistungen im Leitbildtext ist aus dieser Perspektive nicht von Bedeutung, sodass die Leistung an die Mitarbeiter beispielsweise ganz unterschiedlichen Zielsetzungen unter-

---

[13] Ein ähnliches Vorgehen schlägt auch Parker in seiner diskursanalytischen Methode vor: Die jeweiligen Subjekte, d.h. Charaktere, Personen, Rollen werden spezifiziert, um anschließend die angenommenen Rechte und Verantwortlichkeiten der jeweiligen im Text erwähnten Subjekte zu rekonstruieren, die dann in einem Netzwerk der Beziehungen schematisch dargestellt werden können (Parker 2000:553).

[14] Die entsprechenden Wort- bzw. Beschreibungsfelder finden sich wieder im Anhang. Selten bis nie thematisiert wurden Leistungen an Interessenvertretungen, Leistungen an Partner (Geschäfts-; extern), Leistungen an Lieferanten, Leistungen an Konkurrenten.

geordnet sein kann[15]. Oder anders gesagt: Die Explikation einer Leistung an die Mitarbeiter sagt noch nichts über das gewählte Interpretationsrepertoire bzw. die zugrunde liegende soziales Repräsentation und damit die inhärente Logik aus, die den Stellenwert der Leistung in diesem Bezugssystem bestimmt.

Erwartungen umfasst die erwarteten (Gegen)Leistungen vonseiten der Akteure an das Unternehmen, wiederum unabhängig von der inhärenten Rationalität, die durch Explizierheit bzw. Gewichtung oder Vehemenz der gewählten Formulierungen (Forderungen, Wünsche, Facts etc.) zum Ausdruck gebracht wird. Wie schon bei den Leistungen sind auch hier sowohl hinsichtlich Häufigkeit als auch Elaboriertheit große akteursspezifische Unterschiede zu verzeichnen. In erster Linie werden Erwartungen im Zusammenhang mit Mitarbeitern expliziert, relativ häufig noch für Führungskräfte und Lieferanten. Für die restlichen Akteursgruppen ((Kapital)Eigentümer, Interessenvertretung, Partner (Geschäfts-; extern), Kunden, Konkurrenten, Gesellschaft) werden selten oder nie Erwartungen formuliert.

Den Akteuren bzw. Akteursgruppen können **Rollen/Positionen oder Funktionen** zugewiesen werden (freilich ebenso dem Unternehmen selbst) oder aber Beziehungsstandards oder -richtlinien in Form von **Regeln oder Normen**. Während in der Rollen- bzw. Funktionsperspektive Zusammenhänge (das 'Funktionieren' des Beziehungs-Systems) im Mittelpunkt steht, geht es hier um die Zuschreibung von Verantwortlichkeiten und damit verbundenen Sanktionen. Diese können für einzelne Bezugsgruppen ebenso formuliert werden wie für das Unternehmen selbst bzw. seine Handlungsbereiche (Woran wollen wir gemessen, wonach bewertet werden? Woran messen, bewerten wir uns und andere?).

Neben der Beachtung der **zeitlichen Dimension** (*wir wollen dauerhafte / langfristige / erstklassige / verlässliche etc. Beziehungen zu unseren Kunden / Liefe-*

---

[15] In der folgenden Aussage werden Leistungen des Unternehmens an seine Mitarbeiter nicht als "Zuckerl" für die Mitarbeiter expliziert, sondern als sondern als Mittel zum Zweck der Verbesserung der Mitarbeiterperformance (und damit letztlich der Unternehmensperformance): *Ganzheitliches, unternehmerisches Denken, Leistungsorientierung und Teamarbeit sowie Kundennähe und Service werden durch Weiterbildung und Mitarbeiterförderung unterstützt.*

ranten / Partnern etc.) ist stets auch auf die **Gewichtung** der Aussagen zu achten, die Bedeutung, die ihnen durch den Leitbildtext beigemessen wird. Dies wird durch bestimmte Formulierungen oder Phrasen wie Prioritätensetzungen zum Ausdruck gebracht (z.b. *Priorität hat für uns ..., wir räumen ... den Vorrang ein, wir fühlen uns ... verpflichtet / bekennen uns zu einer ....*).

2 Entwurf einer Normalitätsfolie – Identifizierung typischer Diskursstränge (Kernthemen)

Nach der in der ersten Analysephase durchgeführten Extrahierung der relevanten Themen bzw. Themenfelder, die in Unternehmensleitbildern zur Sprache kommen, wurde ein Korpus von 30 österreichischen Leitbildtexten einer detaillierteren Analyse unterzogen. Gegenstand der Analyse ist die Extrahierung typischer formaler wie inhaltlicher Charakteristika von Leitbildthemata mit dem Ziel, auf Basis identifizierter typischer Muster (Patterns, Templates) eine Normalitätsfolie zu entwickeln. Diese im Zuge der Vertextlichung realisierten inhaltlichen wie formalen Standards stellen eine konventionalisierte Interpretation der Realität dar, der Annahmen, Konzepte und Theorien über die Organisation, die Umwelt, die Akteure und die Beziehungen der Elemente zugrunde liegen. Ihre Extrahierung ist daher ein weiterer Schritt zur Herausarbeitung dieser impliziten Theorien.

An die Frage: *Was kommt denn in diesen Texten überhaupt zur Sprache?* knüpfte sich somit als nächste Frage: *Was kommt denn typischerweise in diesen Texten zur Sprache?*

Während die erste Fragestellung nach den tatsächlich aufgenommenen Themen fragt und damit eine erste Differenz – Gesagtes/Nichtgesagtes – zu schaffen vermag, zielt die zweite Fragestellung auf den Stellenwert innerhalb des Leitbild-Genres (unter der Annahme, dass ein solches existiert) und gewichtet die

Themen – im ersten Schritt nach der Häufigkeit des Auftretens und formalen Betonungen.

2.1   Untersuchungsablauf der zweiten Analysephase

Während die Inhaltsanalyse der Rekonstruktion von Aussagen und Aussagengruppen zu einem Objekt dient, besteht das Ziel der zweiten Untersuchungsphase in der Rekonstruktion von Standards im Sinne konventionalisierter Sprachformen, mittels derer ein Objekt qualifiziert und durch einen Text vermittelt wird.

In einem ersten Schritt wurden die Leitbildtexte anhand der Sachsystematik, die die für Konstruktion und Vermittlung eines Unternehmensleitbildes (typischerweise) herangezogenen Sach- und Handlungsbereiche beinhaltet, inklusive der thematisierten Protagonisten (Akteure) analysiert. Häufigkeit kann auf Zentralität hinweisen: "Due to a place it occupies in the representation, a central element has all the chances of being very much present in the discourses and verbalizations concerning the object of the representation. The frequency of appearance of a term – its salience – is an important indicator of centrality, provided that such measure is complemented with more qualitative information" (Abric 2001:46). Auf Basis einer Themenfrequenz und -relevanzanalyse wurden daher zunächst Standardthemen von Zusatzthemen differenziert und danach zentrale von peripheren Themen unterschieden. Aufgrund dieser Abgrenzungen konnte der Konventionalisierungsgrad einzelner Themen im Textkorpus herausgearbeitet und eine Normalitätsfolie entworfen werden, die die häufigsten und auf Basis formaler Kriterien relevantesten Leitbildthemen widerspiegelt. Durch die systematische Erfassung der Themenpositionierung wurde zudem ein typisiertes Themenablaufmuster (re)konstruiert, das – ähnlich einem Skript – den untersuchten Texten mehrheitlich zugrunde liegt.

In einem weiteren Schritt wurden Qualifizierungs- oder Bewertungsthemen der Texte identifiziert bzw. analysiert und anhand von Wertdimensionen systematisiert (Kapitel 2.4.4). Im Zuge der Vertextlichung qualifizieren und kategorisieren Unternehmensleitbilder die spezifische soziale Wirklichkeit eines Unternehmens, seiner Ziele und Aktivitäten, seiner internen Organisation und ihrer Akteure sowie seiner Beziehungen zur äußeren Umwelt und ihrer Akteure. Die Texte bilden aber keinesfalls (organisationale) Realität ab, sondern sind in materialen Äußerungen objektivierte Wirklichkeit (Lueger 2001:348): "[The materials] are 'social facts', in that they are produced, shared and used in socially organized ways. They are not, however, transparent representations of organizational routines, decision-making processes or professional diagnoses. They construct particular kinds of representation with their own conventions" (Atkinson/Coffey 1997:47). Diese kontextspezifischen Wertsysteme rekurrieren aber sowohl auf Schemata eines weiteren kulturellen Kontextes als auch – auf einer tieferen Ebene – auf universelle Basisschemata (z.B. gut/böse). Die Systematik der Wertdimensionen erfasst und ordnet qualifizierende oder bewertende Themen bzw. Aussagen nach diesen allgemeinen Dimensionen, um durch die Herausarbeitung der zentralen Wertdimensionen typische Muster (Patterns, Templates) in Leitbildtexten zu identifizieren. Die Ergebnisse wurden ebenfalls in die Normalitätsfolie integriert.

Der dritte Schritt einer differenzierteren Untersuchung der einzelnen Topiken diente der Analyse der Themengestaltung, also der Art und Weise der Vertextlichung der Themen der Sach- und Akteurssystematik unter Einbeziehung qualifizierender und bewertender Aspekte (Wertdimensionen). Für diese Analyse war im Rahmen der Akteursthemen die relationale Dimension von besonderer Bedeutung, während die Sachtopiken insbesondere im Lichte der explizierten Handlungsdimension (Handlungsziel, -mittel oder -zweck etc.) untersucht wurden.

Eine komprimierte und kommentierte Darstellung des so entwickelten 'typischen' Unternehmensleitbildes schließt die Untersuchung ab.

2.2   Typenbildung in der qualitativen Sozialforschung

Die z.T. divergierenden und konkurrierenden methodischen und methodologischen Ansätze der qualitativen Sozialforschung stellen auch unterschiedliche Ansprüche an die Verallgemeinerbarkeit der Forschungsergebnisse: von detailgenauer Deskription und "dichter Beschreibung" nach Geertz über empirisch begründete Theoriegenerierung, wie sie im Rahmen der Grounded Theory vertreten wird (z.b. Glaser/Strauss 1967; Strauss/Corbin 1990; Strauss 1994), bis hin zur Rekonstruktion der objektiven Sinnstrukturen Oevermanns (z.b. Oevermann et al 1979; Oevermann 1995; Reichertz 1997) (Kelle/Kluge 1999:9).

Verfahren des Fallvergleiches, der Fallkontrastierung und der Typenbildung spielen in jedem Falle eine bedeutende Rolle und können   sowohl eine deskriptive als auch hypothesengenerierende Funktion im Forschungsprozess haben (Kelle/Kluge 1999:9). In deskriptiver Hinsicht liegt ihre Stärke in der Komplexitätsreduktion durch Hervorhebung der charakteristischen Merkmale – des Typischen – eines Bereiches ebenso wie in der Darstellung der Breite und Vielfalt durch Typen und Typololgien.   Dadurch wird ein Erkennen der Zusammenhänge erleichtert. Für die Erforschung bzw. Erklärung der inhaltlichen Zusammenhänge leisten Typologien als "Heuristiken der Theoriebildung" einen Beitrag, indem sie die zentralen Ähnlichkeiten und Unterschiede im Datenmaterial deutlich machen und damit Hypothesen über allgemeine kausale Beziehungen und Sinnzusammenhänge anregen (Kelle/Kluge 1999:9).

Voraussetzung für eine valide und methodisch kontrollierte Beschreibung und Erklärung sozialer Strukturen im Sinne der hypothesengenerierenden Funktion von Typologien sind Vergleich und Kontrastierung von Fällen (Kelle/Kluge 1999:9f). Eine strikt einzelfallorientierte Methodologie würde nur unter der Prämisse vollständiger Determinierung zu gültigen Aussagen führen, oder aber zur Trennung von strukturellen und zufälligen Aspekten die Geltung bestimmter Strukturgesetze a priori anerkennen (Stegmüller 1975: Zirkel des Verstehens). Bei einem derartigen subsumtionslogischen Vorgehen wäre die Entdeckung sozialer Phänomene der Illustration von Vorannahmen durch Datenbeispiele gewichen (Kelle/Kluge 1999:10).

Gruppierungen – und im Grunde sind das Typologien – erfolgen auf der Grundlage bestimmter Merkmale. Die Differenzierungsmerkmale sind grundsätzlich unendlich – verschiedene Perspektiven führen zu unterschiedlichen Gruppierungen und Typologien (Kelle/Kluge 1999:11). Lueger (2001) warnt in diesem Zusammenhang vor einer letztlich implizit der primär quantitativ orientierten Methodologie verhafteten Fokussierung von Merkmalskombinationen, wie sie u.a. von Kluge (1999) und Kelle/Kluge (1999) vertreten wird. Da der Idealtypus den Gegenstandsbereich genetisch als strukturiertes Geschehen konstruiert, sind quantitative Häufungen von Merkmalskombinationen für die idealisierende Typenbildung grundsätzlich irrelevant, da sie keinen Sinnzusammenhang abbilden (Lueger 2001:228). Interpretative Sozialforschung fokussiert das Verständnis von Sinnstrukturierungen, nicht aber das phänomenologische Zusammentreffen spezifischer Merkmale, welche als deskriptive Komponente nur eine Vorstufe interpretativer Typenbildung bilden (Lueger 2001:378).

Im Sinne einer solchen Vorstufe wurden zur Extrahierung eines "typischen" Leitbildes – einer Normalitätsfolie – in einer einfachen komparativen Untersuchung zunächst Themenfrequenz und Themenrelevanz aufgrund von Formalkriterien verglichen. Anschließend wurden in einer detaillierten Textanalyse die Vertextlichungsstrategien der unterschiedlichen Themen und die inhärenten Beziehungs- und Handlungsrelevanzen untersucht, um so die Sinnstrukturen der typischerweise aktivierten Interpretationsrepertoires zu entschlüsseln.

2.3   Darstellung des Untersuchungsmaterials[16]

Genres als Klassifikationskriterien sind wie bereits in Teil I beschrieben niemals homogen oder klar abgrenzbar (Czarniawska-Joerges 1994:198), sondern haben als prototypische Größen "ein Zentrum mit besonders klaren 'reichen' Exemplaren und eine Peripherie mit mehr oder weniger fragwürdigen, 'armen' Ex-

---

[16] Im Folgenden werden immer wieder Textbeispiele gegeben. Um die den Unternehmen zugesicherte Anonymität zu wahren, wurden die Unternehmensnamen durch Codes (#1, #2 etc.) ersetzt.

emplaren" (Sitta 1995:812, zitiert in Ebert 1997:29) und unterliegen aufgrund des dialektischen Prozesses mit ihrer Umwelt im Zuge der Produktion und Reproduktion laufender Veränderung. Aus den Leitbildern (bzw. leitbildähnlichen Dokumenten) österreichischer Unternehmen wurde unter Berücksichtung des Prinzips der maximalen strukturellen Variation (z.b. Lueger 2001:451f; Froschauer/Lueger 1992:39) ein Korpus von 30 Leitbildtexten zusammengestellt (zum theoretical sampling vgl. z.b. Strauss/Corbin 1990:176ff; Merkens 2000:295ff), das eine möglichst ausgewogene Mischung im Hinblick auf die nachfolgend beschriebenen Charakteristika repräsentiert und es erlaubt, die zu extrahierende Schnittmenge als 'typisch' oder 'common' zu charakterisieren.

Untersuchungskorpus	Absolut (n = 30)	In Prozent
Sektoren		
Industrie	16	54,33 %
Handel	7	23,33 %
Dienstleistung	7	23,33 %
Erscheinungsform		
Eigenständige Leitbilddokumente	19	63,33 %
In andere Dokumente integrierte Leitbildtexte	11	36,67 %
Kopiert	9	30,00 %
Einfacher Druck (schwarz/weiß)	16	53,33 %
Färbiger Druck	5	16,67 %
Normalpapier	20	66,67 %
Kartonierte Qualität	9	30,00 %
Hochglanz	1	3,33 %
Seitenumfang		
1-seitig	10	33,33 %
2 – 9-seitig	12	40,00 %
10-seitig und länger	8	26,67 %
Bezeichnung (Titel) der Dokumente		
(Unternehmens-)Leitbild	17	56,67 %
(Unternehmens-)Grundsätze, Leitsätze, Leitlinien	9	30,00 %
Qualitätspolitik (-richtlinien, -leitlinien)	2	6,67 %
(Unternehmens-)Philosophie	1	3,33 %
(Unternehmens-)Politik	1	3,33 %

Abbildung 12: Merkmale des Untersuchungskorpus

Das untersuchte Korpus setzt sich aus den Sektoren Industrie (16), Handel (7) und Dienstleistung (7) zusammen und repräsentiert einen Mix aus mehr als 10 unterschiedlichen Branchen[17]. Hinsichtlich der Erscheinungsform stellen die aus Jahresberichten und Firmenbroschüren entnommenen Leitbilder ebenso wie ein Teil der unter 'Einzelblätter' zusammengefassten Texte keine eigenständigen, sondern im Rahmen anderer Dokumente veröffentlichte Leitbilder dar, sodass sowohl eigenständige (19) wie integrierte (11) Leitbildtexte repräsentiert sind. Ein knappes Drittel der Dokumente wurde in kopierter Form übermittelt, von den verbleibenden 70% sind 16 einfach (weiß) und 5 färbig bedruckt. Hinsichtlich der Papierqualität benutzt die Mehrheit Normalpapier (67%), kartonierte Qualität kommt in 30% der Dokumente vor, während nur ein Hochglanzdokument im Korpus vertreten ist. Auf Umweltschutzpapier ist keiner der Texte gedruckt. Ein Drittel der Dokumente sind einseitig, 40% haben zwischen 2 und 9 Seiten und der Rest mehr als 10 Seiten. Die Verteilung des Untersuchungskorpus entspricht damit ungefähr der Verteilung der gesamten österreichischen Dokumente (1-seitige = 31,88% / 2-9-seitige = 44,93% / mehr als 10-seitige = 23,19%).

Titel oder Überschrift kategorisieren ein Dokument und erzeugen dadurch eine Erwartungshaltung beim Rezipienten, die umso stärker und konkreter sein wird, je konventionalisierter das dahinter liegende Konzept – in der ausdifferenziertesten Form: Textsorte oder Genre – ist. Durch Textsortenwissen als eine Form sozialer Repräsentation wird für Textproduzenten wie Rezipienten die Orientierung in der Kommunikationssituation erleichtert, da das 'Wozu' bekannt ist und ein typischer Einsatz von sprachlichen Mitteln und kommunikativen Verfahrensweisen erwartet wird (Hoffmann 1992:138f, zitiert in Ebert 1997:29).

Zumindest was die Begrifflichkeit im Zusammenhang mit Unternehmensleitbildern betrifft, ist weder in Literatur noch Praxis Übereinstimmung zu finden. Vision, Unternehmensphilosophie, Unternehmensgrundsätze, Unternehmensmission, Unternehmensleitsätze, Unternehmensprofil, Unternehmensverfassung

---

[17] Chemie / Pharma / Kunststoff (4), Energie (4), Nahrungs- / Genussmittel (4), Bau / Baustoffe (3), Auto / Kfz (2), Holz / Einrichtung (2), Papier (2), Anlagen- / Maschinenbau (1), EDV (1), Elektro / Elektronik (1), Metall (1), Mineralöl (1), Transport (1), Diverses (3).

etc. werden sowohl als Synonyme als auch als von Leitbildern abzugrenzende Konzepte gefasst (vgl. Teil I: 1.1). Auch die in dieser Untersuchung als "Leitbilder" bezeichneten Dokumente sind unterschiedlich übertitelt, wobei die unter gleichen Überschriften artikulierten Inhalte oft unterschiedlicher Natur sind und umgekehrt Texte mit unterschiedlichen Überschriften inhaltliche Deckungsgleichheit aufweisen können.

Das Korpus besteht im Sinne der maximalen Variation durch Einbeziehung von – anzunehmenderweise – zentralen und peripheren Exemplaren aus 17 mit (Unternehmens-) Leitbild übertitelten Dokumenten, 9 als Grundsätze, Leitsätze oder (Unternehmens-) Leitlinien bezeichneten Texten, 2 Qualitätspolitik (-richtlinie, -leitlinie) genannten Beispielen und je einer (Unternehmens-) Philosophie und (Unternehmens-) Politik.

2.4   Komparative Analyse der Situationsthemen

In einem ersten Schritt wurden die Sach- und Akteursthemen einer einfachen komparativen Analyse unterzogen, wobei die im Zuge der Pilotstudie empirisch entwickelten Themenfelder[18] als eine Art offenes Kategorienschema zugrunde gelegt wurden[19]. Im Zuge der Darstellung der Ergebnisse der Themenfrequenzanalyse werden die einzelnen Themengruppen bzw. Themen kurz beschrieben. Die Ergebnisse der Themen-Frequenzanalyse und der anschließend dargestellten Themen-Relevanzanalyse wurden in den Entwurf einer Normalitätsfolie integriert.

---

[18] Die Systematik bedient sich teilweise in der Betriebswirtschaft üblicher Ordnungs- bzw. Systematisierungskriterien, wobei die einzelnen Themen jedoch empirisch entwickelt sind und trotz manchmal gleich lautender Bezeichnungen nicht mit gängigen betriebswirtschaftlichen Konzepten zu verwechseln sind.
[19] Zugrunde gelegt bedeutet, dass alle dort erfassten Themen berücksichtigt wurden, wodurch z.B. einzelne der Themen im Untersuchungskorpus gar nicht oder nur marginal vorkommen könnten. Offen weist darauf hin, dass Aussagen, die in die Systematik nicht integrierbar sind, weil sie ein neues Thema ansprechen, diese erweiterten und – falls notwendig - modifizierten. Die zur Darstellung gebrachten Systematiken sind das (vorläufige) Endprodukt der gesamten Untersuchung.

2.4.1   Themen – Frequenzanalyse[20]

Ein erster Überblick über die Themengruppen zeigt eine durchgehend häufige Nennung aller erfassten Bereiche (vgl. Abbildung 13). Alle Dokumente nehmen Bezug auf ihre Umwelt und führen einen oder mehrere Akteure ein, machen mehrheitlich Aussagen zu ihrer Organisation, ihren handlungsrelevanten Bereichen der Leistungserstellung und zu den Produkten bzw. Leistungen selbst. Auf Themengruppenebene sind die untersuchten Dokumente also hochgradig deckungsgleich. Bei den wenigen Abweichungen (Texte, die einzelne Themenbereiche aussparen) handelt es sich fast durchwegs um Mischdokumente, die die ausgesparten Bereiche unter anderen Überschriften abhandeln.

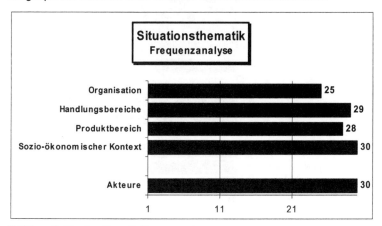

Abbildung 13: Situationsthematik. Frequenzanalyse

Dass die empirisch entwickelten Themengruppen, die als allgemein gehaltene Gruppierungen den Überblick erleichtern sollen (man könnte die Themenfelder auch nach anderen Gesichtspunkten zusammenfassen), auch für das untersuchte Korpus von hoher Relevanz sind, ist weder überraschend noch sonderlich spannend. Interessanter wird es bei Aufsplittung der Themenblöcke, wodurch das sehr unterschiedliche Vorkommen der einzelnen Themen oder Themenbereiche deutlich wird. Jede Themengruppe scheint 'typische' Themen aufzuweisen, im Gegensatz zu eher als untypisch zu klassifizierenden Inhalten (vgl. Abbildung 14).

---

[20] Unter Frequenzanalysen sind einfache Häufigkeitsstatistiken zu verstehen.

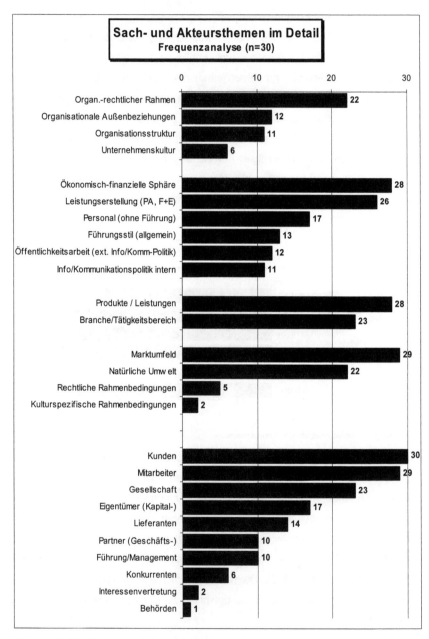

Sach- und Akteursthemen im Detail
Frequenzanalyse (n=30)

Organ.-rechtlicher Rahmen	22
Organisationale Außenbeziehungen	12
Organisationsstruktur	11
Unternehmenskultur	6
Ökonomisch-finanzielle Sphäre	28
Leistungserstellung (PA, F+E)	26
Personal (ohne Führung)	17
Führungsstil (allgemein)	13
Öffentlichkeitsarbeit (ext. Info/Komm-Politik)	12
Info/Kommunikationspolitik intern	11
Produkte / Leistungen	28
Branche/Tätigkeitsbereich	23
Marktumfeld	29
Natürliche Umwelt	22
Rechtliche Rahmenbedingungen	5
Kulturspezifische Rahmenbedingungen	2
Kunden	30
Mitarbeiter	29
Gesellschaft	23
Eigentümer (Kapital-)	17
Lieferanten	14
Partner (Geschäfts-)	10
Führung/Management	10
Konkurrenten	6
Interessenvertretung	2
Behörden	1

Abbildung 14: Situationssystematik im Detail. Frequenzanalyse

Aufgrund der Häufigkeiten kann nun eine erste Differenz gebildet werden: die Unterscheidung von **Standardthemen und Zusatzthemen.** Wie Abbildung 14 veranschaulicht bildet die 2/3 Mehrheit eine Art "natürliche Grenze" innerhalb der einzelnen Themenbereiche, sodass die klar über der Marke liegenden Themen als typisch für dieses Korpus qualifiziert werden können – sie werden als Standardthemen klassifiziert –, während die Zusatzthemen diesem Kriterium nicht gerecht werden (vgl. Abbildung 22:170).

Die Tatsache, dass ein Thema häufig in Leitbildern vorkommt, gibt aber noch keinen Hinweis auf Bedeutung des Themas innerhalb des einzelnen Unternehmensleitbildes, da es sich um eine Erwähnung in einem Nebensatz ebenso handeln kann wie die ausführliche Behandlung in einem eigenen Abschnitt. Um die relative Bedeutung oder Zentralität eines Themas oder Themenbereiches zu ermitteln, müssen daher andere Kriterien angelegt werden. Einen ersten Hinweis kann die Analyse formaler Betonungsformen geben, wie sie im Rahmen der nachfolgend beschriebenen Relevanzanalyse durchgeführt wurde.

2.4.2 Themen – Relevanzanalyse

Um dem Leser die relative Wichtigkeit eines Themas zu vermitteln, stehen dem Textproduzenten unterschiedliche Möglichkeiten der formalen Betonung zur Verfügung. Die folgenden Kriterien zur Relevanzanalyse wurden im Rahmen dieser Untersuchung angelegt, wobei die Differenzierungskriterien immer vor dem Hintergrund der jeweiligen Differenzierungsstrategien des konkreten Textes beurteilt wurden:

- die relative Breite des Themas: Wortfrequenzanalyse
- die relative Exponiertheit des Themas: Betonungsfrequenzanalyse
- die relative Positionierung des Themas: Themenablaufanalyse.

Während die ersten beiden Kriterien zur Differenzierung zwischen zentralen und peripheren Themen dienen, kann die Themenablaufanalyse einen Hinweis auf typische sequenzielle Muster geben (was ebenfalls im Zusammenhang mit Zentralitätsüberlegungen zu sehen ist, da sehr wichtige Themen vermutlich eher früher als später zur Sprache kommen).

2.4.2.1 Die relative Breite des Themas: Wortfrequenzanalyse

Das erste Vergleichskriterium ist die räumliche Breite, die die einzelnen Themen in den Dokumenten einnehmen, wobei die relative Breite auf zwei verschiedene Arten verglichen wird:

a) Wortfrequenzanalyse auf Basis von Durchschnittsbildung: Ermittelt wird die durchschnittliche Breite, die einem Thema im gesamten Korpus gewidmet ist. Basis ist die Summe aller Worte des Korpus in Relation zu den diesem Thema gewidmeten Worten.

b) Wortfrequenzanalyse auf Basis von Themengruppen: Diese Werte spiegeln die Worte, die dem Thema gewidmet sind, in Relation zum gesamten Text des konkreten Dokumentes wider. Kommt ein Thema beispielsweise in einem Satz vor, werden die Worte des Satzes gezählt. Natürlich können in einem Satz mehrere Themen angesprochen werden, ebenso wie in einem Absatz oder Abschnitt (oder Teilen davon) [21]. Der so ermittelte Wert dient der Einordnung in eine der folgenden Gruppen:

Kommt nicht vor	Das Thema kommt nicht vor.
Marginal	Das Thema kommt vor, der ermittelte Wert liegt unter dem Mittelwert (=der durchschnittliche Wert pro Thema im konkreten Dokument).
Umfangreich	Das Thema kommt vor, der ermittelte Wert liegt über dem Mittelwert (=der durchschnittliche Wert pro Thema im konkreten Dokument).
Dominant	Der ermittelte Wert ist größer als 20%. Diese Kategorie soll auf besonders breit ausgeführte Themen aufmerksam machen bzw. die "Spitze" noch einmal gesondert ausweisen (Signalfunktion), wird aber wegen ihrer relativen Willkürlichkeit nicht zu Klassifizierungszwecken bei Bildung Normalitätsfolie herangezogen. Der Richtwert wurde anhand folgender Überlegungen festgesetzt: Angesprochene Themen im Korpus: 408. Durchschnittliche Themen/Text: 14. 76 der 408 Themen überschreiten die 20% Marke, das sind im Durchschnitt 2,5 Themen / Text (bzw. 2,5 von 14 = knappe 19%). Eine Erhöhung auf 25% hätte nur mehr 1,5 Themen im Schnitt (bzw. etwa 10%) erfasst und bei Durchschnittsbildung überhaupt kein dominantes Thema ausgewiesen (vgl. Abbildung 15).

[21] Da in einer Textstelle mehrere Themen zur Sprache kommen können, sind Mehrfachzählungen nicht nur möglich, sondern sogar üblich – eine Summierung der Prozentwerte ist daher aussagelos. Aufgrund der Mehrfachkodierung kann annäherungsweise eine interessante Richtzahl über die Themendichte ermittelt werden. Wenn die gesamten Worte, die den unterschiedlichen Themen zugeordnet wurden, addiert werden (ganze Passagen wurden mehreren Themen zugeordnet und werden daher mehrfach gezählt) und diese in Relation zu der Summe der Worte der gesamten Texte setzt, erhält man eine Richtzahl über die Themendichte der Texte. Der ermittelte Richtwert von 169% legt nahe, dass in einem Textabschnitt durchschnittlich 1,5 Themen behandelt werden. Trennt man Sachthemen und Akteursthemen, erhält man 105% bei den Sachtopiken und einen Wert von 64% bei den Akteuren.

In Abbildung 15 sind die Ergebnisse der Wortfrequenzanalyse nach beiden Verfahren dargestellt. Sofort ins Auge fallen z.b. die großen Differenzen bei der Akteursgruppe Eigentümer und dem Sachthema Unternehmenskultur, die im Zuge einer detaillierten Analyse der Dokumente zu hinterfragen sein werden (vgl. Kapitel 3:181).

Themen	Wortfrequenz pro Thema in Relation zu den gesamten Worten des Korpus			Durchschnittliche Wortfrequenz pro Thema*)		
	Basis: 13465 Worte		in %	Basis (Dokumente)		in % (kfm. gerundet)
Mitarbeiter	2853	++	21,19 %	29	++	21,69 %
Marktumfeld	2554	+	18,97 %	29	++	23,43 %
Kunden	2291	+	17,01 %	30	+	17,92 %
Leistungserstellung (PA,F+ E)	1966	+	14,60 %	26	+	16,61 %
Produkte/Leistungen	1943	+	14,43 %	28	+	15,35 %
Gesellschaft	1328	+	9,86 %	23	+	12,60 %
Ökonomisch-finanzielle Sphäre	1140	+	8,47 %	28	+	11,36 %
Natürliche Umwelt	1116	+	8,29 %	22	+	11,67 %
Branche/Tätigkeitsbereich	1029	+	7,64 %	23	+	12,23 %
Organ.-rechtlicher Rahmen	929	+	6,90 %	22	+	10,42 %
Personal	723		5,37 %	17		6,77 %
Eigentümer (Kapital-)	595		4,42 %	17	+	10,65 %
Organisationsstruktur	595		4,42%	11		8,84 %
Lieferanten	538		4,00 %	14		6,82 %
Führung/Management	517		3,84 %	10		8,41 %
Unternehmenskultur	425		3,16 %	6	+	10,56 %
Organ. Außenbeziehungen	406		3,02 %	12		6,24 %
Partner (Geschäfts-)	375		2,78 %	10		6,47 %
Führung	368		2,73 %	13		5,89 %
Öffentlichkeitsarbeit	341		2,53 %	12		5,94 %
Info/Komm.-Politik (intern)	245		1,82 %	11		4,83 %
Rechtliche Rahmenbedingungen	168		1,25 %	5		6,13 %
Konkurrenten	120		0,89 %	6		6,20 %
Kulturspez. Rahmenbeding.	116		0,86 %	2		5,86 %
Interessenvertretung	47		0,35 %	2		2,96 %
Maximum	2853		21,19 %	30		23,43 %
Durchschnitt			6,75 %			10,23 %

*) Die Worte/Thema wurden in Relation zu den Worten/Dokument gesetzt. Daraus wurde der Durchschnitt auf Basis der das Thema aufgreifenden Dokumente gebildet.

++ = dominante Themen, + = überdurchschnittlich ausgeführte Themen.

Abbildung 15: Ergebnisse der Wortfrequenzanalyse

Die auf Basis der Durchschnittswertbildung durchgeführte Wortfrequenzanalyse ist in Abbildung 16 dargestellt. Die Häufigkeit der Nennung und die Breite der

Themen variieren zum Teil beträchtlich. Im Bereich der Organisationsthematik fällt dies insbesondere beim Organisatorisch-rechtlichen Rahmen ins Auge, der zwar sehr häufig thematisiert aber nur kurz behandelt wird. Ähnlich ist in der Themengruppe Handlungsbereiche hinsichtlich der Häufigkeit die Ökonomisch-finanzielle Sphäre führend, der aber mit durchschnittlich 8,47% deutlich keine Spitzenposition hinsichtlich der Breite der Ausführungen zukommt. Ähnlich gelagert sind die Themen Branche/Tätigkeitsfeld und Natürliche Umwelt.

Eine beide Ebenen (Häufigkeit und Themenbreite) integrierende Darstellung wird durch Kategorienbildung möglich (vgl. Abbildung 17). Diese Darstellungsform berücksichtigt die relative Breite eines Themas innerhalb des konkreten Dokumentes und gibt damit einen Hinweis auf die Streuung. Auffälligkeiten wie die ungewöhnliche Breite von Aussagen zur Akteursgruppe der Konkurrenten in einem Text sind im Rahmen der Detailanalyse zu berücksichtigen bzw. zu interpretieren (vgl. Kapitel 3:181). Auch an den Mitarbeitern, die nicht nur in 90% der Dokumente in Erscheinung treten, sondern in mehr als 50% in dominantem Ausmaß Raum einnehmen, wird die Brauchbarkeit der Dominanzkategorie als "Signal" für Besonderheiten deutlich.

Wie einleitend zur Relevanzanalyse bereits erwähnt, ist die räumliche Breite der Themen eines der Kriterien zur Differenzierung zwischen zentralen und peripheren Themen. Mit Hilfe einer Kombination von einfacher Durchschnittsbildung auf Gesamtwortbasis und Kategorienbildung sollen (a) Ausreißer nicht so stark durchschlagen bzw. können (b) extreme Fälle einfach identifiziert und bei der Interpretation berücksichtigt werden. Es werden daher folgende Kriterien formuliert, wobei das Zutreffen eines einzigen das Thema als zentral qualifiziert:

1. Die durchschnittliche Wortfrequenz (bezogen auf sämtliche Dokumente) ist größer als 10%. (Dieser Wert bietet sich wiederum als eine Art "natürliche Grenze" an, da die Werte der darüber liegenden Themen deutlich über 14% liegen, womit sich an dieser Stelle ein relativ großer "gap" ergibt; vgl. auch Abbildung 16).

2. Themen, die in mehr als 50% der Dokumente überdurchschnittlich breit (Kategorie 2 und 3) ausgeführt werden.

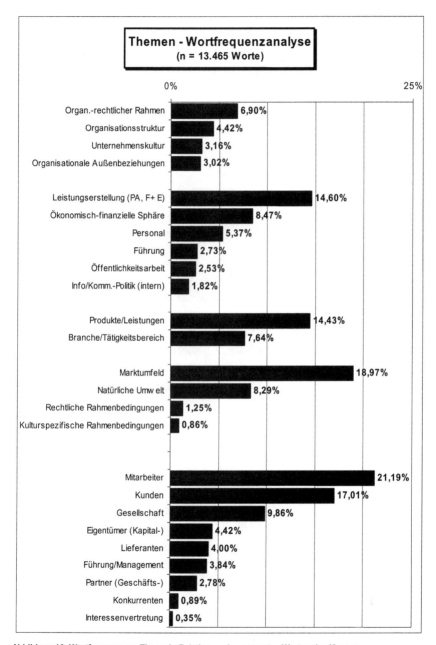

Themen - Wortfrequenzanalyse
(n = 13.465 Worte)

0%　　　　　　　　　　　　　　25%

Thema	%
Organ.-rechtlicher Rahmen	6,90%
Organisationsstruktur	4,42%
Unternehmenskultur	3,16%
Organisationale Außenbeziehungen	3,02%
Leistungserstellung (PA, F+ E)	14,60%
Ökonomisch-finanzielle Sphäre	8,47%
Personal	5,37%
Führung	2,73%
Öffentlichkeitsarbeit	2,53%
Info/Komm.-Politik (intern)	1,82%
Produkte/Leistungen	14,43%
Branche/Tätigkeitsbereich	7,64%
Marktumfeld	18,97%
Natürliche Umwelt	8,29%
Rechtliche Rahmenbedingungen	1,25%
Kulturspezifische Rahmenbedingungen	0,86%
Mitarbeiter	21,19%
Kunden	17,01%
Gesellschaft	9,86%
Eigentümer (Kapital-)	4,42%
Lieferanten	4,00%
Führung/Management	3,84%
Partner (Geschäfts-)	2,78%
Konkurrenten	0,89%
Interessenvertretung	0,35%

Abbildung 16: Wortfrequenz pro Thema in Relation zu den gesamten Worten des Korpus.

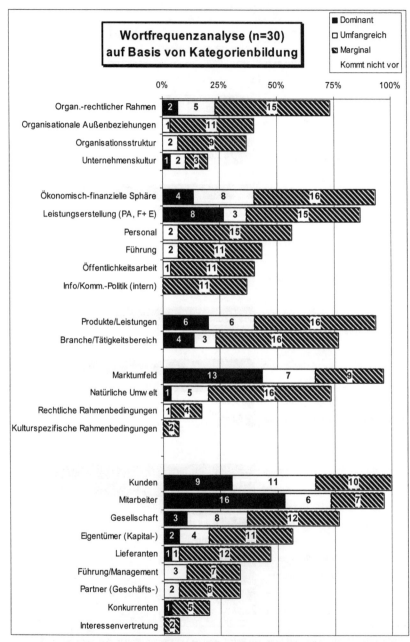

Abbildung 17: Wortfrequenzanalyse auf Basis von Themengruppenbildung

2.4.2.2 Die relative Exponiertheit des Themas: Betonungsfrequenzanalyse

Dieses Kriterium erfasst die Relevanz eines Themas nach betonenden Merk-malen (unabhängig von der Ausdehnung) mit dem Ziel, die offensichtlichen Hauptthemen eines Absatzes oder Abschnittes zu identifizieren. Hier interessiert die Frage, welche Themen besonders betont oder unterstrichen werden. Die häufigste Strategie zur Hervorhebung eines Themas ist der Einsatz von Überschriften, weniger oft verwendet werden Unterstreichungen, Fettdruck und Ähnliches. Auch wenn in einem Dokument keine derartigen formalen Hervor-hebungen verwendet werden, sind die Texte doch immer strukturiert. Zumindest Absätze werden in jedem Dokument gemacht und weisen auf Themenabgren-zungen hin. Innerhalb dieser thematischen Einheiten kann dann über die sprachliche Ausgestaltung auf zentrale Themen der Einheit geschlossen werden. War die Identifizierung vom Hauptthema (oder mehreren Hauptthemen) nicht möglich, wurde für diesen Textabschnitt eben keines bestimmt. Gezählt wurde, in wie vielen Dokumenten einem Thema mittels der genannten Kriterien ein besonderer Status verliehen wurde.

Auch hinsichtlich der der formalen Betonung durch Überschriften oder sonstige Formen der Hervorhebung kann die Bedeutung der Themen Mitarbeiter und Marktumfeld festgestellt werden (vgl. Abbildung 18). Während die Kunden in allen Texten zur Sprache kommen, finden sie nur in etwas mehr als der Hälfte durch eine Überschrift oder ein Äquivalent Betonung. Hingegen wird in 60% der Unternehmen die Gesellschaft nicht nur thematisiert, sondern auch durch eine Überschrift betont.

Folgende Themen kommen nie oder höchstens einmal in Überschriften oder for-malen Äquivalenten vor; dabei handelt es sich durchwegs um selten behandelte Themen bzw. solche, denen nur in sehr geringem Umfang Raum gewidmet wird: *Informations-/Kommunikationspolitik intern, Personal (ohne Führung)*[22], *Partner*

---

[22] Das steht durchaus nicht im Widerspruch zur prominenten Präsenz der Mitarbeiter. Personal(wesen) als unternehmerischer Handlungsbereich kommt zwar vor (und, wie sich zeigen wird, in erster Linie im Zusammenhang mit den Mitarbeitern), aber für sich genommen wird das Thema nur kurz behandelt und nicht besonders betont – es gehört eindeutig nicht zu den Haupt-themen von Unternehmensleitbildern.

(Geschäfts-), Rechtliche Rahmenbedingungen, Organisationale Außenbeziehungen, Fremdkapitalgeber, Behörden, Interessenvertretung, Kulturspezifische Rahmenbedingungen.

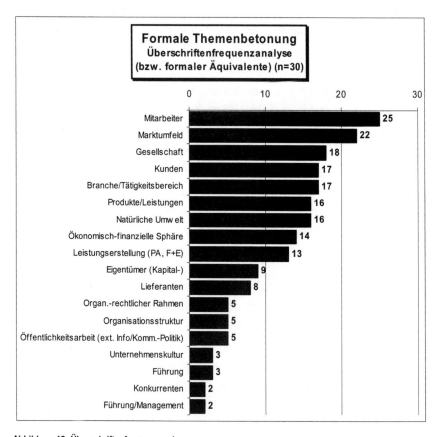

Abbildung 18: Überschriftenfrequenzanalyse

Die Themenbetonung durch Überschriften oder formale Äquivalente wird neben den beiden Kriterien im Zusammenhang mit der Themenbreite als drittes zur Identifizierung zentraler Themen (im Gegensatz zu peripheren) herangezogen:

3. Ein Thema gilt als zentral, wenn es in mehr als 50% der Dokumente des Korpus durch eine Überschrift (bzw. ein formales Äquivalent) betont wird.

2.4.2.3 Die relative Positionierung des Themas: Themenablaufanalyse

Im Zusammenhang mit der sequenziellen Themenabfolge sind grundsätzlich zwei Aspekte interessant. Zum einen kann die Positionierung eines Themas einen Hinweis auf seine Wichtigkeit geben. Die erstmalige Erwähnung im letzten Absatz deutet zunächst nicht unbedingt auf eine zentrale Bedeutung hin. Es ist allerdings nicht auszuschließen, dass über den gesamten Text ein Bogen gespannt wird, der das zentrale Thema konsequent ansteuert und erst als finalen Höhepunkt explizit benennt. Die Bewertung der Position eines Themas ist also nur im Gesamtzusammenhang der Entwicklung und Verschränkung der Themen des konkreten Textes zu beurteilen, also im Rahmen des Plots.

Genres als institutionalisierte Kommunikationsformen – und als solche werden Leitbilder im Rahmen dieser Untersuchung begriffen (vgl. Teil I: 2) – zeichnen sich durch einen hohen Grad an Standardisierung aus, der auf der Textebene angemessene inhaltliche wie formale Charakteristika definiert (die letztlich einen Text als "Unternehmensleitbild" erkennbar machen).

Diese Einschränkung des Gestaltungsspielraumes bezieht sich in der Regel nicht nur auf die Selektion der Themen sondern auch auf den typischen Aufbau der Texte im Sinne eines konventionalisierten sequenziellen Scriptes oder Templates, innerhalb dessen der konkrete Plot eines Textes entwickelt wird (dessen Gestaltungsspielraum freilich auch wieder durch die Genre-Rules begrenzt ist).

Um ein Bild über die (typische) Themenabfolge in den Leitbildern des Korpus zu erhalten, wurde für die Standardthemen die relative Position des Themas (Zeilennummer) im konkreten Dokument ermittelt und danach wieder der Durchschnitt gebildet (vgl. Abbildung 19). Das Akteursthema Mitarbeiter zum Beispiel wird durchschnittlich nach 58% des Textes aufgenommen, also bei einem 100-zeiligen Text durchschnittlich in Zeile 58. Überschriften und Leerzeilen wurden mitgezählt – die Richtwerte können daher nur einen ersten Hinweis auf eine typische Themenabfolge geben.

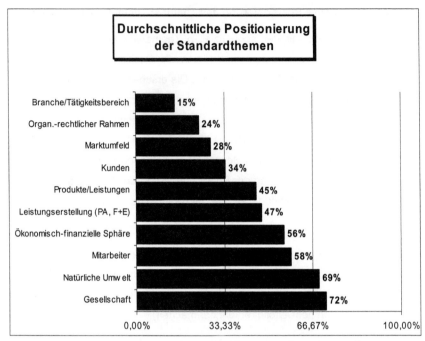

Abbildung 19: Durchschnittliche Themenpositionierung für Themen mit Überschrift bzw. Äquivalent

Um die Zahlen zu relativieren – extreme Ausreißer können bei der geringen Anzahl an Texten zu starken Verzerrungen führen – wurde eine Kategorienbildung vorgenommen, indem ausgewiesen wurde, wie oft ein Thema im ersten, zweiten oder dritten Drittel der Texte vorkommt.

Abbildung 20 und Abbildung 21 zeigen die Positionierung für jene Standardthemen, die in mehr als 50% der Texte durch Überschriften bzw. formale Äquivalente besonders hervorgehoben wurden[23].

---

[23] Die durch die Überschriften/Äquivalenz-Analyse identifizierten besonders betonten Themen strukturieren als Hauptthemen ganzer Absätze bzw. Abschnitte die Texte und sind daher geeignet, die typische Themenabfolge abzubilden.

Themenpositionierung
für Themen, die in mehr als 50% der Dokumente
durch Überschriften bzw. ein formales Äquivalent betont wurden

	Dok mit Ü/Ä	1. Drittel	2. Drittel	3. Drittel
Branche/Tätigkeitsbereich	17	16	0	1
Marktumfeld	22	15	5	2
Kunden	17	8	9	0
Produkte/Leistungen	16	6	7	3
Mitarbeiter	25	4	13	8
Natürliche Umwelt	16	1	5	10
Gesellschaft	18	0	5	13

Anmerkung: Basis sind die Dokumente mit Überschrift/Äquivalent (= Spalte 2)

Abbildung 20: Themenposition für durch Überschriften/Äquivalent betonte Themen nach Kategorien.

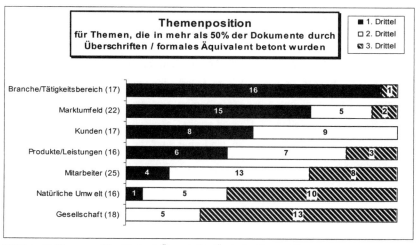

Abbildung 21: Themenposition für durch Überschriften/Äquivalent betonte Themen nach Kategorien.

2.4.3   Erster Entwurf einer Normalitätsfolie

Aufgrund der bisherigen Ergebnisse lassen sich die Themen nach Häufigkeit und Zentralität klassifizieren:

Standard- versus Zusatzthemen. Als erste Differenz wurde auf Grundlage der Themenfrequenzanalyse zwischen Standardthemen – kommen in mehr als 2/3 der Dokumente vor – und Zusatzthemen, die diesem Kriterium nicht gerecht werden, unterschieden.

Zentrale versus periphere Themen. Da sich von der Klassifizierung als Standard- oder Zusatzthema nicht ohne weiteres auf die Zentralität der einzelnen Thematiken schließen lässt – es wären beispielsweise Themen denkbar, die nur von wenigen Unternehmen aufgegriffen werden, dann aber in der Regel große Bedeutung besitzen – wurden unter der Annahme, dass Relevanz häufig auch durch Charakteristika wie Überschriften (oder Äquivalenten) und/oder überdurchschnittliche oder dominante Breite der Ausführungen zum Ausdruck signalisiert wird, die folgenden Kriterien zur Differenzierung zwischen zentralen und peripheren Themen angelegt:

- durchschnittliche Wortfrequenz (bezogen auf sämtliche Dokumente) > 10%
- überdurchschnittliche Breite (Kategorie 2 oder 3) in mehr als 50% der Dokumente
- Überschrift und/oder formales Äquivalent in mehr als 50% der Dokumente.

Wie aus Abbildung 22 hervorgeht können die Sachtopiken Marktumfeld und Produkte/Leistungen und die Akteure Mitarbeiter und Kunden im Rahmen der zentralen Standardthemen als Kernthemen klassifiziert werden. Tätigkeitsbereich/Branche und Natürliche Umwelt sowie Gesellschaft gehören zwar ebenfalls zu den zentralen Standardthemen, sind aber weniger stark betont und fungieren in der Regel als Opening- oder Closing-Themen (Randthemen).

Der Organisatorisch-rechtliche Rahmen, die Leistungserstellung und die Ökonomisch-finanzielle Sphäre können als periphere Standardthemen klassifiziert werden. Die als Zusatzthemen zu qualifizierenden Themen sind alle als peripher zu klassifizieren. 'Untypische' Themen werden also bei ihren seltenen Einsätzen in der Regel nicht als Schwerpunktthemen behandelt.

Eine Integration aller bisher ermittelten Ergebnisse ermöglicht die Formulierung des ersten Entwurfes einer für den untersuchten Korpus typischen Normalitätsfolie (Template) auf Basis der verwendeten formalen Charakteristika. Der sequenzielle Aufbau von Leitbildtexten ist ebenso wie Themenwahl und -aufbau bzw. -kombination insofern konventionalisiert, als die Themenabfolge in vielen Leitbildtexten einem ähnlichen Muster folgt. Die Randthemen erweisen sich auch auf inhaltlicher Ebene als Rahmenthemen, die keine besonders relevanten Informationsträger sind, sondern vielmehr den Text einleiten bzw. abrunden (umrahmen), während die Kernthemen nicht nur den Hauptteil des Textes bilden, sondern auch die relevanten Inhalte kommunizieren.

Themen	Häufigkeit		Relative Breite			Betonung	
	Standard versus Zusatzthemen		(a) Wortfrequenz (n=13.465 Worte)	(b) Wortfrequenz über Mittelwert in mehr als 50 % der Dok.		Überschrift (Äquivalent) in mehr als 50% der Dok.	
	> 2/3	< 2/3	in %	> MW	< MW	Mit	Ohne
Mitarbeiter	29		21,19 %	22	7	25	4
Marktumfeld	29		18,97 %	20	9	22	7
Kunden	30		17,01 %	20	10	17	13
Leistungserstellung (PA, F+ E)	26		14,60 %	11	15	13	13
Produkte/Leistungen	28		14,43 %	12	16	16	12
Gesellschaft	23		9,86 %	11	12	18	5
Ökonomisch-finanzielle Sphäre	28		8,47 %	12	16	14	14
Natürliche Umwelt	22		8,29 %	6	16	16	6
Branche/Tätigkeitsbereich	23		7,64 %	7	16	17	6
Organ.-rechtlicher Rahmen	22		6,90 %	7	15	5	17
Personal		17	5,37 %	2	15	1	16
Eigentümer (Kapital-)		17	4,42 %	6	11	9	8
Organisationsstruktur		11	4,42%	2	9	5	6
Lieferanten		14	4,00 %	2	12	8	6
Führung/Management		10	3,84 %	3	7	2	8
Unternehmenskultur		6	3,16 %	3	3	3	3
Organisat. Außenbeziehungen		12	3,02 %	1	11	0	12
Partner (Geschäfts-)		10	2,78 %	2	8	1	9
Führung(sstil)		13	2,73 %	2	11	3	10
Öffentlichkeitsarbeit		12	2,53 %	1	11	5	7
Info/Komm.-Politik (intern)		11	1,82 %	0	11	1	10
Rechtliche Rahmenbedingungen		5	1,25 %	1	4	1	4
Konkurrenten		6	0,89 %	1	5	2	4
Kulturspez. Rahmenbedingungen		2	0,86 %	0	2	0	2
Interessenvertretung		2	0,35 %	0	2	0	2

Anmerkung: die zentralen Themen sind fett gedruckt.

Abbildung 22: Standard- versus Zusatzthemen und zentrale versus periphere Themen.

NORMALITÄTSFOLIE
– DAS TYPISCHE UNTERNEHMENSLEITBILD

Standardthemen	Skript	Zusatzthemen
Branche/Tätigkeitsbereich Organ.-rechtlicher Rahmen	*Einleitende Rahmenthemen*	Unternehmenskultur
! Marktumfeld !		
! Kunden !		Organisationale Außenbeziehungen
Produkte / Leistungen		Konkurrenten Organisationsstruktur
Leistungserstellung (PA, F+E)		Rechtliche Rahmenbedingungen Kulturspez. Rahmenbedingungen
Ökonomisch-finanzielle Sphäre	*Kernthemen*	Interessenvertretung
! Mitarbeiter !		Eigentümer (Kapital-) Info/Komm.-Politik (intern) Lieferanten Partner (Geschäfts-) Personal Führung Führung/Management Öffentlichkeitsarbeit
Natürliche Umwelt **Gesellschaft**	*abschließende Rahmenthemen*	

Legende Standardthemen:
Fettdruck = Betonung durch Überschrift/Äquivalent in mehr als 50% der Dokumente.
Umrandung = durchschnittliche Wortfrequenz von mehr als 10% (Basis: Worte des Korpus)
Rufzeichen = überdurchschnittliche Breite in mehr als 50% der Dokumente.

Abbildung 23: Erster Entwurf einer Normalitätsfolie

2.4.4   Qualifizierungs- und Bewertungsperspektive – Wertdimensionen

Unternehmensleitbilder qualifizieren und kategorisieren die spezifische soziale Wirklichkeit eines Unternehmens – seiner Ziele und Aktivitäten, seiner internen Organisation und ihrer Akteure sowie seiner Beziehungen zur äußeren Umwelt und ihrer Akteure. Leitbilder sind Artefakte eines besonderen – hier: organisationalen – Kontextes (kaum eine Familie hat ein Leitbild, geschweige denn ein formalisiertes), rekurrieren aber sowohl auf Repräsentationen eines weiteren kulturellen Kontextes als auch – auf einer tieferen Ebene – auf universelle Basisschemata wie z.b. richtig/falsch, wahr/unwahr, nützlich/schädlich, gut/schlecht, denkbar/undenkbar.

Als Fragestellung nach: *Was kommt denn in diesen Texten überhaupt zur Sprache?* und: *Was kommt denn typischerweise in diesen Texten zur Sprache?* stellt sich nun die Frage nach Themen einer anderen Perspektive (Qualifzierung und Bewertung): *Welche Wertthematiken werden in den Texten typischerweise zum Ausdruck gebracht, in welcher Form und in welchen intratextualen Kontexten?*

Die nachfolgenden Dimensionen (kurz 'Wertdimensionen' genannt, vgl. Abbildung 24) dienen der Erfassung und Organisierung von Themen bzw. Aussagen, die qualifizierenden oder bewertenden Charakter haben, um durch systematische Aufbereitung eine feinere Analyse der entsprechenden Textstellen zu ermöglichen bzw. durch die Herausarbeitung der mehr oder weniger zentralen Wertdimensionen deren typische Muster (Patterns, Templates) in Leitbildtexten zu identifizieren.

Im Rahmen der Wertdimensionen werden die Leitbildaussagen somit aus einer neuen Perspektive betrachtet. In diesem Zusammenhang interessieren nicht nur explizite Aussagen, sondern insbesondere indirekte Formulierungen bzw. latent zum Ausdruck gebrachte Bewertungen.

Im Folgenden werden die Dimensionen kurz beschrieben und hinsichtlich der Häufigkeit ihres Vorkommens analysiert.

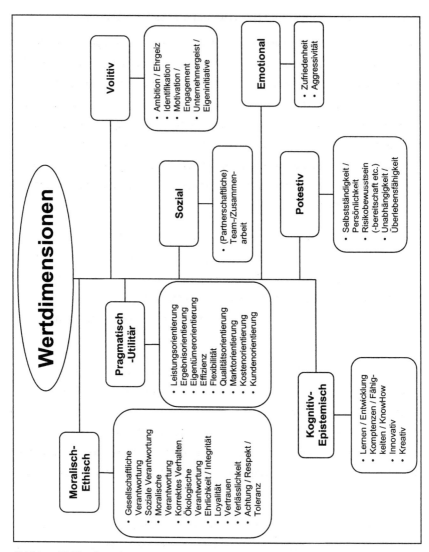

Abbildung 24: Wertdimensionen

Die **moralisch-ethische Dimension** (das Gute/das Schlechte, das Verbotene/ das Erlaubte, das Notwendige/das Überflüssige etc.) systematisiert Aussagen zu Kompetenzen, Fähigkeiten, Haltungen etc., die auf das Sitten- und Normensystem[24] rekurrieren. Die **pragmatisch-utilitäre Dimension** erfasst Werte, Kompetenzen etc. mit auf die Nützlichkeit bzw. Zweckrationalität ausgerichtetem Charakter, während die **kognitiv-epistemische Dimension** die kognitiven Fähigkeiten oder Kompetenzen bzw. grundlegenden Voraussetzungen fokussiert und die **soziale Dimension** sich auf Kompetenzen oder Fähigkeiten hinsichtlich (i.d.R. erwünschter) Interaktionsmodi bezieht. Während die **potestive Dimension** Aussagen in Bezug auf die Handlungsfähigkeit fokussiert ("können"), fasst die **volitive Dimension** Einstellungs- bzw. Motivationsthemen zusammen ("wollen"). Die **emotionale Dimension** bezieht sich auf Gefühle thematisierende Aussagen.

Sämtliche Leitbilder des vorliegenden Korpus beinhalten pragmatisch-utilitäre und moralisch-ethische Werte und/oder Kompetenzen, eine beinahe lückenlose Verbreitung findet sich auch für kognitiv-epistemische Werte/Kompetenzen. Deutlich geringer, aber immer noch im 2/3-Bereich, das Vorkommen potestiver, sozialer und volitiver Werte/Kompetenzen, während emotionelle mit Abstand die letzte Position einnehmen (vgl. Abbildung 25).

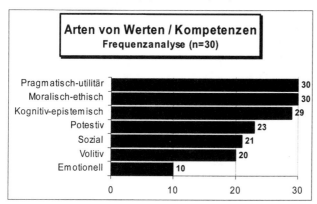

Abbildung 25: Frequenzanalyse der Arten von Werten / Kompetenzen

---

[24] Ethik hat als methodisch fundierte, prinzipienorientierte Morallehre Moral (Sitte) und Moralität (Sittlichkeit) zum Gegenstand. "Der Begriff der Moral (der Sitte) bezeichnet dabei jenen Komplex menschlicher Regelsysteme, die durch Konvention und Tradition entstanden sind und das jeweilige Freiheitsverständnis einer Gesellschaft transzendieren (Gebote-Verbote) [...] Moralität hingegen bezieht sich auf Prinzipien moralischen Handelns, die (oft) einen Anspruch auf allgemeine (universelle) Gültigkeit erheben. [...] Moralisch meint die (reine) Gewissensmäßigkeit eines Handelns unabhängig vom motivierenden Inhalt. Ethisch bzw. sittlich meint den inhaltlichen Aspekt und nicht den Gewissensaspekt" (Karmasin 1996:250).

Werte/Kompetenzen			
Arten von Werten/Kompetenzen	**WK-Themen**	**Dokumente**	**in % (n=30)**
1 Moralisch-ethisch	Loyalität	4	13,33%
	Identifikation	6	20,00%
	Moralische Verantwortung	8	26,67%
	Korrektes/(gesetzes)konformes Verhalten	8	26,67%
	Vertrauen	8	26,67%
	Achtung/Respekt/Toleranz	11	36,67%
	Ehrlichkeit/Gewissenhaftigkeit	13	43,33%
	Verlässlichkeit/Zuverlässigkeit	13	43,33%
	Soziale Verantwortung	16	53,33%
	Fairness/Angemessenheit	19	63,33%
	Gesellschaftliche Verantwortung	19	63,33%
	Ökologische Verantwortung	22	73,33%
2 Pragmatisch-utilitär	Flexibilität	6	20,00%
	Kostenbewusstsein/-kompetenz	12	40,00%
	Effizienz	15	50,00%
	Eigentümerorientierung	16	53,33%
	Leistungsorientierung	20	66,67%
	Qualitätsorientierung	21	70,00%
	Ergebnis-/Erfolgsorientierung	25	83,33%
	Markt-/Wettbewerbsorientierung	27	90,00%
	Kundenorientierung	30	100,00%
3 Kognitiv-epistemisch	Dynamik	5	16,67%
	Kreativität/kreativ	6	20,00%
	Innovation/innovativ	19	63,33%
	Entwicklung/Lernen	24	80,00%
	Kompetenz/Qualifikation	25	83,33%
4 Sozial	Führungskompetenz	1	3,33%
	Roletaking/Empathie	1	3,33%
	Zusammenarbeit/Teamarbeit	21	70,00%
5 Volitiv	Ambition/Ehrgeiz	5	16,67%
	Unternehmergeist/Eigeninitiative	8	26,67%
	Motivation/Engagement	15	50,00%
6 Potestiv	Risikobewusstsein (-bereitschaft)	3	10,00%
	Selbstständigkeit/Eigenständigkeit	14	46,67%
	Unabhängigkeit/Überleben(sfähigkeit)	18	60,00%
7 Emotionell	Aggression	1	3,33%
	Zufriedenheit	10	33,33%

Abbildung 26: Sämtliche im Textkorpus identifizierte WK-Themen

Diese subsumierten Häufigkeiten geben vor allem hinsichtlich vermutlich wenig relevanter Wertdimensionen einen ersten Überblick. In Abbildung 26 sind die einzelnen im Textkorpus identifizierten Themen angeführt.

Die bereits festgestellte Schwerpunktsetzung im Bereich der moralisch-ethischen und pragmatisch-utilitären Werte/Kompetenzen geht mit einer auffälligen Themenvielfalt einher, die bei den ebenfalls stark vertretenen kognitiv-epistemischen nicht festgestellt werden kann. Während die Werte/Kompetenzen mit 2/3-Mehrheit (Standardthemen) vor allem pragmatisch-utilitärer und kognitiv-epistemischer (in einem Fall auch sozialer) Art sind, ist die nächste Gruppe vor allem durch moralisch-ethische, volitive und potestive Werte gekennzeichnet. Werte wie Fairness (63,33%), Ehrlichkeit (43,33%), gesellschaftliche (56,67%) und soziale (53,33%) Verantwortung, aber auch Unabhängigkeit/Überlebensfähigkeit (60%), Eigentümerorientierung (53,33%), Motivation (50%), Selbstständigkeit (46,67%) etc. sind zwar noch immer von gewisser Relevanz, gehören aber nicht mehr zu den auf breiter bis übereinstimmender Basis kommunizierten Werte/Kompetenzen der ersten Gruppe dieses Korpus.

Abbildung 27: Wert-/Kompetenz-Themen, die in mehr als 2/3 der Dokumente vorkommen

Wert-/Kompetenzthemen, die in mehr als 2/3 der Texte des Korpus vorkommen, sind in Abbildung 27 zusammengefasst. Sie werden kurz hinsichtlich der typischen Themenführung über spezifische Sach- oder Akteurstopiken beschrieben und dann in das Template der entworfenen Normalitätsfolie integriert.

Kundenorientierung. Kundenorientierung ist mit einer Thematisierung in allen untersuchten Dokumenten die am weitesten verbreitete Kompetenz. Sie wird in sämtlichen Texten über die Kunden-Topik kommuniziert, in deutlich geringerem Ausmaß über die Produkte/Leistungen-Thematik (23,33%) und nur selten in Verbindung mit den Mitarbeitern (13,33%).

Markt-/Wettbewerbsorientierung. Die zweite zentrale Kompetenz ist mit Thematisierung in 90% der Dokumente die Markt-/Wettbewerbsorientierung, die ebenso über eine Hauptthematik – nämlich das Marktumfeld – kommuniziert wird. Einziger Akteur ist das Unternehmen selbst, das über Handlungsziele und -strategien seine Marktorientierung (und -kompetenz) zum Ausdruck bringt, während andere Akteursgruppen (auch die Konkurrenz) ausgeklammert bleiben. Eine gewisse Bedeutung nimmt wieder der Produkte/Leistungsbereich ein, der in 23,33% durch das Attribut "marktgerecht" in Erscheinung tritt.

Ergebnis-/Erfolgsorientierung. Die Ökonomisch-finanzielle Sphäre bietet die Plattform zur Vermittlung der Ergebnis- bzw. Erfolgsorientierung – andere Topiken bringen diese Handlungsorientierung nicht oder nur in sehr geringem Umfang zum Ausdruck. Die Orientierung auf Erfolg wird in 56,67% der Dokumente auch durch die Beschreibung bzw. Identifizierung von Erfolgsquellen zum Ausdruck gebracht, wobei nur zwei einen weiteren Verbreitungsgrad haben: Erfolg durch gute Partnerschaften (20%) und die Mitarbeiter als Quelle, Basis etc. des Erfolges (50%).

Kompetenz/Qualifikation/Fähigkeiten. Dieser Wert wird mehrheitlich in Form einer Erwartungshaltung gegenüber den Mitarbeitern kommuniziert (53% der Unternehmen), während diese gegenüber anderen Akteuren (Führungskräften, Partnern) keine nennenswerte Rolle spielt. Die Unternehmen beschreiben sich selbst in 20% der Fälle als kompetent (in der Leistungserstellung), 30% der Unternehmen betonen ihre Technologiekompetenz.

Entwicklung/Lernen. Weiterentwicklung sowohl auf organisationaler als auch individueller Ebene, sowohl quantitativ als auch qualitativ, gehört zu den häufigsten Themen in Leitbildern. Auf individueller Ebene spielt es als generelle Erwartung an die Mitarbeiter keine nennenswerte Rolle, wohl aber über das Instrument der Personalentwicklung (50%). Auf organisationaler Ebene stellt (Weiter-) Entwicklung/Wachstum mit 43,44% ein häufiges Handlungsziel dar, das keiner speziellen Sach- oder Akteurstopik zuordenbar ist. Laufende Verbesserungen des Leistungserstellungsprozesses werden in 26,67% der Dokumente postuliert.

Ökologische Verantwortung. Ökologische Themen sind über die Topik Natürliche Umwelt schon in der Situationssystematik erfasst. Neben allgemeinen Bekenntnissen zur ökologischen Verantwortung (33,33%) werden aber auch ökologisch verträgliches Verhalten in der Leistungserstellung (60%) und ökologisch verträgliche Produkte (26,67%) in breiterem Ausmaß thematisiert.

Qualitätsorientierung. Qualität zählt zu den inflationär gebrauchten Begriffen in Leitbildtexten. Er wird in 25 Dokumenten des Textkorpus (das sind 83%) – freilich in unterschiedlichen Zusammenhängen – 98-mal verwendet, was einer durchschnittlichen Nennung von 3,26 pro Dokument des Korpus entspricht. Die zentrale Topik im Zusammenhang mit Qualität ist das Produktthema (56,67%), während der Leistungserstellungsprozess (Qualitätssicherung, Qualitätsmanagement) unterbelichtet bleibt. An zweiter Stelle sind die Mitarbeiter (26,67%) zu nennen, während allgemeine Handlungsorientierungen (Qualitätsbewusstsein, Qualitätsorientierung) ebenso wie andere Akteure eine untergeordnete Rolle spielen.

Zusammenarbeit/Teamarbeit. Diese per definitionem akteurszentrierte Thematik fokussiert auf eine spezifische Beziehungsqualität – partnerschaftlich (43,33%) – und auf den Akteur Mitarbeiter (43,33%). Kooperative oder partizipative Führung als spezifische Beziehungsorganisation kommt in 20% der Dokumente vor.

Leistungsorientierung. Leistungsorientierung als Verhaltensstandard wird primär über die Mitarbeiter kommuniziert (50%) und erst in zweiter Linie über Handlungsziele oder -strategien des Unternehmens (23,33%).

2.4.5 Erweiterter Entwurf der Normalitätsfolie

Integriert man die Wertthemen, die in mehr als 2/3 der Dokumente kommuniziert werden, in den Entwurf der Normalitätsfolie, sind im vorliegenden Korpus bis auf zwei Ausnahmen alle Wertthemen regelmäßig mit bestimmten Sach- und Akteursthemen verknüpft. Die Themen **(Weiter-)Entwicklung/Wachstum** (als Handlungsziel) und **Partnerschaftliche Zusammenarbeit** hingegen tauchen zwar sehr häufig, aber in den verschiedenen Dokumenten an unterschiedlichen Stellen in unterschiedlichen Zusammenhängen auf (in Abbildung 28 quergedruckt).

3   Detailanalyse der Diskursstränge

Die komparative Analyse der Dokumente konzentrierte sich auf formale Charakteristika, die zwar einen Hinweis auf die Bedeutung der Themen in den Texten geben, aber keine Aussagen zur Vertextlichung der Themen bzw. nur eingeschränkt zur Organisation und Verschränkung der Diskursstränge erlauben. Zur Analyse der Sinnstrukturen wurde im nächsten Schritt die Diskursfragmente der einzelnen Diskursstränge detaillierter hinsichtlich der Aufnahme und Entfaltung des Themas sowie eventueller Verschränkungen mit anderen Themen untersucht, um Stellenwert und Funktion des Themas im Text herauszuarbeiten.

Ziel dieser Analysen ist die Explizierung der Struktur und Rationalität der realisierten Diskurse, die wiederum eine (Re)konstruktion der zugrunde liegenden

NORMALITÄTSFOLIE UNTERNEHMENSLEITBILD – TEMPLATE

Standardthemen und Zentrale Wert-/Kompetenz-Themen	Skript
Branche/Tätigkeitsbereich	**Einleitende**
Organ.-rechtlicher Rahmen	**Rahmenthemen ...**
! Marktumfeld !	
+++ Marktorientierung	
! Kunden !	
+++ Kundenorientierung	
Produkte/Leistungen	
++ Qualitätsorientierung	
+ Ökologische Verantwortung	
+ Kundenorientierung	
+ Marktorientierung	
Leistungserstellung (PA, F+E)	
++ Ökologische Verantwortung	**Kernthemen**
+ Kompetenz etc.	
+ Entwicklung/Lernen	
Ökonomisch-finanzielle Sphäre	
+++ Ergebnis-/Erfolgsorientierung	
! Mitarbeiter !	
++ Kompetenz etc.	
++ Leistungsorientierung	
++ Entwicklung/Lernen	
++ Ergebnis-/Erfolgsorientierung	
++ Zusammenarbeit/Teamarbeit	
+Qualitätsorientierung	
Natürliche Umwelt	**... abschließende**
++ Ökologische Verantwortung	**Rahmenthemen**
Gesellschaft	

(vertikal gedruckt: +++ Partnerschaftliche Zusammenarbeit / ++ (Weiter-)Entwicklung/Lernen/Wachstum)

Anmerkung:
Die angeführten Wert- bzw. Kompetenzthemen kommen alle in mehr als 2/3 der gesamten Dokumente vor und sind rechtsbündig angeordnet bzw. quer gedruckt und kursiv gesetzt. Die Formatierungsattribute bringen die Häufigkeit ihres Auftretens mit dem zugeordneten Thema zum Ausdruck:

Fettdruck und +++	Gemeinsames Vorkommen von Standardthema und zugeordnetem Wertthema > 2/3
++	Gemeinsames Vorkommen von Standardthema und zugeordnetem Wertthema < 2/3 und >1/3
+	Gemeinsames Vorkommen von Standardthema und zugeordnetem Wertthema < 1/3 und > 20%

Abbildung 28: Template der Normalitätsfolie mit integrierten Wert-/Kompetenz-Themen (mit 2/3-Mehrheit)

konventionalisierten Vorstellungen erlauben sollte. Diese sozial geteilten Repräsentationen beziehen sich (a) auf die thematisierten Inhalte, die (b) wiederum in globalere Konstrukte eingebettet sind, und (c) die Repräsentationen über die diskursive Handlung selbst, in unserem Falle also die Leitbildproduktion (vgl. dazu das nachfolgende Kapitel).

Nach den Fragen: *Was kommt denn in diesen Texten überhaupt zur Sprache?* und: *Was kommt denn typischerweise in diesen Texten zur Sprache?* richtet sich der Fokus nun auf die Qualität der Aussagen: *Wie wird das, was in den Texten typischerweise vorkommt, zum Ausdruck gebracht, damit positioniert und zu anderen Elementen in Beziehung gesetzt (gerahmt, kategorisiert)?* Nach der Differenz – Gesagtes/Nichtgesagtes – und der Gewichtung – Betontes/Unbetontes – erfolgt nun die Analyse der durch die Vertextlichung zum Ausdruck gebrachten Verortung und damit die Erarbeitung der relationalen Beziehungen der Elemente.

3.1 Anmerkung zur Textanalyse

Das Ziel der thematischen Analyse besteht in der Rekonstruktion von Standards (konventionalisierten Sprachformen), mittels derer ein Objekt qualifiziert und durch einen Text vermittelt wird. Damit steht sie der Inhaltsanalyse nahe, die der Rekonstruktion von Aussagen und Aussagengruppen zu einem Objekt dient.

Die thematischen Felder der vorliegenden Untersuchung betreffen die Topik, also den Inhalt entweder von Sprach- oder komplexeren Diskurshandlungen. Woher weiß nun der Leser, worum es geht? Welche sprachlichen oder nichtsprachlichen Ausdrücke kennzeichnen ein Thema bzw. sind funktional zur Herstellung eines Themenbezuges? Texte sind grundsätzlich "semantically multidimensional" (Eggins/Martin 1997:235), sodass zur Herstellung von Kohärenz sowohl im Zuge der Textproduktion als auch der Textinterpretation auf sozial geteiltes – konventionalisiertes – Wissen rekurriert werden muss. Die Oberflächenthemen (oder local meanings nach van Dijk) werden anhand von Worten oder Wortgruppen bzw. komplexeren linguistischen Strukturen charakterisiert.

Sie können Satzteile, Sätze oder satzübergreifende Einheiten umfassen und verweisen – hypothetisch – auf zugrunde liegende Repräsentationen, die sinnstiftend für einen Text oder eine Gruppe von Texten sind. Themen treten dabei nicht in Form von Sätzen oder Texten auf, sondern werden von ihnen "transportiert" (Jäger 1999:126).

Einzelne Worte sind kein Thema, können aber durchaus spezifische Thementräger sein. So sind vor allem spezialisierte Themenbereiche durch eine entsprechende Fachsprache gekennzeichnet, in der Worte, insbesondere Nomen Thementräger sind[25]. Im Bereich allgemeinerer Themen wie Handlungen, Wertzuschreibungen etc. sind weniger einzelne Worte als vielmehr Wortgruppen (etwa Nominal- oder Verbalkonstruktionen aber auch Adverbialkonstruktionen) Thementräger. Schließlich können sich Themen progressiv über einen ganzen Paragraphen oder auch Text hin aufbauen, wobei die sprachlichen Ausformungen lokale Instruktionen an den Leser darstellen, um diesen progressiven Aufbau auch richtig mitvollziehen zu kann.

Themen können, aber müssen nicht, explizit in einem Text angesprochen werden. Sie können suggeriert werden bzw. in einem mehr oder weniger impliziten oder vorausgesetzten Status verharren. Die Thematik der Instruktion beispielsweise, der Aufforderung an Mitarbeiter, sich so oder so zu verhalten, könnte in Unternehmensleitbildtexten eine zentrale Rolle spielen. Instruktionen oder Aufforderungen (innovativ zu sein, sich engagiert zu verhalten, dem Unternehmen gegenüber loyal zu sein etc.) werden aber nicht immer, ja sogar eher selten als solche sprachlich (etwa als Befehls- oder Normensätze) thematisiert, sondern eher als einfache Aussagesätze (z.B.: Unsere Mitarbeiter sind kompetent und engagiert.) – Aussagesätze, deren Kommunikationsziel nicht nur die Vermittlung eines (zumindest behaupteten) Sachzustands ist, sondern auch eine Instruktion

---

[25] 'Rentabilität' beispielsweise ist ein lexikalischer Träger des Themas 'Erfolg gegenüber eingesetztem Kapital', bzw. ausführlicher: "Unter Rentabilität versteht man grundsätzlich eine Vergleichszahl, die den Erfolg (einer best. Periode) dem eingesetzten Kapital (Gesamtkapital, Eigenkapital ....) gegenüberstellt. Sie bringt die Kapitalverzinsung zum Ausdruck" (vgl. Wöhe 1990:48).

(Wenn Sie Mitarbeiter in unserem Unternehmen sind, dann müssen Sie ...) oder gar eine Warnung (Falls Sie sich nicht so oder so verhalten, dann ....) sein kann.

Themen können sowohl durch sprachliche wie nicht-sprachliche Ausdrucksmittel transportiert werden, und gerade Unternehmensleitbilder können in vielen Fällen als "multisemiotische Texte" bezeichnet werden: "[...] written (printed) texts are also increasingly becoming multisemiotic texts, not only because they incorporate photographs and diagrams, but also because the graphic design of the page is becoming an even more salient factor in evaluation of written texts" (Fairclough 1995a:4). Im Rahmen der vorliegenden Untersuchung bleibt die Analyse auf sprachliche Ausdrucks- und Gestaltungsformen beschränkt.

Im Lichte der Forschungsfrage werden bestimmte Einheiten oder Ebenen relevant, andere unwichtig. Der Fokus dieser Untersuchung liegt auf der Analyse der diskursiven Ordnungen und Strukturen der Leitbildtexte zur Ermittlung der typischerweise aktivierten Interpretationsfolien. Bestimmte Wort- oder Satzstrukturen werden durch Grammatik und sprachliche Usancen vorgegeben, variieren also nicht kontextspezifisch und sind daher für diese Fragestellung irrelevant. Zum Beispiel können textlinguistische Fragestellungen zur Herstellung von Textkohärenz wie Wiederaufnahme durch Substantive oder Pronomen einen Detaillierungsgrad bzw. eine Ebene erreichen, die zur fokussierten Fragestellung keinen Erkenntnisgewinn liefert, sodass "solche filigranen Beobachtungen für die Interpretation nur ausnahmsweise interessant und zudem meist redundant [sind]" (Jäger 1999:179). Das gilt auch für bestimmte Genre-Regeln vor allem formaler Natur (z.B. die typische Länge von Texten), die von gesellschaftlichen Veränderungen wie einer veränderten Bewertung von Umweltschutzbelangen völlig unberührt bleiben können (aber nicht müssen!).

Zur differenzierten Untersuchung der Art und Weise der Vertextlichung der einzelnen Themen der Sach- und Akteurssystematik war für die Analyse im Rahmen der Akteursthemen die Beziehungsrelation von besonderer Bedeutung, während die Sachtopiken insbesondere im Lichte der funktionalen Dimension untersucht wurden.

Unter funktionaler Dimension wird ein einfaches Handlungsschema als heuristisches Hilfsmittel verstanden, das u.a. folgende beispielhafte Fragen an die Themen heranträgt: Handelt es sich um eine gegebene Situation oder einen angestrebten Zustand? Wie soll ein angestrebter Zustand erreicht werden (Pläne/Strategien) und womit (Ressourcen)? Welche Akteure sind wie involviert (Handlungsrollen) und welche Aufgaben haben sie zu erfüllen (Handlungsaufgaben)? Hier kommt eine funktional orientierte Perspektive zur Anwendung, die die Funktion von Themen im konkreten Handlungszusammenhang und damit die implizite Handlungslogik fokussiert und der Analyse zugänglich macht.

Im Zusammenhang mit Akteursthemen wurde die bereits in Phase 1 beschriebene Perspektive der Beziehungsorganisation eingenommen, die Aussagen im Hinblick auf die Beziehungen der Akteure zueinander fokussiert – etwa die an einzelne Bezugsgruppen geknüpften Erwartungen im zumeist von Austauschbeziehungen (Leistung/Gegenleistung) geprägten Beziehungsgeflecht, aber auch die Explizierung von (Verhaltens)Regeln und Normen, eventuell daran geknüpfte Sanktionen etc. Der gewählte Blickwinkel ist der des (kollektiven) Autors also des Unternehmens. Zudem wurde die zeitliche Dimension ebenso wie zum Ausdruck gebrachte Prioritäten oder Gewichtungen in der Analyse berücksichtigt.

Die im Zuge einer konkreten kommunikativen Handlung realisierten Inhalte und Strukturen bezeichnet van Dijk als "local meanings". Sie sind "the result of the selection made by speakers or writers in their mental models of events or their more general, socially shared beliefs" (van Dijk 2001a:103) und werden durch ihre Verbindung mit "global meanings"[26] anschlussfähig bzw. von den Rezipienten reproduzierbar.

Die Selektion im Zuge der kommunikativen Handlung geschieht daher

- auf Basis von Repräsentationen im Sinne von Vorstellungen über die kommunizierten Inhalte, z.B. Ereignisse, Situationen – kurz: Themen. Sie werden in Anlehnung an van Dijk als Event-Modelle bezeichnet.

---

[26] Diese "global meanings" können nicht direkt beobachtet sondern nur aus den Artefakten der diskursiven Handlung erschlossen werden.

- unter Berücksichtigung der Repräsentation über den unmittelbaren situativen Kontext der Handlung. Sie werden wiederum in Anlehnung an van Dijk als Kontext-Modell bezeichnet.

- unter Heranziehung von Repräsentationen im Sinne allgemeinerer oder globalerer Konstrukte, in die diese Modelle eingebettet sind und die daher z.b. die Wahl der Themen motivieren.

Das Kontext-Modell liefert die Relevanzstruktur für die im Zuge der Textproduktion durchzuführenden Selektionen. Auf ihrer Grundlage wird entschieden, welche Informationen zur Sicherstellung der Anschlussfähigkeit in diesem situativen Kontext notwendig sind und welche verzichtbar sind, "either because it is irrelevant or because it is redundant. Context models thus provide the constraints that allow language users to make situationally relevant selections of information people have [...]" (van Dijk 2001a:111). Diese Vorstellungen steuern die Entscheidungen auf der inhaltlichen Ebene und bestimmen, welche Teile der Event-Modelle im Text expliziert werden und in welcher Form dies geschieht. Zur Realisierung wird auf konventionalisierte Diskursformen wie die formalen Charakteristika von Sätzen oder Textsequenzen wie Syntax, Aktiv/Passiv, Nominalisierungen etc. zur Verfügung (van Dijk bezeichnet sie als lokale Diskursformen) zurückgegriffen sowie bei ausdifferenzierten institutionalisierten Kommunikationsformen wie Genres auf typische Genrefeatures und Genre-Rules.

Das beschriebene Begriffssystem diente im Zuge der Feinanalyse der Diskursstränge als analytischer Rahmen. Die nachfolgende Darstellung konzentriert sich auf die wesentlichen Ergebnisse der Analyse. Der sequenzielle Aufbau der Darstellung orientiert sich an den Ergebnissen der komparativen Untersuchung: Es werden zunächst die Kernthemen behandelt, anschließend die als Randthemen klassifizierten Topiken und die peripheren Standardthemen. Zusatzthemen stellen Ausnahmen oder Besonderheiten dar und werden an jenen Stellen eingebracht, die in einem inhaltlichen Zusammenhang mit diesen Besonderheiten stehen. Die zahlreichen Originalzitate aus den Leitbildtexten dienen der Illustration und sind in Kursivschrift angeführt.

In Teil III: 4 wird dann die Essenz der Ergebnisse zu einem Plot verdichtet, der im Zusammenspiel mit dem Template die Normalitätsfolie vervollständigt.

3.2   Zentrale Standardthemen I - Kernthemen

Bei den Kernthemen zeichnen sich zwei unterschiedliche Schwerpunkte ab:

* Die zentralen <u>externen</u> Bezugskonzepte sind als Sachtopik der unmittelbare sozio-ökonomische Kontext der unternehmerischen Tätigkeit und als Akteurstopik die Kunden. Ihre Nähe im Ablauf ist keinesfalls zufällig – gemeinsam bieten sie den Rahmen, in dem die Unternehmen ihre Aktivitäten verankern.

* Mit den Mitarbeitern wird über ein Akteursthema die <u>interne</u> Unternehmensumwelt in auffallend betonter Weise angesprochen: sowohl formal-quantitativ – in der Mehrzahl der Dokumente wird ihnen in dominantem Umfang Raum gegeben – als auch durch eine inhaltliche und thematische Breite und Explizitheit, die sie von sämtlichen anderen Topiken unterscheidet.

3.2.1   Der Diskursstrang "Mitarbeiter"

Mitarbeiter (n = 30)				
Wortfrequenzanalyse			**Themenpositionierung bei Überschrift / Äquivalent**	
Dominant	16	53,33 %	1. Drittel	4
Umfangreich	6	20,00 %	2. Drittel	13
Marginal	7	23,33 %	3. Drittel	8
Kommt nicht vor	1	3,33 %	Überschriften gesamt	25

Abbildung 29: Mitarbeiter. Wortfrequenzanalyse und Themenpositionierung

Die Mitarbeiter sind sowohl hinsichtlich räumlicher Breite als auch hinsichtlich formaler Exponiertheit die wichtigste Akteursgruppe. Sie kommen bis auf eine Ausnahme in allen Dokumenten vor und nehmen in jeder der angelegten Kriterien die Spitzenposition ein. (Hinsichtlich der räumlichen Kategorisierung ist es sogar das einzige Thema, das in der Mehrheit der Dokumente die Kategorie 3 – dominant – erhält.)

Betrachtet man die inhaltliche Ausgestaltung der Beziehung des Unternehmens zu den Mitarbeitern, äußert sich die Hälfte der Unternehmen explizit zur **Bedeutung der Mitarbeiter** und schreibt ihnen eine konstitutive Rolle für den Erfolg des Unternehmens zu. Auffällig dabei die bildhafte Sprache: Grundlage (#45[27], #67), Quelle (#9), Basis (#38), entscheidender Faktor (#20), wesentlicher Stützpfeiler (#49), Fundament (#51, #74). In 6 Texten wird besonders die Rolle der Mitarbeiter hinsichtlich ihrer Bedeutung für die Qualität betont, wobei sie in 5 Dokumenten dezidiert dafür verantwortlich gemacht werden. Weitere Bereiche, für die die Mitarbeiter als beeinflussender und/oder verantwortlicher Faktor beschrieben werden, sind Umwelt (2), Arbeitssicherheit (2), Kundenzufriedenheit (2) und Image (2). In 2 Texten wird zudem ihre Verantwortung für alle ihre Handlungen explizit betont, was eine für Leitbilder ungewöhnlich direkte Formulierung mit hohem Verbindlichkeitsgrad darstellt:

- *Jeder einzelne Mitarbeiter trägt Verantwortung für die #46 und bestimmt ihr Ansehen. In gleicher Weise trägt das Unternehmen Verantwortung für jeden Mitarbeiter. (#46)*
- *Jeder Einzelne von uns kann Erfolg oder Misserfolg beeinflussen und ist deshalb nicht nur wirtschaftlich, sondern auch moralisch den Mitarbeiterkollegen, Eigentümern und der Gesellschaft im Rahmen seiner Einflussmöglichkeiten voll verantwortlich. (#74)*

Der **Status** der Akteursgruppe Mitarbeiter ist danach als hoch einzustufen – sie werden für den Erfolg (und damit Sein oder Nichtsein) des Unternehmens als wesentlich erachtet, was auch der räumlichen Breite und formalen Betonung des Themas entspricht. Bezüglich der **Rolle des Unternehmens** gegenüber den Mitarbeitern betonen 6 allgemein ihre (soziale) Verantwortung für bzw. gegenüber den Mitarbeitern, und 4 Unternehmen konstatieren, ein guter Arbeitgeber zu sein bzw. sein zu wollen. Auf **Interaktionsthemen** – Verhaltensnormen und -regeln – wird allerdings nur selten eingegangen: In nur 5 Dokumenten wird die Beziehungsqualität als vertrauensvoll (2) oder partnerschaftlich (3) beschrieben. Die **zeitliche Ausgestaltung** der Beziehung wird ebenfalls kaum thematisiert – nur ein Unternehmen (#1) betont, dass es langfristige Beziehungen zu den Mitarbei-

---

[27] Um die Anonymität der Unternehmen zu wahren, wurden Platzhalter (# + zugehörige Nummer) eingesetzt.

tern wünscht. Am stärksten fällt aber im Rahmen des Mitarbeiterdiskurses die **Betonung der Leistungen und Erwartungen** ins Auge.

Die Akteursgruppe der Führungskräfte, die man auch als Mitarbeiter des Unternehmens betrachten könnte, kommt nur in einem Drittel der Dokumente (10) vor und ist hinsichtlich sämtlicher angelegter Kriterien von geringer Relevanz (peripheres Zusatzthema). Wenn sie thematisiert werden, dann im Zusammenhang mit an sie gerichteten Erwartungen, wobei diese inhaltlich breit gestreut sind[28]. Personalentwicklung als häufig mit den Mitarbeitern verschränktes Sachthema (vgl. die Ausführungen zu den Leistungen an die Mitarbeiter) wird im Zusammenhang mit Führungskräften nur in einem einzigen Dokument thematisiert[29].

Erwartungen an die Mitarbeiter

Rein quantitativ spielen Erwartungen in Bezug auf die Mitarbeiter die größte Rolle; sie werden von über 90% der Unternehmen formuliert. Die Äußerungen unterscheiden sich allerdings beträchtlich hinsichtlich der Explizertheit der Erwartungshaltung des Unternehmens.

In 7 Dokumenten werden Erwartungen explizit als solche bezeichnet, und zwar mit Formulierungen wie "wir erwarten" (z.B. #9, #35, #50) oder durch eine Beschreibung des "Anforderungsprofils" (#75).

Eine indirekte Form der Formulierung von Erwartungen stellen Handlungsstrategien des Unternehmens dar, die der Förderung (aber auch Unterstützung, Steigerung etc.) erwünschter Verhaltensmuster oder Kompetenzen dienen sollen. In diesem Sinne ist beispielsweise die Betonung von Personalentwicklungsmaß-

---

[28] Verantwortungsbewusstsein (1), vorbildlich (3), Identifikation (1), Leistungsorientierung (1), kompetent (fähig, qualifiziert - 2), motiviert (1), Unternehmergeist/Eigeninitiative (2).
[29] Interessanterweise wird Personalauswahl (4) – so selten sie vorkommt – mehrheitlich (3) auf Führungskräfte bezogen, und zwar auf eine hausinterne Rekrutierung. Während die Mehrzahl der Äußerungen zur Personalpolitik allgemeiner Natur ist und weder qualitativ noch quantitativ konkretisiert, geschweige denn operationalisiert wird, stellen die wenigen Aussagen zur Personalauswahl in dieser Hinsicht eine Ausnahme dar. Die bevorzugte Hausbesetzung von Führungspositionen (ebenso wie die Bevorzugung lokaler Mitarbeiter - #49) stellt eine klare Handlungspriorität dar, die als Orientierung oder Richtlinie dienen kann und als solche auch überprüfbar ist.

nahmen geeignet, Lern- und Entwicklungsbereitschaft als implizite Erwartung an die Mitarbeiter zu transportieren. Ein paar Beispiele zur Illustration:

- *Wir fördern Know-how, Flexibilität und Kreativität unserer Mitarbeiter für eine zügige, marktgerichtete Umsetzung. (#1)*
- *Eigeninitiative, Ideenreichtum und Teamgeist werden gefördert. [...] Gezielte Personalentwicklung fördert die Fähigkeiten der Mitarbeiterinnen und Mitarbeiter - ihr Leistungsvermögen bestimmt ihren Einsatz. (#38)*
- *Wir fördern Kreativität, bieten Aufstiegschancen und binden die Mitarbeiter in den Entscheidungsprozess ein. (#57)*
- *Ganzheitliches, unternehmerisches Denken, Leistungsorientierung und Teamarbeit sowie Kundennähe und Service werden durch Weiterbildung und Mitarbeiterförderung unterstützt. (#20)*

Über diese Formulierungen werden erwünschte (bzw. vorausgesetzte oder geforderte) Kenntnisse, Fähigkeiten und Verhaltensnormen expliziert und damit gleichzeitig das jeweils Gegenteilige als unerwünscht deklariert. Durch diese positive Formulierung bei impliziter Exkludierung der entgegengesetzten Alternativen werden negative Attributionen vermieden.

Mit der Formulierung dieser Handlungsstrategien stellen sich die Unternehmen außerdem als aktiv handelnd, lenkend, planend, vorsorgend etc. dar[30]. Damit wird Engagement ("Investment") zur Erhaltung und Verbesserung (in der Regel nicht Schaffung) des "Humankapitals" transportiert. Die Maßnahmen sind zudem meist auch als Leistungen des Unternehmens an die Mitarbeiter interpretierbar (z.B. Personalentwicklungsmaßnahmen, der erwünschten Kompetenz entsprechende Entlohnung).

Die weitaus häufigste Formulierung ist allerdings die Festschreibung von Fähigkeiten oder Verhaltensstandards der Mitarbeiter als eine Tatsache, ein Erfordernis oder die Grundlage des Erfolges. Ein paar Beispiele zu Illustration:

---

[30] Ähnlich auch im Zusammenhang mit dem Informations- und Kommunikationverhalten des Unternehmens (periphäres Zusatzthema). Es wird in mehr als der Hälfte der Texte (17) thematisiert, wobei die interne Kommunikationspolitik in etwas mehr als einem Drittel der Dokumente (11) vorkommt und die Mitarbeiter als zentrale Bezugsgruppe hat, deren Informiertheit zumeist als Voraussetzung für eine gute oder vertrauensvolle Zusammenarbeit bezeichnet wird (6). Beschreibungen des internen Informations- und Kommunikationsverhaltens betonen die Offenheit derselben (4), die Einfachheit (unkompliziert, formlos – 2) oder die Verständlichkeit (1).

- *Erstklassige Ausbildung, Teamgeist und Erfolgswille stärken unsere Gemeinschaft. (#1)*
- *Erstklassigen, einsatzfreudigen Mitarbeitern ist nichts unmöglich, besonders, wenn sie im Team zusammenarbeiten. (#18)*
- *Persönliches Engagement, beste fachliche Qualifikation und Identifikation mit den Unternehmenszielen zeichnen uns im Handeln aus. (#20)*
- *Die Aufgaben der #19 erfordern Mitarbeiter mit hoher persönlicher und fachlicher Qualifikation und überdurchschnittlicher Leistungsbereitschaft. (#19)*
- *Unsere Produkte und Dienstleistungen erfordern verantwortungsbewusste, gut informierte Mitarbeiter mit hoher fachlicher Qualifikation und der Bereitschaft zu besonderem Einsatz auch in außergewöhnlichen Situationen. (#41)*
- *Voraussetzung für den künftigen Erfolg unserer Gruppe ist die Leistung und Identifikation jedes einzelnen Mitarbeiters im Unternehmen. (#32)*
- *Der Erfolg unseres Unternehmens basiert auf der Motivation und der guten Ausbildung unserer Mitarbeiter. (#50)*
- *Qualität schließt nicht nur die Erfüllung vereinbarter Anforderungen und Termintreue ein, sondern auch hohe Qualifikation unserer Mitarbeiter [...] (#38)*

Während eine Konstatierung der Fähigkeiten oder Verhaltensstandards der Mitarbeiter[31] als "Facts" den Charakter einer Zuschreibung bzw. Selbstzuschreibung (wenn 1. Person) von Kompetenzen hat, wird bei Referenz auf ein (objektiv gegebenes) Erfordernis die Forderung externalisiert und damit objektiviert. "Der Markt" oder "die Produkte und Dienstleistungen" erfordern bestimmte Qualifikationen, die von den Mitarbeitern einzubringen sind (und auch eingebracht werden), während die Perspektive des Arbeitgebers, der bestimmte Forderungen an seine Arbeitnehmer stellt, auf der manifesten Ebene vermieden wird – sie bleibt implizit.

Inhaltlich sind die angesprochenen Erwartungen an die Mitarbeiter relativ breit gestreut. Abbildung 30 gibt die Kompetenzen, Fähigkeiten etc. wieder, die in mehr als 20% der Dokumente in diesem Zusammenhang genannt werden.

Fachkompetenz (Qualifikation, Know-How etc.) der Mitarbeiter ist mit Nennungen in 53,33% der gesamten Dokumente die häufigste geäußerte Erwartung. An zweiter Stelle (46,67%) wird die Leistungskomponente thematisiert, wobei sich

---

[31] In zwei Fällen werden Verhaltensstandards für Mitarbeiter unter der Überschrift 'Unternehmenskultur' angeführt (#9, #45). Unternehmenskultur gehört zu den selten vorkommenden Themen (6), das sich außerdem durch eine inhaltliche Diffusität auszeichnet.

hier sowohl Aussagen zur Leistungsorientierung bzw. -bereitschaft (9 Textstellen) und zu den Leistungen selbst (also Leistungsfähigkeit; 7 Textstellen) finden. Deutlich geringer bereits Unternehmergeist/Eigeninitiative und Teamgeist in je 26,67% der Dokumente, alle anderen Datenpunkte liegen bereits unter 25%. Weitere, in der Grafik aufgrund der Marginalität nicht angeführte Kompetenzen/Eigenschaften sind: Identifikation (5), Qualitätsbewusstsein/-streben (4), Loyalität, Flexibilität, Kundenorientierung, (Weiter)Entwicklung, innovatives Handeln (3), effizient, kritikfähig (2), Erfahrung geschätzt, Ambition, Ehrgeiz, Kooperation/kooperativ, Risikobereitschaft (Mut zum Risiko) (1).

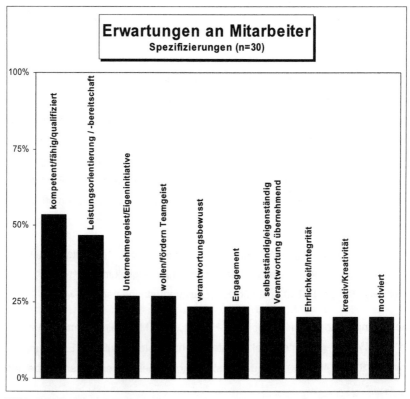

Abbildung 30: Erwartungen an Mitarbeiter

Leistungen an die Mitarbeiter

In Bezug auf die Mitarbeiter werden aber außer Erwartungen auch in hohem Ausmaße (60% der gesamten Texte) Aussagen getroffen, die als Leistungen[32] an diese interpretiert werden können (vgl. Abbildung 31). Diese Aussagen variieren wiederum hinsichtlich ihrer Explizietheit: Während in 7 Dokumenten (#49, #57, #102, #66, #38, #35) Mitarbeitern Leistungen oder Möglichkeiten "geboten" werden, wird in der Mehrzahl der Texte eine weniger direkte Formulierung gewählt. Die jeweiligen Leistungen werden beispielsweise als "Aufgabe" oder "besonderes Anliegen" bezeichnet. Die Aussagen haben in der Regel den Charakter von Handlungszielen, nur in einem Dokument handelt es sich um eine Selbstverpflichtung (#76).

Personalentwicklung ist mit einer Nennung in der Hälfte aller Dokumente die häufigste Maßnahme innerhalb der Leistungen, zugleich aber auch eine der am wenigsten deutlich gemachten: Sie wird in der Regel als allgemeines Handlungsziel (nur ein Unternehmen "bietet" sie den Mitarbeitern an) formuliert und wird eher als eine Beschreibung der Handlungsbereiche der Unternehmen formuliert, denn als Leistung an die Mitarbeiter "verkauft". Aus- und Weiterbildungsmaßnahmen dienen in der Regel einer Besserqualifizierung der Mitarbeiter, nur in 4 Fällen wird die persönliche Entwicklung ebenfalls betont. Mit der **Entlohnung** nimmt ebenfalls eine konkrete Maßnahme der Personalpolitik[33] den zweiten Platz

---

[32] Darunter sind Aktivitäten des Unternehmens zu verstehen, von denen der Mitarbeiter unmittelbar und persönlich profitiert. Unmittelbar deshalb, weil der Mitarbeiter aus einer bestimmten Perspektive mittelbar immer – zumindest teilweise – am Erfolg des Unternehmens teilhat und so gesehen von allen entsprechenden Aktivitäten profitiert. Mitarbeiter können in unterschiedlicher Hinsicht profitieren: in monetärer (z.B. Bezahlung) ebenso wie in nicht-monetärer (z.B. gutes Arbeitsklima), in materieller ebenso wie in sozialer oder persönlicher Hinsicht usw.

[33] Personalpolitik wird in mehr als der Hälfte der Leitbilder thematisiert und zählt aufgrund fehlender Breite und Betonung zu den peripheren Zusatzthemen. Die Hälfte aller Unternehmen – und damit beinahe 90% der Texte, die die Personalpolitik aufgreifen – beziehen sich auf die Personalentwicklung der Mitarbeiter, wobei die Aufgabe des Unternehmens in der fachlichen Weiterentwicklung der Mitarbeiter durch entsprechende Ausbildung besteht, während die Förderung der persönlichen Weiterentwicklung nur von 5 Unternehmen postuliert wird (in 4 davon im Zusammenhang mit fachlicher Weiterentwicklung, s.o.). Die Entlohnung wird von etwas mehr als einem Drittel der entsprechenden Texte spezifiziert und zwar als leistungsgerecht (5), marktgerecht (2) oder fair/angemessen (2). Aussagen zum Personaleinsatz (4) betonen den "sinnvollen" Mitarbeitereinsatz (entsprechend den Fähigkeiten und Leistungen), während die Personalauswahl von Mitarbeitern nur einmal thematisiert wird. Interessanterweise wird Personalauswahl (4) – so selten sie vorkommt – mehrheitlich (3) auf Führungskräfte bezogen, und zwar auf eine hausinterne Rekrutierung. Während die

ein, wobei eine markt- und/oder leistungsgerechte Entlohnung dominiert. Alle
anderen Leistungen der Grafik kommen in 4 oder weniger Dokumenten vor.

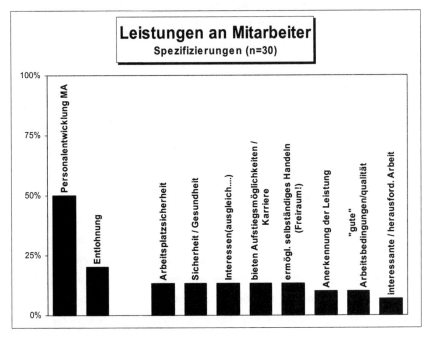

Abbildung 31: Leistungen an die Mitarbeiter

Wenn Führungsstil[34] als Sachthematik gemeinsam mit der Akteursgruppe Mitarbeiter vorkommt (10), wird bis auf zwei Ausnahmen immer seine Funktion als Erfolgsfaktor herausgestellt, der über die Mitarbeiter realisiert wird. Die Unternehmen beschreiben sich vornehmlich als partizipativ und kooperativ im Führungsverhalten, während Spannungsfelder einmal mehr gänzlich ausgeklammert
bleiben[35].

Mehrzahl der Äußerungen zur Personalpolitik allgemeiner Natur ist und weder qualitativ noch quantitativ konkretisiert, geschweige denn operationalisiert wird, stellen die wenigen Aussagen zur Personalauswahl in dieser Hinsicht eine Ausnahme dar. Die bevorzugte Hausbesetzung von Führungspositionen (ebenso wie die Bevorzugung lokaler Mitarbeiter - #49) stellt eine klare Handlungspriorität dar, die als Orientierung oder Richtlinie dienen kann und als solche auch überprüfbar ist.
[34] Die Sachthematik Führung ist ein peripheres Zusatzthema, das in 13 Dokumenten vorkommt.
[35] Aussagen zum Führungsverhalten bedienen sich der gängigen betriebswirtschaftlichen Terminologie und beschreiben allesamt einen kooperativ bzw. partizipativ orientierten Führungsstil. Mehr-

Gegenüberstellung der Leistungen und Erwartungen

Fasst man die unterschiedlichen Erwartungen und Leistungen an Mitarbeiter nach den verschiedenen Wertdimensionen zusammen und stellt sie einander gegenüber, ergibt sich folgendes Bild (vgl. Abbildung 32):

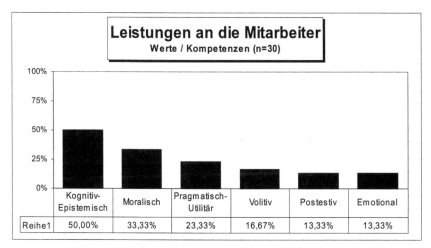

Abbildung 32: Mitarbeiter - Arten von Erwartungen / Leistungen

Sowohl hinsichtlich der formulierten Erwartungen als auch hinsichtlich der Leistungen stehen **kognitiv-epistemische** Eigenschaften, Fähigkeiten, Verhaltensstandards – kurz Kompetenzen – im Vordergrund. Während die Erwartungen hier inhaltlich doch ein breiteres Spektrum abdecken, stellt die Personalentwicklung die einzige – in der Regel indirekt formulierte – Leistung dar. Weniger gleich verteilt sind die **pragmatisch-utilitären** Kompetenzen: Während eine Reihe unterschiedlicher Erwartungen formuliert werden (Schwerpunkt: Leistungsorientierung), stellt eine markt- oder leistungsgerechte Entlohnung den Fokus der entsprechenden Leistungen dar. Diese (Gegen-)Leistung bleibt aber hinsichtlich der

---

fach angesprochen werden gemeinsame Zielvereinbarung (#20, #75, #77) bzw. die Verwendung von Zielvorgaben (#49), ein kooperativer bzw. partnerschaftlicher Führungsstil (#9, #69, #77, #95), Partizipation bei Entscheidungsfindung (#57, #75), Delegation von Verantwortung und Kompetenzen (#1, #49, #66, #77). Anweisungen, Richtlinien, Vorgaben oder gar negativ besetzte Verhaltensmuster wie autoritäres oder patriarchales Führungsverhalten werden nicht thematisiert. Eine seltsame Formulierung kann beinahe schon als Bonmot herhalten, da die Anführungszeichen (sie sind im Originaltext gesetzt!) das Bekenntnis zur kooperativen Mitwirkung quasi ad absurdum führen: *[...] die Mitarbeiter "kooperativ" mitwirken zu lassen (#95).*

Häufigkeit weit hinter den formulierten Erwartungen zurück. Die Differenz vergrößert sich noch mehr bei den **volitiven** Kompetenzen, wobei besonders Unternehmergeist bzw. Eigeninitiative, Engagement und Motivation erwartet werden, auf der anderen Seite aber berufliche Perspektiven oder interessante, herausfordernde Arbeit aber nur selten geboten werden. **Moralisch-ethische** Kompetenzen fokussieren im Bereich der Erwartungen Ehrlichkeit und Verantwortungsbewusstsein der Mitarbeiter, im Bereich der Leistungen aber so pragmatische Themen wie Arbeitsplatzsicherheit, Arbeitssicherheit und Gesundheit und die Bekundung der Interessenberücksichtigung der Mitarbeiter (hier allerdings oftmals als eine von mehreren Anspruchsgruppen). Während **potestive** Kompetenzen aus beiden Perspektiven eine wenn auch deutlich geringere Rolle spielen, zeichnen sich die **sozialen und emotionalen** Kompetenzen durch Einseitigkeit aus. Soziale Kompetenzen werden nur in Form von Erwartungen (v.a. Teamgeist) formuliert, emotionale wiederum nur in Form von Leistungen.

Das Spannungsfeld unterschiedlicher Interessenlagen im Zusammenhang mit Leistungen und Gegenleistungen ist in Leitbildtexten regelmäßig kein Thema, was sich auch in der seltenen Erwähnung von Interessenvertretungen als Akteursgruppe niederschlägt[36].

Zeitliche Perspektive

Die Mitarbeiter sind als fest in der Gegenwart verankertes Thema zu betrachten. Die Kompetenzen, Eigenschaften und Fähigkeiten stellen einen erreichten Status dar, der – und hier kommt die Zukunft ins Blickfeld – über geeignete Maßnahmen (z.B. Personalentwicklung) erhalten werden soll. Ein einziges Unternehmen bezieht sich in diesem Zusammenhang auf seine Vergangenheit:

- *Generationen gut geschulter Mitarbeiter waren beschäftigt, den täglichen Einkauf von Generationen zufriedener Kunden zu einem Erlebnis zu machen. (#50)*

---

[36] In nur 2 Dokumenten kommen die Interessenvertretungen zur Sprache, und sie spielen eine marginale Rolle.

ZUSAMMENFASSENDE BEWERTUNG

Der gesamte Mitarbeiterdiskurs ist von einem funktionalistischen Grundton geprägt, der den Mitarbeitern letztlich den Status eines – des – wesentlichen Produktionsfaktors zuweist (das gilt auch für verschränkte Sachthemen wie die Personalpolitik und der Führungsstil). Die Mitarbeiter werden als konstitutiv für den Erfolg des Unternehmens eingeführt, weshalb sich das Unternehmen den effektiven und effizienten Einsatz dieses Faktors zur Aufgabe macht.

Die Mitarbeiter werden durch ihre Fähigkeiten, Kompetenzen und Verhaltensstandards beschrieben, die sich entsprechend der Logik des zugrunde liegenden Event-Modells (der Faktor Arbeit) wiederum auf die kognitiv-epistemische und pragmatisch-utilitäre Dimension konzentrieren. Präferiert werden dabei Substantive und nicht etwa Eigenschaftswörter, was die Entpersonalisierung verstärkt und die Kompetenzen etc. als generelle Unternehmensnormen etabliert. Tätig ist einzig das Unternehmen selbst, das seine Mitarbeiter fördert, unterstützt – pflegt. Ihre Kompetenzen, Eigenschaften und Fähigkeiten sind Ergebnis dieser Aktivitäten.

Die Beziehung zwischen Unternehmen und Mitarbeitern bleibt ausgeblendet und damit einhergehende Themen wie Interessen(gegensätze) nicht aufgegriffen.

3.2.2 Der Diskursstrang "Marktumfeld"

Marktumfeld (n = 30)				
Wortfrequenzanalyse			**Themenpositionierung bei Überschrift / Äquivalent**	
Dominant	13	43,33 %	1. Drittel	15
Umfangreich	7	23,33 %	2. Drittel	5
Marginal	9	30,00 %	3. Drittel	2
Kommt nicht vor	1	3,33 %	Überschriften gesamt	22

Abbildung 33: Marktumfeld. Wortfrequenzanalyse und Themenpositionierung

Das sozio-ökonomische Umfeld ist der dominante Sachthemenbereich im vorliegenden Korpus, wobei der eindeutige Schwerpunkt auf dem konkreten Umfeld der unternehmerischen Tätigkeit liegt. Aussagen zum Marktumfeld kommen bis auf eine Ausnahme (#76) in allen Dokumenten vor. In 12 Dokumenten im dominanten Bereich ist es – neben dem Akteursthema Mitarbeiter – das räumlich am breitesten ausgeführte Thema. Ähnlich hervorstechende Betonung erfährt es durch eine Nennung in Überschriften oder formalen Äquivalenten in 22 der Dokumente.

Das Marktumfeld wird in den Dokumenten aus drei Perspektiven thematisiert: Charakterisierung des Kontextes, Positionierung des Unternehmens innerhalb des Kontextes und die räumliche Abgrenzung des relevanten Kontextes. Hauptakteur dieser Topik ist das Unternehmen, andere interne Akteure spielen keine Rolle. Auch die Konkurrenten stellen eine selten thematisierte Akteursgruppe dar (sie werden in zwei Dokumenten als "Mitbewerber" eingeführt), obwohl sie implizit als Vergleichsgröße in der Marktpositionierung präsent sind[37]. Als einzige nennenswerte Akteursgruppe sind noch die Kunden zu bezeichnen: ihnen möchte man "kundenorientierte Leistungen" bieten, ihre "Bedürfnisse, Wünsche, Ansprüche" etc. befriedigen. Sie nehmen dabei keine aktive Rolle ein.

Mit beinahe 90% stellt die Marktposition das zentrale Subthema dar, gefolgt von der in mehr als drei Viertel der Dokumente erfolgten Spezifizierung des (Absatz-)Marktes. Beschreibungen des Kontextes werden demgegenüber nur in einem knappen Drittel der Dokumente vorgenommen. Dabei handelt es sich ausschließlich um Dokumente, die zudem auf die Marktposition ebenso Bezug nehmen wie auf den (Absatz-)Markt (die Hälfte geht zusätzlich noch auf andere Aspekte des Themas ein). Ein weiterer Hinweis auf die Zentralität der Marktposition ist die Beobachtung, dass Dokumente mit einer unterdurchschnittlichen Repräsentation dieses Themas immer Marktorientierung oder -positionierung anspre-

---

[37] Der Akteursgruppe Konkurrenten wird nur in 6 Dokumenten Beachtung geschenkt (periphäres Zusatzthema). Während eine explizite Nennung nur in zwei Fällen erfolgt ("Mitbewerber"), werden sie vielmehr in ihrer Funktion als Maßstab ("messen uns an den Besten") oder "positive Herausforderung" eingeführt. Leistungen und Erwartungen werden nicht spezifiziert. Verhaltensstandards im Umgang mit der Konkurrenz ("wollen die üblichen Usancen und allgemeinen Bedingungen beachten") werden nur einmal formuliert, ansonsten wird die Beziehung zu ihnen über allgemeine Formulierungen wie "wir stellen uns dem Wettbewerb" (4) angesprochen.

chen, in einigen Fällen zusätzlich, niemals aber ausschließlich den (Absatz-)Markt.

Marktposition - Führerschaft

Der zentrale Orientierungspunkt im Markt ist die Topposition –22 der Unternehmen wählen sie als Bezugspunkt. Die eigene Marktposition bezeichnen 13 als führend (wenn auch unter mehreren), mehr als ein Drittel (11) strebt Marktführerschaft bzw. eine Spitzenposition an. Teilaspekte werden in Form von Technologieführerschaft (3), Kostenführerschaft (2) und Qualitätsführerschaft (3) in 6 Texten spezifiziert. Eher selten kommen allgemeinere Formulierungen ("wollen die Besten sein", "zu den Besten am Markt gehören") zur Anwendung, die als Referenzpunkt einen unspezifizierten Qualitätsbegriff wählen.

Angesichts der Tatsache, dass viele dieser Unternehmen ein internationales Betätigungsfeld angeben (knapp 60% explizit international; 27% ein europäisches), ist eine entsprechend vorsichtige Formulierung hinsichtlich der Marktposition nicht überraschend. Nur ein Unternehmen postuliert eine weltweite Führungsstellung (#46), während in der Mehrzahl der Dokumente Konstruktionen wie "ein führender...." oder "einer der ..." gewählt werden, oder aber der Anspruch auf eine bestimmte Region oder Branche eingeschränkt wird. Die indirekteste Formulierung nutzt den direkten Artikel und schließt damit implizit andere Unternehmen aus:

- *Wir verstehen uns weltweit als der kompetente Partner im Bereich Edelstahl. (#28)*
- *MARKTSTELLUNG*
  WIR SIND DAS ÖSTERREICHISCHE ZUCKER- UND STÄRKEUNTER-
  NEHMEN. (#77)

Von den Unternehmen, die eine Führungsposition anstreben, verbinden 70% diese Zielformulierungen mit der Beschreibung von Strategien oder Ressourcen zur Erreichung des Zieles. So werden als Ressourcen "die starke Unternehmensgruppe" (#34), "das Wissen des Verkehrs- und Technologiekonzerns" (#45), oder aber Innovations- oder Kreativitätspotenziale und das Produkt-/Leistungssortiment ins Treffen geführt. Außerdem werden Qualität (#49, #66)

und Kultur (#74) als Wettbewerbsvorteile angeführt. Als Handlungsstrategie wird
bspw. Expansionspolitik (#1) angeführt, oder über Formulierungen wie "aus eigener Kraft" indirekte Informationen über die geplanten Finanzierungsstrategien
(anzunehmenderweise im Hinblick auf Aktionäre oder Investoren) gegeben. Die
Postulierung eines Führungsanspruches wird in der Regel nicht begründet oder
gerechtfertigt[38]. Das Ziel der Erhaltung bzw. des Ausbaus der eigenen Position
strebt etwas mehr als ein Drittel der Unternehmen explizit an, wobei hinsichtlich
der Formulierung "Marktposition" und "Wettbewerbsposition" ziemlich genau in
gleichem Umfang verwendet werden. Ressourcen zur Zielerreichung werden
kaum expliziert, die häufigsten Handlungsstrategien zur Zielerreichung sind
Kooperationen/Partnerschaften (4) und die Beachtung bzw. Erfüllung der
Kundenbedürfnisse (3). Investitionen werden in diesem Zusammenhang nur einmal thematisiert, ebenso wie Forschung und Entwicklung.

"Marktorientierung" als Qualität des Unternehmens bzw. allgemeine Handlungsmaxime wird in 23% der Dokumente angeführt. Generelle Grundorientierungen
für das Marktverhalten – z.B. als "aktive und offensive Strategie" (#95) – finden
sich in der Regel nicht, und auch Formulierungen wie "stellen uns dem Wettbewerb" u.ä. werden nur in vernachlässigbarem Umfang verwendet.

(Absatz-) Markt

Etwa zwei Drittel (23) der Unternehmen beschreiben ihren Markt bzw. ihr regio-
nales Betätigungsfeld. Die Mehrzahl der Unternehmen beschreibt ein internationales (15) bzw. europäisches (7) Betätigungsfeld (aber nur zweimal werden
über die Postulierung kultursensitiven Verhaltens interkulturelle Aspekte thematisiert)[39]. Ausschließlich auf den nationalen Markt Bezug nimmt nur ein Unternehmen (#41), 4 weitere thematisieren zusätzlich den österreichischen Markt

---

[38] Mit einer Ausnahme: Wir streben die Marktführerschaft an! Nur Marktführer können auf Dauer
erfolgreich und auch selbstständig bleiben. (#9)
[39] Während man eine häufigere Thematisierung interkultureller Aspekte erwarten könnte, erregt
eine explizite Thematisierung der rechtlichen Rahmenbedingungen angesichts ihrer selbstverständlichen Anerkennung in der Rechtsstaatlichkeit verpflichteten Kulturkreisen eher Aufmerksamkeit.
Zur Einhaltung der Gesetze verpflichten sich 5 der Unternehmen explizit, wobei nur eines ihm überdurchschnittlich viel Raum gibt (auch mehrmals in der inversen Formulierung illegale Aktivitäten
ablehnt) und im ersten Drittel eine Überschrift widmet.

(#20, #102, #75, #64), wobei sich diese Unternehmen durchwegs in Branchen mit besonderen Charakteristika (stark geregelte Sektoren) befinden.

Kontext

Die Spezifizierungen des Umfeldes in knapp einem Drittel der Dokumente beinhalten in ungefähr gleichem Ausmaß v.a. zwei Charakteristika, und zwar die generelle Betonung der Marktdynamik (Wandel/Veränderung des Marktes) und die spezifische Hervorhebung der Wettbewerbsdynamik (harter/mehr Wettbewerb).

Die allgemein gehaltenen Aussagen zur Marktdynamik sind in Formulierungen wie die "wechselnden Erfordernisse des Marktes", "sich kontinuierlich wandelnde Märkte" oder "in einem sich ändernden Markt" gekleidet. Branchenspezifische Konkretisierungen sind grundsätzlich unüblich, eine hier nicht weiter verfolgte Ausnahme bilden Unternehmen des Energiesektors[40]. Die Unternehmen beschreiben die Veränderungen des Umfeldes fast durchgehend als Erfordernisse, an die sich das Unternehmen anpassen muss oder (sehr gut) kann, selten aber konkret als Chance (Ausnahme im vorliegenden Korpus: #20). Sie wird vielmehr als eine Situation dargestellt, der man gerecht zu werden versucht, die es zu bewältigen gilt, der man (mit geeigneten Mitteln) begegnen muss. Ein paar Beispiele sollen das veranschaulichen:

- *Die Organisation ist schlank und flexibel, sie kann sich an die wechselnden Erfordernisse des Marktes anpassen und wird damit zu einem wichtigen Instrument zur Erreichung der Kostenführerschaft in unserer Branche. (#49)*
- *Gute Unternehmensergebnisse sind Voraussetzung für eine aktive Politik in Forschung und Entwicklung und sind somit die Basis für Erfolg in sich kontinuierlich wandelnden Märkten. (#66)*
- *Um der Dynamik des internationalen Wettbewerbs gerecht zu werden, überprüfen wir ständig unsere Strategien für Standorte, Fertigungstiefe und Kooperationen. Bei der Verbesserung unserer Leistungsfähigkeit ist der faire Ausgleich mit allen Beteiligten unverzichtbar. (#45)*

---

[40] Hier ist ein (in der vorliegenden Untersuchung weiter nicht verfolgter) Zusammenhang mit der Liberalisierung zu vermuten, der zudem die Bedeutung von strategischen Partnerschaften in den Vordergrund treten lässt. Organisationale Außenbeziehungen kommen in 12 Texten vor und werden weder durch Überschriften noch formale Äquivalente betont, allerdings ist eine gewisse Konzentration dieses Themas in Dokumenten des Energiesektors zu beobachten.

Zeitliche Perspektive

Hinsichtlich der zeitlichen Verankerung der Topik rückt neben Beschreibungen des erreichten, gegenwärtigen Status über die Marktpositionsziele die zukünftige – durchwegs positiv eingeschätzte – Entwicklung der Unternehmen ins Blickfeld. Auf konkrete anstehende Veränderungen des Kontextes wird nur von Energieunternehmen Bezug genommen. 4 Unternehmen nutzen die Gelegenheit, auf die eigene – erfolgreiche – Entwicklungsgeschichte zu verweisen, wobei zum Teil gleich der Bogen in die Zukunft gespannt wird.

- *Weltmarke #95: Wir lösen Transportprobleme weltweit. Der Name #95 hat sich in über hundertjähriger Tradition zu der "Weltmarke im internationalen Speditionswesen" entwickelt. Er steht für Dynamik und Finanzkraft, Verlässlichkeit und Güte. (#95)*
- *Erdöl und Erdgas aufzusuchen, zu gewinnen, zu transportieren, zu verarbeiten und zu vermarkten sind unsere Kernkompetenzen. Damit haben wir in Österreich eine führende Stellung erreicht, die wir mit Entschlossenheit behaupten. Unsere Positionen und Interessen werden in allen Geschäften zukunftsorientiert weiterentwickelt.Wir stellen uns selbstbewusst dem Wandel der Zeit und sehen uns damit für die wirtschaftlichen und ökologischen Herausforderungen des neuen Jahrtausends gerüstet. (#1)*
- *Die #38 AG ist ein führendes Unternehmen der österreichischen Bauindustrie mit Sitz in Linz, OÖ. Seit der Gründung im Jahre 1965 hat sich die #38 AG zu dem heutigen Unternehmen entwickelt, das in allen Sparten tätig ist und dessen Name mit der Errichtung und Bewältigung vielfältigster Bauaufgaben verbunden ist. (#38)*

ZUSAMMENFASSENDE BEWERTUNG

Als relevantes Umfeld des Unternehmens wird der Markt spezifiziert, wobei Wissen über seine Charakteristika und Funktionsweisen vorausgesetzt wird. Die Unternehmen des Energiesektors sind insofern interessant, als sie expliziter bzw. ausführlicher auf den Markt und sein zentrales Charakteristikum, den Wettbewerb, eingehen. Für diese Unternehmen, deren Umfeld lange Zeit durch starke Regulierungen geprägt war, ist Wettbewerb neu – und eine besondere (und besonders erwähnenswerte) Herausforderung. Für die Mehrzahl der Unternehmen ist der Markt mit seinen Spielregeln Common Knowledge, betont wird seine Dynamik im Hinblick auf den (kompetenten, tüchtigen) Umgang des eigenen Unternehmens mit diesen Herausforderungen. Das Ziel – Führerschaft – ist nicht weiter zu begründen oder zu rechtfertigen. Wichtig ist hingegen, die eigene Position klar zu machen. Dieses Event-Modell des im Wettbewerb erfolgreichen Unternehmens wird auch durch die folgenden beiden Thematiken bemüht bzw. ergänzt.

In diesem Zusammenhang i.d.R. nicht angesprochen wird das (nackte) Überleben des Unternehmens, das nicht im Zusammenhang mit der Marktposition oder der Konkurrenz thematisiert wird sondern als Legitimation für Maßnahmen oder -ziele der ökonomisch-finanziellen Sphäre (vgl. Teil III: 3.4.3).

3.2.3 Der Diskursstrang "Kunden"

Kunden (n = 30)				
Wortfrequenzanalyse			**Themenpositionierung bei Überschrift / Äquivalent**	
Dominant	9	30,00 %	1. Drittel	8
Umfangreich	11	36,67 %	2. Drittel	9
Marginal	10	33,33 %	3. Drittel	0
Kommt nicht vor	0	0,00 %	Überschriften gesamt	17

Abbildung 34: Kunden. Wortfrequenzanalyse und Themenpositionierung

Die Kunden sind die am häufigsten thematisierte Referenzgruppe im vorliegenden Korpus – sie kommen in allen Dokumenten zur Sprache, bleiben aber sowohl hinsichtlich der räumlichen Breite als auch hinsichtlich formaler Betonungen wie Überschriften (17) hinter den Mitarbeitern und dem Marktumfeld zurück. Erwähnung findet diese Akteursgruppe in 20 Dokumenten bereits im ersten Drittel, ansonsten im zweiten, aber niemals tauchen die Kunden erstmalig im hinteren Drittel der Texte auf. Die Kunden gehören in beinahe drei Viertel der Dokumente zu den roulierenden Themen, d.h. sie kommen im Laufe der Texte immer wieder vor.

Während die Kunden als Bezugspunkt zweifelsohne eine zentrale Thematik für Unternehmensleitbilder darstellen, werden sie selbst, die Beziehung zwischen ihnen und dem Unternehmen und die daran geknüpften Erwartungen und Leistungen wenig detailliert ausgeführt. Interessanterweise kommen die Mitarbeiter in der Regel nicht gemeinsam mit den Kunden als Akteure vor, auch spielt die Kundenorientierung als erwarteter oder geforderter Verhaltensstandard keine herausragende Rolle.

Als häufigste Leistung an die Kunden wird das Produkt- bzw. Leistungsprogramm (18) genannt, das den Kunden in der Regel "(an)geboten" wird, wobei die Leistungsqualität zumeist mit Eigenschaftswörtern spezifiziert wird. Explizit von kundenorientierten oder -gerechten Produkten oder Leistungen wird in 7 Dokumente gesprochen, Kundennähe ist ein anderes, etwas gehäuft auftretendes Konzept (5). Erwartungen an die Kunden werden nicht formuliert, Erwartungen seitens der Kunden nur in Ausnahmefällen zum Ausdruck gebracht. (So bezeichnen 2 Unternehmen ihre Kunden als "anspruchsvoll" (#50, #19), einmal werden sie als öko-sensibel bezeichnet (#49).) In den Texten wird beinahe völlig auf eine Zielgruppenspezifizierung verzichtet – die Kunden bleiben eine undefinierte, gesichtslose Variable.

Trotz ihrer Profillosigkeit sind die Kunden der entscheidende Maßstab (9): Ihre Funktion liegt in der Bewertung der Leistungen des Unternehmens, wobei allerdings auf weitergehende Ausführungen wie beispielsweise Konsequenzen oder mögliche Sanktionen bei unterschreiten der "Messlatte" verzichtet wird. Inkludiert man auch Aussagen wie die Erfüllung der Kundenbedürfnisse, -wünsche etc. (ein Handlungsziel für 7, eine Handlungsmaxime für 7) und die Selbstzuschreibung "kundenorientiert" (14), stellen 80% der Dokumente (24) die Zufriedenheit der Kunden als Ziel der Aktivitäten des Unternehmens dar. In 4 Dokumenten werden die Kunden explizit als "Mittelpunkt" bezeichnet.

Die Rolle des Unternehmens wird in der Regel indirekt spezifiziert, und zwar – in der Mehrheit der Fälle – sehr neutral als (bemühter) Anbieter von Leistungen zur Befriedigung der Kunden. Der Kunde wird in erster Linie bedient, nur in 5 Texten wird eine helfende Haltung eingenommen (Unternehmen als "Problemlöser" oder "Helfer) und einmal eine explizit dienende:

- *Der Kunde steht im Mittelpunkt all unserer Bemühungen. Ihm wollen wir dienen: mit besseren Leistungen, mehr Service und persönlichem Engagement. (#57)*

Die Beziehung zu den Kunden wird in 9 Dokumenten explizit thematisiert, wobei sie vor allem als partnerschaftlich (8) bezeichnet wird (in 3 Fällen als Zielformulierung) und nur einmal als "vertrauensvoll" (#75). Die Verhaltensstandards (Normen und Regeln) in der Kundenbeziehung werden vor allem über Beschreibungen der Leistungserstellung bzw. Produkte zum Ausdruck gebracht. Das Unternehmen spricht sich dabei – mehr oder weniger direkt – Kompetenzen wie Zuverlässigkeit, Kompetenz, Ehrlichkeit etc. zu, die letztlich die Beziehung zu Kunden oder Auftraggebern prägen (sollen).

Aus der Zeitperspektive betrachtet, sind sie vor allem in der Gegenwart verankert.

ZUSAMMENFASSENDE BEWERTUNG
Im Repräsentationssystem des im Wettbewerb erfolgreichen Unternehmens wird der Kunde zum Maßstab erklärt: Ihm wird ein wenig elaborierter, aber als "richtende" Instanz zentraler Status zugesprochen. In dieser Funktion der bewertenden Referenzgruppe kommt der Kunde immer wieder, quasi roulierend, zur Sprache.

3.2.4 Der Diskursstrang "Produkte/Leistungen"

Produkte/Leistungen (n = 30)				
Wortfrequenzanalyse			**Themenpositionierung bei Überschrift / Äquivalent**	
Dominant	6	20,00 %	1. Drittel	6
Umfangreich	6	20,00 %	2. Drittel	7
Marginal	16	53,33 %	3. Drittel	3
Kommt nicht vor	2	6,67 %	Überschriften gesamt	16

Abbildung 35: Produkte / Leistungen. Wortfrequenzanalyse und Themenpositionierung

Die Produkte bzw. Leistungen des Unternehmens[41] werden in 28 Dokumenten thematisiert, in 16 Dokumenten kommen sie in Überschriften bzw. einem Äqui-

---

[41] Die hier erfassten Äußerungen zum Produkt- bzw. Leistungssortiment beziehen sich auf die Eigenschaften bzw. Qualitäten desselben und sind vom Thema Branche/Tätigkeitsbereich zu unter-

valent vor. Trotz der häufigen Thematisierung nehmen sie meist unterdurchschnittlich viel Raum ein (16) und sind selten als dominant zu qualifizieren (6).

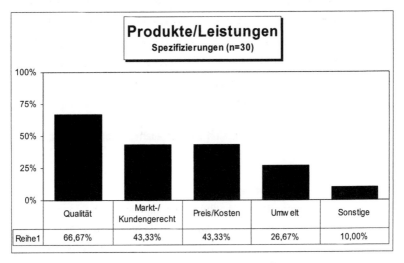

Abbildung 36: Typische Charakteristika des Produkt-/Leistungssortimentes

Die Topik dient der Darstellung und Spezifizierung des Sortimentes: Fasst man die diversen Beschreibungen zusammen, können folgende Charakteristika des Produkt-/Leistungssortimentes unterschieden werden (vgl. auch Abbildung 36):

Produkt- bzw. Leistungsqualität steht mit zwei Drittel (20) an erster Stelle der Spezifizierungen, und zwar mit guter (hoher, bester, ausgezeichneter etc.) Qualität (17) oder (zu)verlässigen Produkten bzw. Leistungen (10). Innovative oder sichere Produkte spielen eine marginale Rolle. Eine Außenreferenz durch die Beschreibung der Leistungen als kunden- bzw. marktgerecht stellen 13 Unternehmen her, wobei sich der akteursorientierte Blickwinkel (Kunde) mit dem kontextorientierten (Markt) etwa die Waage hält (7:8). Wird das Preisargument (13) eingebracht, werden günstiger Preis bzw. niedrige Kosten (10) oder ein gutes Preis-

scheiden (von über 60 Spezifizierungen des Produkt-/Leistungssortimentes kommen nur 6 der entsprechenden Textstellen gemeinsam mit Branche/Tätigkeitsbereich vor), das in der Regel früher eingeführt wird.

/Leistungsverhältnis (5) ins Treffen geführt. Als ökologisch bezeichnen 8 Unternehmen ihre Produkte. Nur ein Unternehmen (#65) möchte explizit "profitable" Produkte erzeugen. Unter 'Sonstige' sind einmalige Aussagen wie "vollständiges" (1) oder "straffes" Produktprogramm zusammengefasst.

Die (Weiter-)Entwicklung des Produkt- bzw. Leistungsangebotes wird kaum thematisiert (4), und auch der Status der spezifizierten Produkt-/Leistungseigenschaften für das Unternehmen (z.b. "Basis des Erfolges" oder "Kern unserer Erfolgsstrategie") wird in der Regel nicht expliziert. Als Akteur tritt durchgehend das Unternehmen selbst auf. Die zweite vorkommende Akteursgruppe sind die Kunden, denen die Produkte und Leistungen geboten werden.

Eine Akteursgruppe ist in 8 Dokumenten im Zusammenhang mit dem Produkt-/Leistungssortiment zwar implizit präsent, wird aber nicht genannt: Die Konkurrenz, wenn es um marktorientierte Produkte geht. Das liest sich dann z.b. so:

- *Die täglich gelebte Kunden- und Marktorientierung ist Grundlage und Richtschnur unseres Arbeitens, wobei wir uns mit der Qualität unserer Leistung an den Besten und Erfolgreichsten im Wettbewerb messen. (#1)*
- *Unser Marketing muss mengenaggressiv und preisaggressiv sein! Wir sind moderne Kaufleute. Bei uns dominieren Warendruck und Preisaggressivität. (#9)*
- *Wir wollen die Besten sein, anspruchsvollen Kunden faszinierende, individuelle und für uns profitable Produkte vor anderen, besser ausgeführt und kurzfristiger anbieten. (#19)*
- *Mit umweltfreundlichen, konkurrenzfähigen Produkten stellen wir uns dem Wettbewerb auf dem Energiemarkt. (41)*
- *Durch die Qualität unserer Leistungen wollen wir bevorzugter Partner unserer Kunden sein. Wir haben alle unsere Projekte erfolgreich abgeschlossen. (#66)*
- *Wir bieten Strom, Gas, Wärme und Dienstleistungen preiswert, zuverlässig und in einwandfreier Qualität - und stellen uns dem Wettbewerb. (#67)*

Aus zeitlicher Perspektive wird die Qualität der Produkte und Leistungen als gegeben dargestellt. Selbst wenn auf Vergangenheit oder Zukunft verwiesen wird, ändert das nichts: Die Produkte und Leistungen waren so, sind so und werden weiterhin so sein – es wird nicht zwischen vergangenen, gegenwärtigen und zukünftigen Standards differenziert. Die Entwicklung der Leistungsqualitäten wird nicht beschrieben. Wenn überhaupt, dann wird die positive Entwicklungsge-schichte des Unternehmens beschrieben, an der die Leistungsqualität maßgeb-lich beteiligt war.

ZUSAMMENFASSENDE BEWERTUNG

Die Produkte sind ein weiteres Element des Event-Modells Markt, wobei nicht ihre Profitabilität im Vordergrund steht, sondern – der Logik des sich im Wett-bewerb erfolgreich durchsetzenden Unternehmens entsprechend – die Qualität hervorgestrichen wird. Wie schon beim Marktumfeld wird auch in diesem Zu-sammenhang die Konkurrenz nicht expliziert, sondern verharrt im impliziten Sta-tus. Wenn man die Kunden und die Beziehung zu ihnen (auch im Sinne damit einhergehender Verhaltensmuster) als positiv besetzt annimmt und die Konkur-renten bzw. die Beziehung zu ihnen als negativ besetzt, dann wird somit die ne-gative Beziehung entpersonalisiert. Mit "Wettbewerb" (die aggressive Formulie-rung von #9 ist klar eine Ausnahme) werden die Sportanalogie und die damit verbundenen Assoziationen von Fairness und Chancengleichheit aktiviert – im Gegensatz zum (Überlebens)Kampf einer Kriegs- oder Militärmetapher.

3.3   Zentrale Standardthemen II - Rahmenthemen

3.3.1   Der Diskursstrang "Tätigkeitsbereich/Branche"

Tätigkeitsbereich/Branche (n = 30)				
Wortfrequenzanalyse			**Themenpositionierung bei Überschrift / Äquivalent**	
Dominant	4	13,33 %	1. Drittel	16
Umfangreich	3	10,00 %	2. Drittel	0
Marginal	16	53,33 %	3. Drittel	1
Kommt nicht vor	7	23,33 %	Überschriften gesamt	17

Abbildung 37: Tätigkeitsbereich / Branche. Wortfrequenzanalyse und Themenpositionierung

Branche/Tätigkeitsbereich gehört mit 23 Nennungen zu den Standardthemen, er-hält die Zuordnung zu den zentralen Themen aber ausschließlich über formale

Branche/Tätigkeitsbereich gehört mit 23 Nennungen zu den Standardthemen, erhält die Zuordnung zu den zentralen Themen aber ausschließlich über formale Betonung. Es ist wenig elaboriert und dient in der Regel der einführenden Information zur Charakterisierung des Unternehmens. Interessant ist die Verschränkung mit anderen Themen, wobei im vorliegenden Korpus drei grundsätzliche Varianten zu identifizieren sind:

- Produkte/Leistungen (6)
- Verortung des Unternehmens (Organisatorisch-rechtlicher Rahmen) (13)
- Markt, und zwar sowohl im Sinne einer Positionierung (13) als auch im Sinne des Absatzmarktes (17).

Während Verortung und (Absatz-)Markt eher neutrale Beschreibungen darstellen, wird mit Marktposition und Produkt/Leistungsqualität eine andere Form gewählt, die positiv bewertend relevante Qualitätsstandards des Unternehmens betont. Ähnlich gelagerte Zuschreibungen sind "finanzstark" (#32), "stark" (#9), "bedeutend" (#51) oder "Pionier" (#57). Insgesamt werden in 9 der Fälle neutrale Beschreibungen gewählt, in 13 Dokumenten werden spezifische Unternehmenscharakteristika postuliert.

Die Beschreibung der Branche bzw. des Tätigkeitsbereiches bezieht sich grundsätzlich immer auf einen gegenwärtigen Zustand. Im selben Zusammenhang formulierte Ziele bzw. Zielzustände kommen selten vor und beziehen sich auf andere Themen (z.B. angestrebte Marktposition). In den statischen Zustandsbeschreibungen kommen weder Handlungsressourcen noch -rollen zur Sprache. Auch Handlungsaufgaben zur Zielerreichung sind nicht von Relevanz (obwohl freilich die Aufgaben im Sinne der Kerntätigkeiten des Unternehmens sehr häufig zur Sprache kommen).

Als Akteur kommt immer das Unternehmen selbst vor, und zwar explizit als "Wir" oder unter Verwendung des Firmennamens. Nur in zwei Fällen wird eine indirekte Formulierung gewählt *("unser Liefer- und Leistungsprogramm umfasst...",* *"Schwerpunkte unseres Produktions- und Leistungsangebotes sind...").* In 6 Dokumenten kommt der Kunde zwar in unmittelbarer Nähe, aber keineswegs im selben Zusammenhang vor (zumeist auch durch einen eigenen Absatz getrennt).

Bezüglich der zeitlichen Verortung verweisen die Aussagen auf einen gegenwärtigen, erreichten Zustand. Fünf der Unternehmen bringen den Weg – also die Entwicklungsgeschichte – zur Sprache und betonen in diesem Zusammenhang die Kompetenz und Erfahrung des Unternehmens (#20, #32, #102) und den Erfolg (Erfolgsgeschichte) des Unternehmens (#50, #57):

- *Als Österreichs größtes stromproduzierendes Unternehmen sorgt der #20 seit fast 50 Jahren dafür, dass in Österreich umweltfreundlich erzeugter Strom zu jeder Zeit und in ausreichender Menge möglichst kostengünstig zur Verfügung steht. (#20)*

- *Bei der Herstellung von keramischen Produkten und der Nutzung von Liegenschaften blicken wir in Österreich auf eine Tradition von über 170 Jahren zurück. (#32)*

- *Gemeinsam mit den anderen Tiroler Elektrizitätsversorgungsunternehmen versorgen wir unser Bundesland mit Strom. Dabei verfügen wir über jahrzehntelange Erfahrung. (#102)*

- *Gegründet 1862, wurde es in den 133 Jahren seines Bestehens zu einer den zentraleuropäischen Raum umspannenden Organisation der Lebensmittelproduktion, des Groß- und Einzelhandels. (#50)*

- *Wir haben der Do-it-yourself Idee in Österreich und den osteuropäischen Nachbarländern zum Durchbruch verholfen. Unsere Domäne liegt in den Bereichen: Heimwerken, Bauen und Garten. (#57)*

3.3.2 Der Diskursstrang "Gesellschaft"

Gesellschaft (n = 30)				
Wortfrequenzanalyse			**Themenpositionierung bei Überschrift / Äquivalent**	
Dominant	3	10,00 %	1. Drittel	0
Umfangreich	8	26,67 %	2. Drittel	5
Marginal	12	40,00 %	3. Drittel	13
Kommt nicht vor	7	23,33 %	Überschriften gesamt	18

Abbildung 38: Gesellschaft. Wortfrequenzanalyse und Themenpositionierung

Die Gesellschaft bzw. gesellschaftliche Anliegen gehören zu den häufigsten Bezugsgruppen in Unternehmensleitbildern (23). Etwa ein Drittel (11) der Dokumente widmet dem Thema überdurchschnittlich viel Raum, 3 davon sogar dominant viel. Die Topik gehört zu den spät eingeführten: Von den 18 Texten, die dem Thema eine Überschrift oder ein Äquivalent widmen, sind über 70% im letzten Drittel angesiedelt.

Die Thematisierung der Gesellschaft erfolgt über eine Reihe von Subthemen, die in aller Regel Leistungen des Unternehmens an die Gesellschaft beinhalten. Erwartungen des Unternehmens an die Gesellschaft werden nicht formuliert, und der Verbindlichkeitscharakter der Leistungen bleibt bis auf wenige Ausnahmen gering (Evaluierungskriterien oder Sanktionen bei abweichendem Verhalten werden nicht expliziert).

Die Aussagen lassen sich in drei Gruppen zusammenfassen, nämlich Wertbekenntnisse, Betonung der gesellschaftlichen Verantwortung und der Umgang mit Information und Öffentlichkeit.

Bekenntnis zu Wert- oder Gesellschaftssystemen

Etwa ein Viertel der Texte beinhaltet ein Bekenntnis zu Wertsystemen, beispielsweise für "eine pluralistische, offene, humane Gesellschaft" (#9), "demokratische Ordnungsprinzipien der sozialen Marktwirtschaft" (#38), "die christliche Glaubensethik" (#57) oder "zum Staat, seinen Gesetzen, den moralischen Werten der Gesellschaft und zur Sozialpartnerschaft" (#95). Etwas allgemeinere Wertebekenntnisse bezeichnen "den Menschen als Maß aller Dinge" (#49) oder bekunden "hohe Achtung von Mensch und Gesellschaft" (#74).

Gesellschaftliche Verantwortung

In 12 Dokumenten wird die gesellschaftliche Verantwortung des Unternehmens explizit betont, wobei die Formulierungen in der Regel relativ allgemeiner Natur sind (z.B.: "nehmen die Verantwortung ernst" (#74), "tragen Mitverantwortung" (#9), "stehen zu unserer Verantwortung" (#1)). Sofern die Charakteristika eines "verantwortungsvollen" Handelns überhaupt spezifiziert werden, beziehen sich diese entweder auf ökologisch sensibles Verhalten oder eine Berücksichtigung von Sicherheitsstandards hinsichtlich physischer (Un)Versehrtheit (Gesundheit, Sicherheit für Leib und Leben).

Allgemeine Zielsetzungen wie "die Verbesserung der Lebensqualität der Menschen" werden kaum formuliert, (mehr oder weniger) konkretes soziales Enga-

gement wird nur selten bekundet, und wenn, dann wird dieses bis auf eine Ausnahme nicht als Maßstab für die Bewertung des Unternehmens aufgestellt.

Information und Öffentlichkeit

In einem Drittel der Dokumente (10) wird die Kommunikation mit der Öffentlichkeit thematisiert, und zwar sowohl in Form von Information der Öffentlichkeit als
auch in Form von Dialog mit derselben. In der Mehrzahl handelt es sich einfach
um ein Postulat, nur in Ausnahmefällen soll damit Verständnis für das Unternehmen sichergestellt (#32, #67, #95) oder Vertrauen geschaffen werden (#74,
#102).

Das eigene Bild in der Öffentlichkeit wird kaum thematisiert (3). Wenn doch, wird
zwar die Wirkung des Verhaltens der Organisationsteilnehmer auf das Image
festgestellt, die daraus erwachsenden Erwartungen werden aber nicht weiter
expliziert. Trotzdem ist der appellierende Ton ungewöhnlich deutlich:

- *Wir sind uns bewusst, dass wir in der Öffentlichkeit #19 repräsentieren. (#19)*
- *Unser Verhalten und Engagement bestimmen wesentlich das Bild des Unternehmens in der Öffentlichkeit. (#41)*
- *Neben einem optischen Erscheinungsbild bestimmt unser gesamtes Handeln
  und Tun das Bild von #70 in der Öffentlichkeit und somit bei unseren Kunden.
  Wir, unsere Produkte und die Qualität unserer Arbeit repräsentieren #70 in
  der Öffentlichkeit. (#70)*

Die zeitliche Verankerung der Textstellen – es handelt sich um Bekenntnisse und
Handlungsrichtlinien – ist durchgängig die Gegenwart.

3.3.3   Der Diskursstrang "Natürliche Umwelt"

Natürliche Umwelt (n = 30)				
Wortfrequenzanalyse			**Themenpositionierung** **bei Überschrift / Äquivalent**	
Dominant	1	3,33 %	1. Drittel	1
Umfangreich	5	16,67 %	2. Drittel	5
Marginal	16	53,33 %	3. Drittel	10
Kommt nicht vor	8	26,67 %	Überschriften gesamt	16

Abbildung 39: Natürliche Umwelt. Wortfrequenzanalyse und Themenpositionierung

Die Natürliche Umwelt gehört mit 22 zu den sehr häufig aufgegriffenen Themen, wobei seine Einstufung als zentrales Thema ausschließlich über die formale Betonung durch Überschrift/Äquivalent (16) zustande kommt.

Mehrheitlich beziehen sich die Unternehmen auf eine ökologische Leistungserstellung (18), deutlich weniger auf ökologische Produkte/Leistungen (8), wobei auf entsprechende Ressourcen in der Regel nicht eingegangen wird (nur ein Unternehmen (#49) bekundet u.a. "entsprechenden Kapitaleinsatz"). Auch Zieldivergenzen, die im Zusammenhang mit einer umweltschonenden Leistungserstellung auftreten können (Kostenziele, Qualitätsziele etc.), werden selten thematisiert (2).

Etwas mehr als ein Drittel der Unternehmen expliziert den Stellenwert des Umweltschutzes, und zwar vor allem als Verantwortung (#77, #1, #19, #74), Verpflichtung (#45, #69, #76) oder Herausforderung (#50, #88). In allen anderen Fällen werden ökologisch orientierte Handlungsstrategien oder -prioritäten ohne explizite Bewertung derselben beschrieben, was aber ohne die Anführung von Sanktionsmöglichkeiten oder auch nur Evaluierungskriterien keine nennenswerte Erhöhung des Verbindlichkeitsgrades bewirkt. Beiträge zum Umweltbewusstsein bzw. -schutz zu leisten, geben 27% der Unternehmen an, wobei dies in 2 Fällen über Beratung und Information von "Lieferanten, Partnern und Kunden" (#1) bzw. "Auftraggebern" (#38) geschieht. Ein Unternehmen (#69) setzt in Zusammenarbeit mit den Lieferanten ökologische Kriterien in der Beschaffung um.

Das Unternehmen ist der einzig relevante Akteur in diesem Themenkomplex, Mitarbeiter oder Gesellschaft kommen in keinem nennenswerten Ausmaß vor. Die Mitarbeiter werden nur von 2 Unternehmen für den Umweltschutz verantwortlich gemacht (#1) bzw. in ihrer Rolle dabei hervorgehoben (#69). Mit der Gesellschaft bzw. sozialen Verantwortung wird die Umweltthematik in 4 Dokumenten gebracht.

Hinsichtlich der zeitlichen Verankerung ist das Thema mehrheitlich in der Gegenwart angesiedelt – die Unternehmen betonen ihre Einstellung bzw. Haltung dazu.

Nur zwei Unternehmen verweisen explizit in die Zukunft:

- *Unser Grundsatz:* »*Agieren statt reagieren!*« *Wir wollen aktiv-gestaltend unsere Umwelt beeinflussen und mitprägen. Durch Ideenreichtum und Initiative wollen wir Entwicklungen auf dem Gebiet des Umweltschutzes vorwegnehmen und uns dadurch profilieren. (#9)*
- *Wir stellen uns den wirtschaftlichen und ökologischen Herausforderungen des neuen Jahrtausends. (#88)*

3.3.4 Zusammenfassende Bewertung

Die Rahmenthemen kommen zwar häufig und durch formale Marker betont vor, bleiben aber im Vergleich zu den Hauptthemen des vorigen Kapitels inhaltlich dünn. Die kurz gehaltenen Aussagen zu Branche/Tätigkeitsbereich zu Beginn der Texte dienen einer ersten Charakterisierung des Unternehmens und geben zudem erste Informationen über das relevante Umfeld, um so das Event-Modell "Markt" einzuführen bzw. darauf hinzuführen und zu den Hauptthemen überzuleiten. Etwas anders am Ende der Dokumente. Hier wird die Gelegenheit genutzt, neben der Rolle des im Wettbewerb erfolgreichen Unternehmen noch eine andere zu etablieren die des verantwortungsvollen und offenen (im Sinne von transparent) Mitgliedes einer Gesellschaft. Das gilt auch für die ökologische Verantwortung, die tendenziell gegen Ende des Dokumentes angesprochen wird, während die ökologisch verträgliche bzw. orientierte Leistungserstellung in der Regel früher – als Subthema der Leistungserstellung – zur Sprache kommt (vgl. die Ausführungen zur umweltbewussten Leistungserstellung).

3.4 Periphere Standardthemen

3.4.1 Der Diskursstrang "Organisatorisch-rechtlicher Rahmen"

Organisatorisch-rechtlicher Rahmen (n = 30)				
Wortfrequenzanalyse			**Themenpositionierung bei Überschrift / Äquivalent**	
Dominant	2	6,67 %	1. Drittel	3
Umfangreich	5	16,67 %	2. Drittel	2
Marginal	15	50,00 %	3. Drittel	0
Kommt nicht vor	8	26,67 %	Überschriften gesamt	5

Abbildung 40: Organisatorisch-rechtlicher Rahmen. Wortfrequenzanalyse und Themenpositionierung

Der Organisatorisch-rechtliche Rahmen weist eine hohe Präsenz (22), hinsichtlich sämtlicher anderer Kriterien aber keine besondere Relevanz auf. Die Textstellen zeichnen sich durch einen neutralen, informierenden Ton aus, in dem ein gegebener Zustand beschrieben wird; erklärende oder erläuternde Formulierungen sind die Ausnahme.

Der Organisatorisch-rechtliche Rahmen wird in der Regel als gegenwärtiger Status präsentiert, in einem Falle (#34) fand sich eine zukunftsorientierte Aussage. Vergangenheitsorientierte Aussagen kommen in folgenden Zusammenhängen vor: Erfahrung (#20, #102), Tradition (#49, #50) und Unternehmensgeschichte (#38, #66, #75).

Die einzige auffallend häufige Spezifizierung in der Beschreibung des Organisatorisch-rechtlichen Rahmens der Unternehmen ist die lokale Verortung. In einem Drittel der (ausschließlich in Österreich gesammelten) Leitbilder wird betont, dass es sich um ein österreichisches Unternehmen handelt, während sich nur ein verschwindender Anteil als international (2) oder europäisch (2) etikettiert[42]. Die Unternehmen geben sich eine (National)Identität.

3.4.2 Der Diskursstrang "Leistungserstellung – primäre Aktivitäten"

Leistungserstellung – primäre Aktivitäten (n = 30)			
Wortfrequenzanalyse		**Themenpositionierung bei Überschrift / Äquivalent**	
Dominant	8	26,67 %	1. Drittel	4
Umfangreich	3	10,00 %	2. Drittel	6
Marginal	15	50,00 %	3. Drittel	3
Kommt nicht vor	4	13,33 %	Überschriften gesamt	13

Abbildung 41: Primäre Aktivitäten. Wortfrequenzanalyse und Themenpositionierung

Aussagen zur Leistungserstellung inklusive Forschung und Entwicklung und Qualitätsmanagement kommen in der überwältigenden Mehrheit der Dokumente

---

[42] Achtung: Diese Spezifizierung ist allerdings nicht mit Aussagen zum Tätigkeitsfeld (bearbeitete oder angestrebte Märkte etc) zu verwechseln, die dem Marktumfeld zugeordnet sind.

(26) vor, nehmen aber in 15 nur marginalen Raum ein. Die Hälfte der Dokumente, in denen das Thema vorkommt, widmet ihm auch eine Überschrift oder ein formales Äquivalent.

Eine Spezifizierung der primären Aktivitäten der Leistungserstellung nehmen 21 Unternehmen vor. Die häufigsten Nennungen finden sich in Abbildung 42:

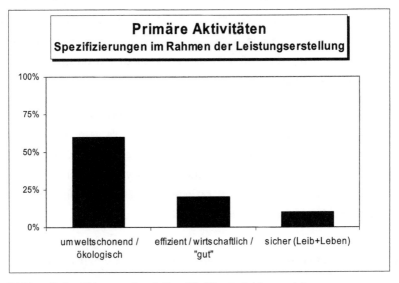

Abbildung 42: Spezifizierungen der primären Aktivitäten der Leistungserstellung

Als Akteur kommt in erster Linie das Unternehmen selbst vor. Nur rudimentär werden die Lieferanten[43], die Gesellschaft (#35, #77) und die Mitarbeiter (#66, #1) erwähnt, im etwas weiteren Zusammenhang auch Geschäftspartner[44].

---

[43] Lieferanten kommen in 14 Dokumenten – i.d.R. sehr kurz – vor (peripheres Zusatzthema). Unternehmensübergreifende Optimierungen durch die Zusammenarbeit mit den Lieferanten betonen 6 Unternehmen, wobei eine Einbeziehung dieser Gruppe entweder in die ökologische Verantwortung (#1, #69) oder in den Qualitätssicherungsprozess (#38, #69, #70) postuliert wird, oder aber die Nutzung von Know-How (#45, #66) im Vorderund steht. Erwartet bzw. konstatiert wird in 3 Dokumenten Qualitätsbewusstsein, wobei zwei Unternehmen (#49, #66) in diesem Zusammenhang die langjährige Beziehung zu den Lieferanten hervorheben. Die Beziehungsqualität als partnerschaftlich (5) qualifiziert, in 3 der Texte wird der faire Interessenausgleich betont. Sprachlich auffällig sind die sehr direkt und beinahe harsch formulierten Erwartungen zweier Handelsunternehmen (#9, #50).

Allgemeine Handlungskriterien wie Unternehmungsführung oder Leistungserstellung auf der Grundlage "betriebswirtschaftlicher Grundsätze" (#20) oder "neuester Kenntnisse der Betriebswirtschaft" (#57), aber auch Kostenbewusstsein oder –effizienz (6) sind als selten angeführt einzustufen. 8 Dokumente bezeichnen laufende Verbesserungen und/oder Optimierungen des betrieblichen Leistungsprozesses sowohl als gegenwärtigen als auch in Zukunft fortzusetzenden bzw. sicherzustellenden Handlungsstandard (#19 will einen "nie endenden Prozess vorantreiben").

Die umweltbewusste Leistungserstellung

Das bei weitem häufigste Charakteristikum im Zuge der primären Leistungserstellung ist die Umweltverträglichkeit: 18 Dokumente (und damit 85% der Leistungserstellungsspezifizierungen) gehen im Zusammenhang mit Leistungserstellungsprozessen auf die Umweltproblematik (bzw. im Zusammenhang mit der Umweltproblematik auf die Leistungserstellung) ein. Damit ist die Betonung der ökologischen Verträglichkeit das mit Abstand häufigste Attribut im Rahmen der Leistungserstellung.

Das Handlungszielspektrum reicht von "umweltschonenden (Produktions-)Anlagen" (z.B. #20, #46, #77, #123), über "Schonung der bzw. verantwortungsbewussten Umgang mit Ressourcen" (z.B. #19, #1, #45, #49, #69, #41, #67) oder die "Reduktion oder Vermeidung von Umweltauswirkungen (Emissionen)" (z.B. #32) bis zur Auswahl "umweltfreundlicher Materialien, Rohstoffe etc" (z.B. #102).

Abgesehen von der Beschreibung einer an ökologischen Kriterien orientierten Leistungserstellung, wird aber in der Regel weder auf die dazu notwendigen Ressourcen eingegangen noch auf Zieldivergenzen, die mit einer umweltschonenden Leistungserstellung im Gegensatz zu kostengünstigeren Leistungserstellungsprozessen auftreten (können). Nur 2 der Unternehmen gehen kurz darauf ein: ein

---

[44] Geschäftspartner werden in 10 Dokumenten thematisiert (peripheres Zusatzthema), wobei die Aussagen entweder die Offenheit für neue Partnerschaften (Handlungsziel) betreffen oder die hochwertigen Partnerschaften des Unternehmens (Partnerschaft als Handlungsressource) betont werden. Wer mit "Partner" genau gemeint ist, bleibt meist äußerst vage.

ausgewogenes Verhältnis zur Ökonomie (#1) und die Berücksichtigung der wirtschaftlichen Interessen und Produktqualität als Handlungsrahmen (#69).

Die moderne Leistungserstellung

Die häufigste Leistungserstellungsressource, die in den Dokumenten thematisiert wird, ist die moderne Technologie (9). Beachtenswert ist, dass bei Thematisierung der Technologie im vorliegenden Korpus immer auch die umweltbewusste Leistungserstellung hervorgehoben wird (zu deren Umsetzung innovative (#49), hoch stehende (#66) etc. Technologien eingesetzt werden). Die in diesem Zusammenhang relevante F+E (Forschung und Entwicklung) wird in keinem nennenswerten Ausmaß thematisiert (4 Dokumente).

Sonstige Spezifizierungen

Eine effiziente, wirtschaftliche, "gute" Leistungserstellung wird in 5 Dokumenten mit Äußerungen wie "optimale Abwicklung" (#35), "ökonomischer Einsatz der Mittel" (#66), "Minimum an Bürokratie und einer hundertprozentigen Konzentration auf Produktivität" (#65) beschrieben. Alle weiteren Spezifizierungen kommen nur vereinzelt und immer in Kombination mit Umwelt- und/oder Effizienzcharakteristika vor[45].

Instrumente der Qualitätssicherung wie Qualitätsmanagement oder QM-Systeme werden ebenfalls nur in 4 Dokumenten thematisiert (ISO-Zertifizierung überhaupt nur in 2) und sind daher im vorliegenden Korpus nur von untergeordneter Relevanz.

Während die Art und Weise der Leistungserstellung mehrheitlich als Handlungsstandard, also ein gegebener bzw. erreichter Zustand, beschrieben wird, geht nur

---

[45] Auch Aussagen zur formalen Organisationsstruktur (periphäres Zusatzthema) betonen i.d.R. die Effizienz der internen Struktur in Schlagworten wie 'kundennahe', 'dezentral' oder 'schlank/flach', die in den selten weiter ausgeführten Konkretisierungen hinsichtlich Aufgabenzuweisung, Verantwortlichkeiten, Zielklarheit, Planung etc. mit einer Reihe von Eigenschaftsworten (z.B. klar, kurz, formlos, unkompliziert, flexibel, rationell) beschrieben werden. Sie beziehen sich auf die Ebene der Arbeitsorganisation (z.B. #65, #50, #20) ebenso wie auf die Organisationsebene (z.B. #28, #38, #49) bis hin zu Standortfragen (z.B. #32, #9).

ein Unternehmen (#20) auf die erfolgreiche Vergangenheit ein: Die 50-jährige Erfahrung und die herausragende Position als umweltfreundliches Unternehmen wird betont (ähnlich auch #49 mit "umwelttechnischer Führungsposition") und zudem relativ ausführlich dargestellt.

3.4.3 Der Diskursstrang "Ökonomisch-finanzielle Sphäre"

Ökonomisch-finanzielle Sphäre (n = 30)				
Wortfrequenzanalyse			**Themenpositionierung bei Überschrift / Äquivalent**	
Dominant	4	13,33 %	1. Drittel	4
Umfangreich	8	26,67 %	2. Drittel	5
Marginal	16	53,33 %	3. Drittel	5
Kommt nicht vor	2	6,67 %	Überschriften gesamt	14

Abbildung 43: Ökonomisch-finanzielle Sphäre. Wortfrequenzanalyse und Themenpositionierung

Die ökonomisch-finanzielle Thematik wird von beinahe allen Unternehmen aufgegriffen, wobei dem Thema mehrheitlich nur marginal Raum gewidmet wird und es durch Überschriften oder formale Äquivalente in etwa der Hälfte der entsprechenden Texte betont wird.

Von der Positionierung her ist es ein außergewöhnliches Thema: Es kommt etwa gleich verteilt an unterschiedlichen Stellen in den Texten vor. Handelt es sich um allgemeine Meta-Zielsetzungen (s.u.), kommen diese tendenziell im ersten oder dritten Drittel vor, während aktionärsorientierte Aussagen (v.a. Kapitalverzinsung oder Gewinn-/Ertrags-/Umsatzziele) in erster Linie im zweiten Drittel vorkommen[46].

---

[46] (Kapital-)Eigentümer zählen zu den peripheren Zusatzthemen (17) und nehmen ausschließlich die Rolle von Leistungsempfängern ein, deren Interessen gewahrt werden müssen (11) bzw. die eine (gute, angemessene, entsprechende) Verzinsung erhalten (sollen) (6). Äußerst marginal (2) wird die Information an die Aktionäre betont. Überhaupt spielen sowohl Ausgestaltung als auch Qualität der Beziehung in der Regel keine Rolle – nur zwei Unternehmen betonen das Vertrauen, das die Aktionäre durch ihre Investition bezeugen. Bei Unternehmen, in denen die Eigentümer mitarbeiten, werden auch Handlungsaufgaben beschrieben, was für den vorliegenden Korpus aber die Ausnahme bildet.

Die Beiträge zum finanziell-ökonomischen Bereich haben vor allem den Charakter von Zielformulierungen. In 7 Dokumenten wird eine entsprechende Zielformulierung als zentral für das Unternehmen hervorgehoben, beispielsweise:

- *Wir wollen Gewinne erwirtschaften, um unser wichtigstes Ziel zu erreichen: die Bestandssicherung des Unternehmens. (#67)*

23 Unternehmen formulieren ökonomische Meta-Ziele, wie die Steigerung des Unternehmenswertes (7), die Sicherung der Existenz bzw. Überlebensfähigkeit (8), Sicherung der Unabhängigkeit/Eigenständigkeit (9) oder (Weiter-)Entwicklung/Wachstum (13).

Der (ökonomische) Unternehmenserfolg wird in 21 Dokumenten thematisiert, wobei 5 der Unternehmen sich als ergebnis- bzw. gewinnorientiert bezeichnen und 4 weitere Ertragsorientierung bzw. Wirtschaftlichkeit als Handlungsorientierung zum Ausdruck bringen. 13 Unternehmen formulieren Gewinn-, Ertrags- oder Umsatzziele, von denen 8 diese als Handlungsressource zur Erreichung von Meta-Zielen (s.o.) anführen. Die Kapitalverzinsung wird in 11 Dokumenten thematisiert, und zwar zumeist in Form von Handlungszielen (gute Verzinsung, dauerhafte Dividendenausschüttung etc.).

Investitionen als Strategie zur Erreichung der Ziele werden nur in 7 Dokumenten thematisiert. Hinsichtlich der zeitlichen Verankerung des Themas rückt durch die häufigen Zielformulierungen vor allem die Zukunft ins Blickfeld.

3.4.4   Zusammenfassende Bewertung

Die überraschend häufig vorgenommene lokale Verortung scheint die Funktion der Thematisierung des organisatorisch-rechtlichen Rahmens zu sein: Durch die Hervorkehrung der Nationalidentität positionieren sich die Unternehmen gesellschaftlich – sie werden Teil einer sozialen Gemeinschaft.

Leistungserstellung als eine der wenigen innerorganisatorischen Thematiken dient in erster Linie zur Betonung des ökologischen Bewusstseins der Unternehmen. Die modernen Technologien dienen diesem höheren Ziel und werden nicht etwa zur Untermauerung des Qualitätsanspruches verwendet, der primär über die Produkte und Leistungen selbst kommuniziert wird. Diese prozessuale Perspektive bleibt ausgeblendet, das Bild ein statisches: betont wird – in Ergänzung zu anderen Vorzügen – die ökologische und technologische Kompetenz.

Aussagen zur ökonomisch-finanziellen Sphäre werden sehr häufig und zugleich eher knapp getätigt, wobei die Gewinnorientierung durch explizierte Notwendigkeiten – Existenzsicherung oder Verpflichtung Aktionären gegenüber – begründet und legitimiert werden. Auch hier wird die durchgängige Charakterisierung als im Wettbewerb erfolgreich, zugleich aber verantwortungsbewusst nicht durch die Explizierung von (u.U. eigennützig erscheinenden) Profitinteressen getrübt. Vielmehr dienen auch Gewinnziele einer höheren Sache.

3.5 Event-Modelle und Kontext-Modell

Durch Benennung und Beschreibung werden Phänomene aus der Anonymität gehoben und in einen spezifischen Begriffskomplex integriert. Im Zuge dieser Klassifizierung werden die Charakteristika dieser prototypischen Repräsentation inklusive ihrer Relationen und inhärenten Regeln und der damit verbundenen affektiven Bewertungen auf das Phänomen übertragen und dabei zugleich ergänzt (Moscovici 2000:47; van Dijk 2001a:108f)[47].

Die im vorliegenden Korpus am häufigsten angesprochenen Event-Modelle[48] werden im Folgenden in Form der dominanten Rollenzuschreibungen noch einmal zusammenfassend dargestellt.

---

[47] In die gleiche Kerbe schlagen Potter/Edwards: "In fact, being able to say something such as 'he changes his mind' rather than, say, 'he is inconsistent' (or whatever nonmentalistic paraphrase one might prefer), can have its uses. We can start to hear a different range of accountability across such expressions. Indeed they are different descriptions, different words that do different things, which is probably why they are available" (Potter/Edwards 2003:175). Vgl. auch die Ausführungen zur Verankerung in Teil I: 3.6.1. bzw. zur selektiven Explizierung von Repräsentationen in Teil I: 3.7).
[48] Vgl. zum Begriff des Event-Modells bzw. des weiter unten besprochenen Kontext-Modells die Ausführungen in Teil III: 3.1.

- **Das im Wettbewerb erfolgreiche Unternehmen**

Als relevantes Umfeld des Unternehmens wird der Markt etabliert. Marktwirtschaft mit ihren Charakteristika und Funktionsweisen scheint Common Knowledge: sie wird nicht näher beschrieben oder erläutert. Ihre Dynamik wird nur im Hinblick auf den (kompetenten, tüchtigen) Umgang des eigenen Unternehmens mit den damit einhergehenden Herausforderungen interessant. Zentrale, keinem singulären Thema zuordenbare Verhaltenskategorie ist dabei Entwicklung bzw. Wachstum in qualitativer wie quantitativer Hinsicht. Die eigene Position ist stets eine Topposition, die als Zielkategorie – Führerschaft – nicht weiter begründet oder gerechtfertigt werden muss.

Im Repräsentationssystem des im Wettbewerb erfolgreichen Unternehmens wird der Kunde zum Maßstab erklärt: Ihm wird als "richtende" Instanz zentraler Status zugesprochen. Die Produkte sind ein weiteres Element des Event-Modells, wobei nicht ihre Profitabilität im Vordergrund steht sondern – der Logik des sich im Wettbewerb erfolgreich durchsetzenden Unternehmens entsprechend – die Qualität hervorgestrichen wird.

Die immer als Referenzgröße mitzudenkende Konkurrenz wird meist nicht expliziert (wenn doch, dann als Mitbewerber) sondern verharrt im impliziten Status. Mit "Wettbewerb" werden die Analogie zum sportlichen Wettbewerb und die damit verbundenen Assoziationen von Fairness und Chancengleichheit aktiviert – im Gegensatz zum (Überlebens)Kampf einer Kriegs- oder Militärmetapher. Dementsprechend geht es in diesem System nicht ums Überleben sondern ums Gewinnen – der Beste sein.

Wenn man die Kunden und die Beziehung zu ihnen als positiv besetzt annimmt und die Konkurrenten bzw. die Beziehung zu diesen als negativ besetzt, dann wird die negativ besetzte Beziehung entpersonalisiert und die damit einhergehenden Verhaltensmuster werden im Bild der sportlichen Fairness aufgelöst. Die sehr häufige Betonung bzw. Postulierung partnerschaftlichen Verhaltens – es spielt in einer großen Anzahl von Dokumenten eine Rolle, ist aber an kein bestimmtes Sach- oder Akteuersthema gebunden –

verstärkt diese noble, sportliche Haltung und etabliert dieses Verhaltens-muster als generelle Norm.

- **Mitarbeiter als Humanressource**

Die Mitarbeiter werden als konstitutiv für den Erfolg des Unternehmens betrachtet und in diesem Sinne in ihrer Funktion für das erfolgreiche Unternehmen betont. Entsprechend werden primär kognitiv-epistemische und pragmatisch-utilitäre Fähigkeiten, Kompetenzen und Verhaltensstandards expliziert, wobei der präferierte Einsatz von Substantiven anstatt von Adjektiven die Entpersonalisierung verstärkt und die Kompetenzen etc. als generelle Unternehmensnormen etabliert. Tätig ist einzig das Unternehmen selbst, das seine Mitarbeiter fördert, unterstützt – kurz: die Humanressource pflegt, sodass ihre Kompetenzen, Eigenschaften und Fähigkeiten Ergebnis dieser Aktivitäten sind.

Die Beziehung zwischen Unternehmen und Mitarbeitern wird nicht ins Zentrum gestellt, weder über Identifikations- oder Gemeinschaftsthemen ('Wir sitzen alle im selben Boot.' 'Wir sind ein Team.') noch über die explizite Fokussierung der Austauschbeziehung Leistung – Gegenleistung (die in Teil III: 3.2.1 gewählte Darstellungsform der Ergebnisse entspricht nicht der Vertextlichung in den Dokumenten). Das Konzept "Mitarbeiter eines Unternehmens" wird als bekannt vorausgesetzt und nicht expliziert: Arbeitsverträge (sowohl rechtliche als auch psychologische) sind kein Thema. Damit einhergehende rechtliche, mikropolitische (Interessen und Interessengegensätze) oder auch ethische Fragen bleiben ausgeblendet – sie sind im Rahmen dieses Modells bestenfalls Nebenthemen.

- **Das verantwortungsvolle Unternehmen**

Über die nationalstaatliche Verortung kategorisiert sich das Unternehmen als Teil einer sozialen Gemeinschaft und beschreibt sich als verantwortungsvolles Mitglied derselben. Neben der Verantwortung für die Gesellschaft wird auch die ökologische Verantwortung betont, die über die umweltbewusste Leistungserstellung auch in die Rolle des erfolgreichen – dabei stets verantwortungsbewussten – Unternehmens Eingang findet. Der Einsatz moderner Technologien dient diesem höheren Ziel und nicht etwa der Qualitätssicherung oder der Gewinnmaximierung – die konsequenterweise ebenso wenig Selbstzweck ist sondern Notwendigkeit (Existenzsicherung) und Verpflichtung (den Eigentümern gegenüber).

Betrachtet man die skizzierten Repräsentationssysteme, stellt sich die Frage nach den Selektionsstrategien. Das Kontext-Modell liefert die Relevanzstruktur für die im Zuge der Textproduktion durchzuführenden Selektionen und motiviert sowohl die Themenwahl als auch die Entscheidung über die im Text zu explizierenden Teile der Repräsentationssysteme, in die diese Themen eingebettet sind sowie die Form, in der dies geschieht. Dabei wird nicht nur auf konventionalisierte Diskursformen (z.B. Syntax, Aktiv/Passiv, Nominalisierungen etc.) zurückgegriffen sondern auch auf Wissen über inhaltliche und formale Charakteristika des gewählten Genres (Genrefeatures und Genre-Rules).

Kontext-Modell

In den Texten wird aufgrund der Knappheit der Ausführungen ein umfassendes Kontextwissen über die unternehmerische Wirklichkeit in einem kapitalistischen Wirtschaftssystem und die spezifische Rolle von Mitarbeitern oder sonstigen Akteursgruppen in diesem Kontext vorausgesetzt. Erläuterungen oder Erklärungen fehlen völlig. Die Themen des Templates sind per definitionem jene mit dem größten Verbreitungsgrad im Korpus, sodass spezifischere und somit erklärungsbedürftige Inhalte aufgrund der angelegten Kriterien herausgefallen sein könnten. Dem ist nicht so. Die Leitbildtexte sind in ihrer Gesamtheit mehr eine Aneinanderreihung von Statements, die zwar einfache Kausalbeziehungen herstellen, aber keine differenzierten Argumentationslinien aufbauen. Komplexe Zusammenhänge können so nicht formuliert werden – sie werden vorausgesetzt. Das gilt sogar für die Energieunternehmen, die zwar durch entsprechende (untypische!) Formulierungen auf die spezifischen, sich grundlegend verändernden Rahmenbedingungen im Zuge der Deregulierung reagieren, diese aber keineswegs erläutern oder erklären.

Gleichzeitig präsentiert sich das Bild noch in einer anderen Hinsicht seltsam lückenhaft: negative oder problematische Erscheinungen werden systematisch ausgeblendet. Sind sie nicht bekannt? Wohl kaum. Uns allen ist eine Vielzahl von Problemen bekannt, die auch im Rahmen der oben skizzierten Referenzsysteme integraler Bestandteil der unternehmerischen Wirklichkeit sind. Es ist also unter Berücksichtigung des sozial verfügbaren Wissens aufseiten der Textproduzenten wie der Textrezipienten davon auszugehen, dass ihr Todschweigen nicht in der Hoffnung erfolgen kann, damit "heile Welt" vorzutäuschen oder gar zu kreieren. Die Lücken lassen sich innerhalb der Texte nicht erklären, sondern über die Genre-Rules – und da gehört das einfach nicht zum Spiel.

Das Leitbild-Genre ist ganz offensichtlich weder zur Problematisierung bzw. Diskussion von Spannungsfeldern geeignet, noch dient es einer 'realistischen' Unternehmensbeschreibung – die Crux liegt vielmehr in der unternehmensspezifischen, aber genreregelkonformen – und keinesfalls naiven – Ausgestaltung des Templates bzw. einer entsprechenden Variation des Plots, die im Folgenden noch einmal zusammenfassend dargestellt werden.

4 Normalitätsfolie – Template und Plot

NORMALITÄTSFOLIE UNTERNEHMENSLEITBILD – TEMPLATE		
Standardthemen und Zentrale Wert-/Kompetenz-Themen		**Skript**
Branche/Tätigkeitsbereich Organ.-rechtlicher Rahmen		**Einleitende Rahmenthemen ...**
! Marktumfeld ! *+++ Marktorientierung*		
! Kunden ! *+++ Kundenorientierung*		
Produkte/Leistungen *++ Qualitätsorientierung* *+ Ökologische Verantwortung* *+ Kundenorientierung* *+ Marktorientierung*	*+++ Partnerschaftliche Zusammenarbeit* *+++ (Weiter-)Entwicklung/Wachstum*	
Leistungserstellung (PA, F+E) *++ Ökologische Verantwortung* *+ Kompetenz etc.* *+ Entwicklung/Lernen*		**Kernthemen**
Ökonomisch-finanzielle Sphäre *+++ Ergebnis-/Erfolgsorientierung*		
! Mitarbeiter ! *++ Kompetenz etc.* *++ Leistungsorientierung* *++ Entwicklung/Lernen* *++ Ergebnis-/Erfolgsorientierung* *++ Zusammenarbeit/Teamarbeit* *+Qualitätsorientierung*		
Natürliche Umwelt *++ Ökologische Verantwortung* **Gesellschaft**		**... abschließende Rahmenthemen**
Anmerkung: Die angeführten Wert- bzw. Kompetenzthemen kommen alle in mehr als 2/3 der gesamten Dokumente vor und sind rechtsbündig angeordnet bzw. quer gedruckt und kursiv gesetzt. Die Formatierungsattribute bringen die Häufigkeit ihres Auftretens mit dem zugeordneten Thema zum Ausdruck:		

Fettdruck und +++   Gemeinsames Vorkommen von Standardthema und zugeordnetem Wertthema > 2/3

++   Gemeinsames Vorkommen von Standardthema und zugeordnetem Wertthema < 2/3 und >1/3

+   Gemeinsames Vorkommen von Standardthema und zugeordnetem Wertthema < 1/3 und > 20%

Abbildung 44 (WH von S.179): Template der Normalitätsfolie mit integrierten Wert-/Kompetenz-Themen

4.1   Der Plot

DER VERBALE HANDSHAKE - EINLEITENDE RAHMENTHEMEN

Tätigkeitsbereich/Branche und Organisatorisch-rechtlicher Rahmen sind – häufig in Kombination mit der (Absatz-)Markt-Thematik – als einleitende Rahmenthemen identifizierbar. Der Sequenz wird zumeist eine Überschrift (bzw. formales Äquivalent), aber wenig Raum gewidmet. Die Themen dienen der Vorstellung und ersten Verortung des Unternehmens.

Mit der Branche eröffnet der Text einen sozialen Raum, spezifiziert über den (Absatz-)Markt den relevanten Bereich und umreißt die eigene Rolle (Tätigkeit) und Position (führend) darin. Mit Hilfe des Organisatorisch-rechtlichen Rahmens wird das Unternehmen als soziale Einheit innerhalb des Raumes abgegrenzt und damit Umwelt ausdifferenziert.

Während der Organisatorisch-rechtliche Rahmen – ähnlich der Namensnennung beim Handshake – die Formalitäten klärt und die lokale Verortung (i.d.R. österreichisches Unternehmen) die Identifikation mit einer gesellschaftlichen Einheit (hier: Nationalstaat) zum Ausdruck bringt, werden über Rolle und Marktposition erste vorteilhafte Unternehmensattribute - i.d.R. kognitiv-epistemische oder utilitär-pragmatische Kompetenzen – kommuniziert (finanzstark, bedeutend, führend etc.).

GET YOUR MESSAGE THROUGH! – KERNTHEMEN

Das relevante Umfeld: Kunden und Märkte

Marktumfeld

Während über die Thematik Branche/Tätigkeitsbereich der relevante soziale Raum grob skizziert und abgegrenzt wird, werden über die Markt-Topik seine Charakteristika weiter ausspezifiziert. Die Markt-Topik bietet die sachthematische Plattform zur Kommunikation zweier hochrelevanter Kompetenzen bzw. zugrunde liegender Werte: Markt-/Wettbewerbsorientierung (90% der Unternehmen) und – indirekt – Kundenorientierung.

Ein Charakteristikum der Thematik ist ihr wiederholtes Vorkommen – sie stellt den zentralen Bezugsrahmen der unternehmerischen Aktivitäten dar. Den Erfordernissen dieses Rahmens – er wird als sich verändernd und fordernd konzipiert – versuchen die Unternehmen gerecht zu werden, um in ihm überleben zu können. Marktorientierung bedeutet in diesem Zusammenhang reaktive Anpassung, bestenfalls antizipative Adaption, nicht aber proaktive Gestaltung.

Durch die Schwerpunktlegung auf die Marktposition rückt die Wettbewerbsorientierung in den Fokus der Aufmerksamkeit, wobei die "natürlichen Gegenspieler" – Konkurrenten – nicht thematisiert werden, sondern indirekt (als die, von denen man sich führend absetzt oder absetzen möchte) mitschwingen. Dieser Führungsanspruch wird nicht begründet – er wird stillschweigend als sinnvoll und legitim vorausgesetzt. Weder die Vorteile einer solchen Position müssen expliziert werden, noch sind moralische oder ethische Rechtfertigungen vonnöten. Dies unterscheidet die Marktpositionsziele deutlich von den Zielen der Ökonomisch-finanziellen Sphäre, die mehrheitlich die Notwendigkeit der Gewinnerzielung, Steigerung des Unternehmenswertes, fortgesetzten Wachstums etc. über die Sicherung der dauerhaften Überlebensfähigkeit legitimieren.

Wer eine Topposition im Markt für sich reklamiert oder beansprucht, schreibt sich die Fähigkeit zu, Kunden zu erreichen, überzeugen, gewinnen, erobern ... – aber nur implizit: in Leitbildtexten werden keine Kunden erobert, sondern Märkte ausgebaut und Kunden bedient.

Kunden

Der Akteur Kunde ist so konzipiert, dass über ihn die Kompetenz "Kundenorientierung" kommuniziert werden kann. Kundenorientierung ist der einzige Verhaltensstandard, der von allen Unternehmen proklamiert wird und stellt damit eine zentrale Norm dar. Es ist allerdings nicht nur notwendig, sich am Kunden zu orientieren, es muss – zumindest in grundsätzlichen Leittexten des Unternehmens – auch expliziert werden. Der Kunde ist das dafür notwendige Referenzobjekt. Seine Rolle in den Texten ist statisch: Regelmäßig eigenschaftslos – er wird weder elaboriert beschrieben noch bewertet – agiert er in der Regel nicht.

Aktiver Akteur ist das Unternehmen selbst (selten die Teilgruppe Mitarbeiter), das beteuert, sich an ihm zu orientieren, seine Bedürfnisse zu erfüllen und danach zu streben, ihn zufrieden zu stellen.

Um Kundenorientierung kommunizieren zu können, brauchen die Kunden nur in Erscheinung zu treten. Ein konkretes Kundenprofil ist dazu nicht notwendig, sondern könnte im Gegenteil hinsichtlich tatsächlicher und potentieller Kunden als mögliche Textrezipienten sogar hinderlich sein. Ein allzu konkretes Kundenprofil hätte durch sein Differenzierungspotential automatisch eine Segmentierung zur Folge, was Rezipienten aus dem Kreis potentieller Kunden hinausdefinieren könnte oder aber – noch gefährlicher – "reale" Kunden vor den Kopf stoßen, weil sie sich mit der Kunstfigur nicht identifizieren können.

Die Beziehung zu den Kunden ist – naturgemäß – vom Wunsch bestimmt, Leistungen auszutauschen und kann daher über diese Leistungen (mehrheitlich und relativ elaboriert) und/oder über den Interaktionsmodus (wenig elaboriert) thematisiert werden. In den Leitbildtexten wird sie vor allem über das Verhalten des Unternehmens (s.o.) definiert, während Beschreibungen der Beziehungsqualität selten sind (selbst die partnerschaftliche Beziehung als häufiger angeführte wird in weniger als einem Drittel genannt).

Der Kunde als Akteursthematik ist das Pendant zur Sachthematik Marktumfeld. Über die unternehmerischen Handlungsziele oder -strategien implizit konzipiert als "bedürftig", wünschend oder bewertend (Kundenzufriedenheit als Maßstab), wohnt ihm ein Veränderungspotential inne, das durch die oben bereits beschriebene reaktiv-adaptive Grundhaltung beantwortet wird.

Leistungen und Leistungserstellungsprozess

Produkte und Leistungen

Als Gegenstand der Austauschbeziehung muss die Beschreibung des Produkt-/Leistungssortimentes spezifizieren, womit der Kunde bedient (oder umworben) wird. Es sind qualitativ hochwertige, kundenspezifische und marktge-

rechte Produkte/Leistungen, preiswert und zudem (niemals ausschließlich) um-
weltverträglich. Das Differenzierungspotenzial der gewählten Charakteristika ist
gering (die Postulierung ihres Gegenteils regelmäßig undenkbar), vor allem da
beinahe zwei Drittel der Unternehmen mehrere davon zur Leistungsbeschreibung
verwenden und somit eine mögliche Schwerpunktsetzung durch Exklusivität nicht
vornehmen.

Sieht man von einer nicht besonders aussagekräftigen Produkt- oder Leistungsbeschreibung ab, ermöglichen die hochgradig standardisierten Formulierungen
vor allem die Thematisierung von Eigenschaften und Kompetenzen, die das
Unternehmen auf sich vereint wissen möchte. Insbesondere Qualität und Qualitätsorientierung wird über die Produktthematik und interessanterweise nicht über
die Leistungserstellungsthematik kommuniziert. Kunden- und Marktorientierung
werden im Produktdiskurs wiederholt bzw. fortgesetzt, während die Ökologietopik
als zusätzliches Charakteristikum keine besonders große Rolle mehr spielt, diese
aber ebenfalls vertieft.

Leistungserstellung

Die einzige Sachtopik in der Gruppe der Standardthemen, die den Innenbereich
des Unternehmens zum Gegenstand hat, bleibt peripher und fungiert weniger als
eigener "Thementräger", sondern dient vielmehr der Vertiefung als wesentlich erachteter Kompetenzen (hier vor allem der ökologischen und der technologischen
Kompetenz).

Unsere Basis – die Mitarbeiter

Die Mitarbeiter werden als der essenzielle Erfolgsfaktor eingeführt, die Basis, das
Fundament, der Stützpfeiler. Sie ermöglichen den Erfolg des Unternehmens
durch die sozialen und fachlichen Kompetenzen, Fähigkeiten und Einstellungen,
die von ihnen explizit erwartet oder ihnen   zugeschrieben (Leistungen und
Einsatz unserer Mitarbeiter...) werden.

Die Mitarbeiter bleiben grundsätzlich ebenso wie die Kunden passiv, sie werden
aufgrund ihrer Eigenschaften und Fähigkeiten geschätzt, darin gefördert, dahin-

gehend unterstützt, diesbezüglich ausgebildet – aber die aktive Rolle als Akteur bleibt dem Unternehmen vorbehalten. Der Mitarbeiter-Diskurs rückt diese damit in den Objektbereich – sie werden zur Humanressource, die dem Unternehmen als notwendig erachtete Kompetenzen sichert. Egal, ob die gewählten bzw. geforderten Attribute auf die 'wirklichen' Mitarbeiter zutreffen oder nicht, als Rollenträger kommunizieren sie u.a. Kompetenz, Leistungs- und Erfolgsorientierung, Qualitätsorientierung, Teamgeist. Der Erhaltung und Verbesserung dieser Ressource wird entsprechend Aufmerksamkeit geschenkt (Personalentwicklung als zentrale Unternehmensleistung).

Die in außerordentlicher Breite angeführten Kompetenzen (bei keiner anderen Thematik findet sich eine derartige Themenvielfalt) werden zwar über die Mitarbeiter-Topik artikuliert, damit aber zugleich dem Unternehmen einverleibt. Selten definitiv als Erwartungen bezeichnet, erhalten sie ihren allgemein verbindlichen Charakter über die Vermeidung von Adjektiven zugunsten in Form von Substantiven postulierten Werten: Erstklassige Ausbildung / Kreativität / Integrität / Teamgeist etc. unserer Mitarbeiter ... – damit werden die Kompetenzen, Fähigkeiten und Einstellungen und die zugrunde liegenden Werte als generelle Norm etabliert, durch die sich das Unternehmen auszeichnet. Dabei liegt der Schwerpunkt wiederum auf kognitiv-epistemischen und pragmatisch-utilitären (hier vor allem: Leistungsorientierung) Werten und Kompetenzen, aber auch auf Teamgeist bzw. -fähigkeit als einzige soziale Kompetenz unter den meistgenannten.

Leistungen an die Mitarbeiter spielen eine geringe Rolle bzw. erschöpfen sich – abgesehen von der "Ressourcenpflege" durch Personalentwicklungsmaßnahmen – in allgemeinen Phrasen wie "soziale Verantwortung" oder Selbstverständlichkeiten wie entsprechende Entlohnung oder Sicherheit am Arbeitsplatz. Auch die Beziehung zu bzw. zwischen den Mitarbeitern wird selten genauer beschrieben.

Der ökonomische Bezugsrahmen: Finanzziele

Während die über unterschiedlichste Themen kommunizierten Selbstzuschreibungen insgesamt breiten Raum in den Texten einnehmen, werden Aussagen zur Ökonomisch-finanziellen Sphäre zwar regelmäßig, aber nur knapp getätigt. Kurz und bündig wird Erfolgsorientierung zum Ausdruck gebracht, klar, bestimmt (und kurz) werden Gewinn-, Umsatz- oder Ertragsziele postuliert – und über die Verpflichtung gegenüber den Aktionären oder die Notwendigkeit hinsichtlich der Existenzsicherung des Unternehmens legitimiert. Damit werden Ertrags- oder Gewinnziele zu Sachzwängen, und deren Sinnhaftigkeit, Notwendigkeit oder moralische Legitimität außer Frage gestellt. (Kapital-)Eigentümern als in marktwirtschaftlichen Systemen hochgradig relevanter Bezugsgruppe wird nur z.T. durch entsprechende Themenwahl Rechnung getragen, wobei die Aussagen in sehr allgemeiner Form die Wahrung ihrer Interessen bekunden und somit weniger substanzieller Information dienen als vielmehr Signalcharakter haben.

... UND AUSSERDEM ... – ABSCHLIESSENDE RAHMENTHEMEN

Die Thematiken Umwelt und Gesellschaft erlauben es, sich als (verantwortungsvolles) Mitglied einer Gemeinschaft jenseits der unternehmerischen Tätigkeit zu deklarieren und den Text mit sozial verträglichen, moralisch-ethischen Wertbekundungen abzuschließen. Besonders deutlich lässt sich dies an der Umweltthematik nachvollziehen. Als Topik i.d.R. gegen Ende des Textes positioniert, wird an dieser Stelle vor allem die ökologische Verantwortung – im Sinne einer gesellschaftlichen Verantwortung – betont, während die ebenfalls sehr häufige Thematisierung über die Leistungserstellungsthematik tendenziell früher angesiedelt ist. Damit werden die vorrangigen Unternehmensziele (Gewinnerzielung) durch gesellschaftlich relevante ergänzt, die aber – betrachtet man Umfang, Positionierung und Verbindlichkeitsgrad – den Charakter eines schmückenden Beiwerkes (oder eben Rahmens) haben.

NORMATIVE STANDARDS

Zwei Thematiken spielen in einer großen Anzahl der Texte des vorliegenden Korpus eine Rolle, können aber weder einzelnen Sach- oder Akteurstopiken zugeordnet noch sequenziell verortet werden. Sie kommen regelmäßig, aber unregelmäßig verteilt vor und haben als generelle Zielsetzung **Weiterentwick-**

lung bzw. **Wachstum in qualitativer wie quantitativer Hinsicht** zum Inhalt und als dominanten Interaktionsmodus **partnerschaftliche Zusammenarbeit**. Ihre Präsenz in unterschiedlichen Zusammenhängen und unabhängig von spezifischen Themen weist auf eine ungewöhnliche breite Akzeptanz bzw. hochgradig normative Verbindlichkeit: "Whatever you do, keep in motion and aim for development and growth. Whoever you deal with, do it amicably, neighborly, friendly, and fair, like partners should" (Knassmüller 2003:158).

4.2   Ausblick – Normalitätsfolie als heuristisches Instrument

Die entwickelte Normalitätsfolie ist ein Typus, ein Modell, das in dieser Form niemals empirisch vorkommen wird. Dieses empirisch entwickelte Modell stellt eine Zweidrittel-Schnittmenge eines Korpus von 30 österreichischen Leitbildern dar, wobei die Themenkomplexe und die ihnen unterstellte Logik als soziale Repräsentationen im Sinne theoretischer Konstrukte zu verstehen und verwenden sind.

Die Themenanalyse war zunächst für jedes einzelne Leitbild erfolgt, wobei die einzelnen Diskursfragmente identifiziert und gekennzeichnet wurden. Die thematische Detailanalyse erfolgte für die einzelnen Diskursstränge, also themenbezogen quer über das Korpus. Eine hinreichende Beachtung von Themenverschränkungen wurde durch entsprechende Sorgfalt bei der Bestimmung der Diskursfragmente sichergestellt[49]. Die daraus generierte Normalitätsfolie mit der ihr innewohnenden Rationalität entspricht – wie bereits betont – keinem der Leitbilder. Die inhärenten Vorstellungen vom Unternehmen selbst, seiner inneren und äußeren Umwelt und den Akteuren im Sinne von Interpretationsfolien oder sozialen Repräsentationen stellen eine selektive Auswahl dar, die in dieser

---

[49] Diese sich von den Einzelfällen lösende Betrachtung der Diskursfragmente wurde durch die Verwendung von Atlas/ti (Software zur Analyse qualitativer Daten) unterstützt, das die Texte gleich aussehen lässt und durch diese Anonymisierung eine relativ unvoreingenommenen Blick auf die Textstellen erlaubt.

Kombination nicht empirisch auftritt und dennoch signifikant für den Leit-bilddiskurs ist.

Geht man mit dieser Normalitätsfolie noch einmal an das Korpus heran und zieht es als heuristisches Vergleichsinstrument bei Einzelfallanalysen heran (vgl. dazu Lueger 2000:232f), kann der Blick für die "individuellen" Repräsentationen und die darin partiell vorhandenen "sozialen" Repräsentationen geschärft werden.

Der Vergleich mit sehr ähnlichen und deutlich anderen Fällen könnten Alternativ-repräsentationen ebenso wie Alternativplots ermittelt werden. Über Besonderheiten bzw. hervorstechenden Abweichungen von der Normalitätsfolie können gezielt Dokumente aufgespürt werden, die am Rand des Genres (als peripheres Exemplar) angesiedelt sind oder eventuell gar nicht dazugezählt werden sollten.

Zum Beispiel erregt die explizite Thematisierung der rechtlichen Rahmenbe-dingungen angesichts ihrer selbstverständlichen Anerkennung in der Rechts-staatlichkeit verpflichteten Kulturkreisen Aufmerksamkeit, vor allem, wenn dem Thema in einem Dokument (#76) auch noch überdurchschnittlich viel Raum gegeben wird, in der inversen Formulierung illegale Aktivitäten mehrmals dezi-diert ablehnt werden und im ersten Drittel eine Überschrift gewidmet wird. Be-trachtet man Aufbau und Themenwahl bzw. -betonung dieses Dokumentes, fällt die Marginalität der Themen Kunden und Produkte auf, die hinsichtlich der Breite der Ausführungen deutlich hinter den rechtlichen Rahmenbedingungen zurückbleiben. Die umfangreichsten Themen sind Mitarbeiter, Gesellschaft, ökonomisch-finanzielle Sphäre, Führung/Management und eben die rechtlichen Rahmenbedingungen, während das Marktumfeld überhaupt nicht vorkommt. Ein Unternehmensleitbild? – Es handelt sich um einen aus dem englischen übersetzten Code of Business Principles[50], der mit "Geschäftsgrundsätze" über-titelt wurde! Die Andersartigkeit des Dokumentes wird somit einerseits in der

---

[50] Diese oft auch als Code of Conduct bezeichneten Dokumente des angelsächsischen Sprach-raumes stehen in der Tradition der Ethik-Codes und unterscheiden sich in wesentlichen Features vom Leitbild-Genre (vgl. Teil I: 1.1).

Themenwahl manifest (sowohl was ungewöhnliche Themen wie z.B. "Bestechung" betrifft als auch die Ausblendung zentraler Leitbildthemen wie dem "Marktumfeld") andererseits in Form und Umfang ihrer konkreten Vertextlichung.

Ethik-Codes – und als solches ist dieses Dokument (#76) wohl zu qualifizieren – fokussieren im Gegensatz zur Normalitätsfolie Unternehmensleitbild Interaktionsthemen und müssten daher den gleichen Diskurssträngen andere Repräsentationen bzw. Event-Modelle zugrunde legen als dieser (Ähnliches gilt für die eher rechtlich orientierten Unternehmensverfassungen oder aber auch Führungsgrundsätze). Zur Entwicklung alternativer Interpretationsfolien würden sich im ersten Schritt daher dem Leitbild-Genre nahe stehende Dokumente eignen (z.B. auch Unternehmensbroschüren, über das Internet publizierte Texte, oder auch Dokumente, in die Leitbilder häufig integriert werden wie etwa Geschäftsberichte).

Neben der vergleichenden Analyse anderer – ähnlicher – Diskursebenen wäre auch die Überprüfung der Normalitätsfolie hinsichtlich spezifischer Variationen (Branchen, Regionen, Kulturkreise, Unternehmensgröße) interessant. Im vorliegenden Korpus thematisieren die Leitbildtexte aus dem Energiesektor den Kontext in ungewöhnlicher Form: Sie nehmen als einzige auf unmittelbar anstehende Veränderungen des Umfeldes Bezug, betonen, sich diesen Herausforderungen (Wettbewerb) stellen zu wollen und gehen verstärkt auf das Thema strategischer Partnerschaften ein. Text und Kontext stehen in einer dialektischen Wechselbeziehung. Im Energiesektor könnte es aufgrund der massiven Veränderung des Umfeldes durch die Deregulierung – die in keinem der Dokumente beim Namen genannt wird – nicht nur zu einer Veränderung der typischen Leitbildfeatures kommen sondern auch in einem – zumindest vorübergehend – veränderten Einsatz (Kommunikationsziel) dieser Dokumente. In diesem Falle wäre eine diachrone und breiter angelegte Studie von Leitbildtexten des Energiesektors geeignet, die diskursiven Veränderungen zu analysieren und in Relation zu den veränderten Rahmenbedingungen zu setzen. Von besonderem Interesse ist dabei, ob nach der Deregulierungsphase diese Thematik wieder zurückgenommen bzw. wieder genretypisch in den Leitbildtexten verarbeitet wird.

Dahinter steht die Annahme, dass besonders schwerwiegende Umstände – konkreter: besonders brisante bzw. vehemente Erwartungshaltungen seitens relevanter Umwelten – stärker wirken als allgemeine Genre-Regeln und daher die veränderte Definition des angemessenen (appropriate) Leitbildtextes determinieren.

Ein weiterer Untersuchungsschwerpunkt könnte die systematische Analyse von Diskursebenen sein, die Einblicke in den weiteren Kontext des Phänomens "Unternehmensleitbild" und seine Struktur geben. Welche Art von Wissensbeständen bzw. alternativen Repräsentationsfolien gibt es im in diesem Feld? Wie sind sie verteilt? Das Nebeneinander von Repräsentationen unterschiedlicher "Welten" ist z.B. bei den verschiedenen Akteuren dieses Kontextes in hohem Ausmaße zu erwarten (Management, Arbeiter, Aktionär, aber auch Berater etc.)[51]. Ebenso können Diskursebenen wie die wissenschaftliche und populärwissenschaftliche Literatur zum Leitbildphänomen vergleichend untersucht werden.

---

[51] Für die Untersuchung sozialer Repräsentationen ist die Annahme leitend, dass sich soziale Gruppen gerade über das von ihren Mitgliedern geteilte Alltagswissen bzw. die Vorstellungen in Bezug auf einen bestimmten Gegenstand konstituieren und daher die Unterschiedlichkeit beruflicher Alltagstheorien in einem Arbeitsfeld den Einfluss der Profession auf das Denken der Mitglieder zeigt (Fleck 1995:58). Zugleich werden die spezifischen rationalen Denkschemata spezifischer Berufe von den betreffenden Menschen nur in eng begrenzten beruflichen Bereichen eingesetzt (Wagner 1994:105).

Zusammenfassung

Unternehmen bilden über die Zeit institutionalisierte normative Vorstellungen effektiver und effizienter Unternehmenssteuerung aus, die sich im jeweiligen Feld u.a. als allgemein anerkannte Instrumente organisationaler Gestaltung etablieren. Die Explizierung und Implementierung von Unternehmensleitbildern wird bereits seit den achtziger Jahren zum Standardrepertoire moderner Unternehmensführung gezählt. Die steigende Verbreitung von Unternehmensleitbildern in der betrieblichen Praxis korrespondierte bis etwa Mitte der neunziger Jahre mit einer breiten, sehr pragmatisch orientierten Berücksichtigung in der betriebswirtschaftlichen Literatur (z.B. Probst 1992; Hinterhuber 1992; Bleicher 1994a, 1994b und 1999). Während sich der Themenkomplex bei Unternehmensberatern und im Bereich der populärwissenschaftlichen Literatur bis heute ungebrochener Popularität erfreut, werden Unternehmensleitbilder von der jüngeren wissenschaftlichen Forschung mehr oder weniger ignoriert.

Unternehmensleitbilder in Form von expliziten, formalisierten Grundsatzdokumenten (vgl. z.B. Gabele/Kretschmer 1986:159) enthalten als "realistisches Idealbild [...] die grundsätzlichsten und damit allgemein gültigsten, gleichzeitig aber auch abstraktesten Vorstellungen über angestrebte Ziele und Verhaltensweisen einer Unternehmung" (Brauchlich 1984:313). Sie dienen als "fundamentaler, interpretationsbedürftiger und offener Orientierungsrahmen" (Bleicher 1994a:5, 1994b:504; ähnlich auch Belzer 1995:16) und spiegeln die Werte, Normen und Ideale des Unternehmens wider (z.B. Hinterhuber 1992:27; Matje 1996:139).

Die Auseinandersetzung mit Unternehmensleitbildern im Rahmen der betriebswirtschaftlichen Strategie- und Steuerungslehre fokussiert(e) primär ihre Wirksamkeit im Hinblick auf den Erfolg des Unternehmens. Leitbildern als Instrument der Unternehmenssteuerung liegt die – hypothetische – Annahme eines positiven Effektes auf den Unternehmenserfolg zugrunde (Effizienzhypothese). Die postulierten Wirkungsbehauptungen der präskriptiven Literatur – gesicherte

empirische Erkenntnisse fehlen bis heute (z.B. Kühn 1993:4292; Matje 1996:91)
– sind vor allem: Identitäts- oder Identifikationsfunktion, Orientierungs- und Stabilisierungsfunktion, Motivations- und Kohäsionsfunktion, Legitimations- und Aufforderungsfunktion, Transformationsfunktion, Koordinations- und Kohäsionsfunktion (z.B. Belzer 1995:20ff; Bleicher 1994a:22; Matje 1996:85ff; Grünig
1988:2545f; Kühn 1986:143f; Brauchlin 1984:313f; Ulrich/Fluri 1995:93; Ga-
bele/Kretschmer 1984).

Die in dieser Arbeit gewählte Perspektive begreift im Gegensatz zur von funktionalistischen Effektivitäts- oder Effizienzüberlegungen geprägten Steuerungslehre Unternehmensleitbilder als eine konventionalisierte und typisierte Form
organisationaler Kommunikation, die als institutionalisiertes "template for organizing" (Orlikowski/Yates 1994:542) Vorstellungen rationaler organisatorischer
Gestaltung in der Umwelt der Organisationen widerspiegelt. Institutionalisierung
bedeutet dabei stets "to infuse with value beyond the technical requirements of
the task at hand" (Selznick 1957:17, zit. in Scott 1987:494), sodass im Zuge der
Etablierung als Standardinstrument eine Bedeutungsverschiebung einhergeht.
Unternehmensleitbilder sind immer weniger *Instrument zur effizienten Unternehmenssteuerung* als vielmehr allgemein anerkanntes *Kriterium für effiziente
Unternehmenssteuerung*, womit ihre Bedeutung weniger im tatsächlichen
Problemlösungspotenzial als vielmehr in der konventionalisierten Zuschreibung
von Effizienz und Problemlösungsfähigkeit und der damit einhergehenden Legi-
timierungsfunktion liegt: "Ein Unternehmen, das keine Grundsätze hat, fällt heute
negativ auf" (Hoffmann 1989:174).

In historischen Prozessen herausgebildete institutionalisierte Vorstellungen
effektiver und effizienter Unternehmenssteuerung wirken als "highly rationalized
myths that are binding on particular organizations" (Meyer/Rowan 1991:44). Im
Zuge der Institutionalisierung findet eine zunehmende Dekontextualisierung und
Typisierung statt, die in organisatorischen Kontexten zur Ausbildung formalisierter organisationaler Progamme (Meyer/Rowan 1991:44) oder "templates for
organizing" (DiMaggio/Powell 1991:17) führt. Sie werden zu Rezepten, zu typischen Mitteln zum Erreichen typischer Zwecke in typischen Situationen (Schütz

1990:14). Die Qualifizierung von Unternehmensleitbildern als Standardrepertoire der Unternehmenssteuerung setzt sowohl eine konventionalisierte Vorstellung derselben als auch typische Produktions- und Reproduktionssituationen voraus (Titscher et al 1998:39; Yates/Orlikowski 1992:301).

Das Leitbild-Genre[1] als institutionalisierte Kommunikationsform des unternehmerischen Kontextes definiert somit einen sinnstiftenden Referenzrahmen normativer Erwartungshaltungen, der den spezifischen Handlungskontext strukturiert und die legitimen – die "richtigen" – Verhaltensweisen bestimmt bzw. von "falschen" abgrenzt. Vor diesem Hintergrund intersubjektiv geteilter Relevanzstrukturen werden Leitbilder erstellt, sodass ihre konkrete inhaltliche wie formale Ausgestaltung eine (partielle) Manifestierung dieser kontextspezifischen Relevanzstrukturen darstellt.

In den Mittelpunkt des Erkenntnisinteresses rückt damit die (Re)Konstruktion der sozial geteilten Wissensbasis mit ihren Klassifikationssystemen und Relevanzstrukturen, die den im Phänomenbereich "Unternehmensleitbild" realisierten diskursiven Ausprägungen zugrunde liegen. Über die Extrahierung typischer formaler wie inhaltlicher Charakteristika von Leitbildtexten, also die Analyse der diskursiven Strukturen der Dokumente, wurde die (Re)Konstruktion der Vertextlichungsstrategien und der zugrunde liegenden konventionalisierten Bedeutungs- und Sinnstrukturen angestrebt.

Die Rekonstruktion der Ordnung und Struktur der Leitbilddiskurse erfordert einen fundierten, theoretisch kompatiblen methodologischen Rahmen mit einem ausreichend elaborierten methodischen Instrumentarium – er wurde in der vorliegenden Untersuchung über eine diskursanalytische Forschungsstrategie generiert (vgl. Teil I: 3.6 und Teil II: 3). Diskurs wird darin als soziale Handlung begriffen, die stets historisch und daher nur aus ihrem Kontext heraus verstehbar ist. Gesellschaft und Kultur sind diskursiv konstituiert und gleichzeitig konstitutiv für den Diskurs. In einem dialektischen Prozess wird Gesellschaft durch

---

[1] "These genres can be viewed as social institutions that both shape and are shaped by individual's communicative actions" (Yates/Orlikowski 1992:300).

diskursive Handlungen (re)produziert und zugleich Diskurs ausgebildet und transformiert. Text und Kontext stehen in keiner direkten Verbindung, sondern sind über eine Vermittlungsinstanz verbunden (Titscher et al 1998:180f; Meyer 2001:15ff). In der vorliegenden Untersuchung erfüllen sozial geteilte Repräsentationen als soziokognitive Ebene diese Funktion als Vermittlungsinstanz (vgl. Teil I: 3). Die durch soziale Interaktion erworbenen intersubjektiv geteilten Deutungs-, Erklärungs-, Handlungs- und Problemlösungsrepertoires des gemeinsamen Repräsentationssystems bilden den handlungsleitenden Referenzrahmen, der über die Artefakte menschlicher Tätigkeit – in diesem Fall die Leitbildtexte – rekonstruiert werden kann.

Im Rahmen der empirischen Untersuchung wurden 84 Leitbildtexte des deutschen Sprachraumes inhaltsanalytisch untersucht, um die zentralen rekurrenten Themenbereiche (Themen und Themengruppen) zu rekonstruieren, die in diesen Texten mehr oder weniger präzise verarbeitet werden. Nach der in der ersten Analysephase durchgeführten Extrahierung der relevanten Themen bzw. Themenfelder, die in Unternehmensleitbildern zur Sprache kommen, wurde ein Korpus von 30 österreichischen Leitbildtexten einer detaillierteren Analyse unterzogen.

Die daraus generierte Normalitätsfolie – Template und Plot – mit der ihr innewohnenden Rationalität ist ein Typus, ein Modell, das in dieser Form niemals empirisch vorkommen wird. Die inhärenten Vorstellungen vom Unternehmen selbst, seiner inneren und äußeren Umwelt und den Akteuren im Sinne von Interpretationsfolien oder sozialen Repräsentationen stellen eine selektive Auswahl dar, die in dieser Kombination nicht empirisch auftritt und dennoch typisch für die untersuchten Texte ist.

Zu wissen, was ein Leitbild zum Leitbild macht, bedeutet auch, "richtig" bzw. "normal" von "falsch" bzw. "untypisch" oder "seltsam" unterscheiden zu können. Vor diesem Hintergrund sozial verfügbaren Wissens über Leitbilder werden die Dokumente nicht nur erstellt, sondern auch rezipiert und verstanden. Die Normalitätsfolie gibt wertvolle Einblicke in diese intersubjektiv geteilten Relevanzstrukturen bzw. in den Sinn- und Bedeutungsrahmen dieses Genres, skizziert seine impliziten Grundpositionen und erlaubt erste Hypothesen, wie sich diese in einen (noch zu (re)konstruierenden) Handlungskontexttypus einfügen können.

Literaturverzeichnis

Abrahams, Jeffrey: The Mission Statement Book: 301 Corporate Mission Statements from America's Top Companies. Berkeley 1998.

Abric, Jean-Claude: A Structural Approach to Social Representations. In: Deaux, Kay / Philogène, Gina (Hg): Representations of the Social: Bridging Theoretical Traditions. Oxford 2001: 42-47.

Albach, Horst: Wertewandel deutscher Manager. In: Merkle, Hans L. / Jacob, Adolf-Friedrich / Albach, Horst: Werte und Unternehmensziele im Wandel der Zeit. Wiesbaden 1994: 1-25.

Alvesson, Mats / Kärreman, Dan: Taking the Linguistic Turn in Organizational Research. In: Journal of Applied Behavioral Science 2000, Vol.36(2): 136-158.

Antaki, Charles / Billig, Michael / Edwards, Derek / Potter, Jonathan: Discourse Analysis Means Doing Analysis: A Critique of Six Analytic Shortcomings. In: Discourse Analysis Online 2002. Download (12.06.2003): http://www.shu.ac.uk/dao1/articles/v1n1/a1/antaki2002002-paper.html.

Attenhofer, Max: Führen mit Leitbild, Grundsätzen und Strategien. In: Management-Zeitschrift io 1990, (5): 27-31.

Atteslander, Peter / Bender, Christiane / Cromm, Jürgen / Grabow, Busso / Zipp, Gisela: Methoden der empirischen Sozialforschung. Berlin 1991.

Augoustinos, Martha: Ideologie und soziale Repräsentationen. In: Flick, Uwe (Hg): Psychologie des Sozialen. Repräsentationen in Wissen und Sprache. Reinbek bei Hamburg 1995: 200-217.

Augoustinos, Martha / Walker, Iain: Social Cognition. An Integrated Introduction. London 1995.

Baetz, Mark C. / Bart, Christopher K.: Developing Mission Statements Which Work. In: Long Range Planning 1996, Vol.29(4): 526-533.

Bakhtin, Michail M.: Speech Genres and Other Late Essays. Austin 1996.

Barley, Stephen, R. / Tolbert, Pamela S.: Institutionalization and Structuration: Studying the Links between Action and Institution. In: Organization Studies 1997, 18(1): 93-117.

Bart, Christopher K.: The Impact of Mission on Firm Innovativeness. In: International Journal of Technology Managment 1996, Vol.11(3/4): 479-493.

Bart, Christopher K.: A Comparison of Mission Statements and their Rationales in Innovative and Non-innovative Firms. In: International Journal of Technology Managment 1998, Vol.16(1/2/3): 64-77.

Bart, Christopher K. / Baetz, Mark C.: The Relationship between Mission Statements and Firm Performance: an Explanatory Study. In: Journal of Management Studies 1998, Vol.35(6): 823-853.

Bart, Christopher K. / Tabone, John C.: Mission Statements Rationales and Organizational Alignment in the Not-for-Profit Health Care Sector. In: Health Care Management Review 1998, Vol.23(4): 54-69.

Bart, Christopher K. / Tabone, John C.: Mission Statements in Canadian Not-for-Profit Hospitals: Does Process Matter? In: Health Care Management Review 2000, Vol.25(2): 45-63.

Bartkus, Barbara / Glassman, Myron / McAfee, R. Bruce: Mission Statements: Are They Smoke and Mirrors? In: Business Horzions 2000, Vol.43(6): 23-28.

Beaugrande, Robert de: Text, Discourse, and Process. Towards a Multidisciplinary Science of Texts. Norwood 1980.

Beaugrande, Robert de / Dressler Wolfgang U.: Einführung in die Textlinguistik. Tübingen 1981.

Becker, Albrecht / Küpper, Willi / Ortmann, Günther: Revisionen der Rationalität. In: Küpper, Willi / Ortmann, Günther (Hg): Mikropolitik. Rationalität, Macht und Spiele in Organisationen. Opladen 1988: 89-113.

Belzer, Volker: Leitbilder – Potentiale und Perspektiven für moderne Organisationen. In: Belzer, Volker (Hg): Sinn in Organisationen? Oder: Warum haben moderne Organisationen Leitbilder? München 1995: 13-54.

Bennis, Warren / Nanus, Burt: Führungskräfte. Die vier Schlüsselstrategien erfolgreichen Führens. Frankfurt/Main 1992.

Berger, Peter L. / Luckmann, Thomas: Die gesellschaftliche Konstruktion der Wirklichkeit. Frankfurt/Main 1999.

Berkenkotter, Carol / Huckin, Thomas N.: Genre Knowledge in Disciplinary Communication. Cognition/Culture/Power. Hillsdale 1995.

Bernet, Beat: Das Unternehmungsleitbild als Führungsinstrument. In: Management-Zeitschrift io 1982, (3): 137-142.

Billig, Michael: Social representations, objectivication and anchoring: A rhetorical analysis. In: Social Behaviour 1988, Vol.3: 1-16.

Billig, Michael: Studying the thinking society: Social representations, rhetoric and attitudes. In: Breakwell, Glynis M. / Canter David V. (Hg): Empirical Approaches to Social Reprensentations. Oxford 1993: 39-62.

Bleicher, Knut: Leitbilder. Orientierungsrahmen für eine integrative Managementphilosophie. Stuttgart 1994a.

Bleicher, Knut: Normatives Management: Politik, Verfassung und Philosopie des Unternehmens. Frankfurt/Main 1994b.

Bleicher, Knut: Das Konzept integriertes Management : Visionen – Missionen – Programme. Frankfurt/Main 1999.

Bourdieu, Pierre: Entwurf einer Theorie der Praxis. Frankfurt/Main 1979.

Bourdieu, Pierre: Sozialer Sinn. Kritik der theoretischen Vernunft. Frankfurt/Main 1987a.

Bourdieu, Pierre: Die feinen Unterschiede. Kritik der gesellschaftlichen Urteilskraft. Frankfurt/Main 1987b.

Brabet, Julienne / Klemm, Mary: Sharing the Vision: Company Mission Statements in Britain and France. In: Long Range Planning 1994, Vol.27(1): 84-94.

Brauchlin, Emil: Schaffen auch Sie ein Unternehmungsleitbild. In: Management-Zeitschrift io 1984, Vol.7(8): 313-317.

Brown, Gillian / Yule, George: Discourse Analysis. Cambridge 1983.

Bruss, Elisabeth W.: Autobiographical Acts: The Changing Situation of a Literary Genre. Baltimore 1976.

Buber, Renate / Fasching, Harald: Leitbilder in Nonprofit Organisationen: Entwicklung und Umsetzung. Wien 1999.

Burrell, Gibson / Morgan, Gareth: Sociological Paradigms and Organisational Analysis. London 1982.

Campbell, Andrew: A Mission to Succeed. In: Director 1991, Vol.44(7): 66-68.

Campbell, Andrew: The Power of Mission: Aligning Strategy and Culture. In: Planning Review Chicago 1992, Vol.20(5): 10-12;63.

Campbell, Andrew / Devine, Marion / Young, David: A Sense of Mission. London 1990.

Campbell, Andrew / Yeung, Sally: Creating a Sense of Mission. In: Long Range Planning 1991a, Vol.24(4): 10-20.

Campbell, Andrew / Yeung, Sally: Brief Case: Brief Case: Mission, Vision and Strategic Intent. In: Long Range Planning 1991b, Vol.24(4): 145-147.

Clémence, Alain: Social Positioning and Social Representations. In: Deaux, Kay / Philogène, Gina (Hg): Representations of the Social: Bridging Theoretical Traditions. Oxford 2001: 83-95.

Collins, James C. / Porras, Jerry I.: Building Your Company's Vision. In: Harvard Business Review 1996 (5): 65-77.

Connell, Ian / Galinski, Dariusz: Academic Mission Statements: An Exercise in Negotiation. In: Discourse & Society 1998, Vol.9(4): 457-479.

Corsaro, William A.: Sociological Approaches to Discourse Analysis. In: van Dijk, Teun A. (Hg): Handbook of Discourse Analysis Vol.1. London 1985: 167-192.

Coulson-Thomas, Colin: Strategic Vision or Strategic Con?: Rhetoric or Reality. In: Long Range Planning 1992, Vol.25(1): 81-89.

Cummings, Stephen / Davies, John: Mission, Vision, Fusion. In: Long Range Planning 1994, Vol.27(6): 147-150.

Czarniawska, Barbara: A Four Times Told Tale: Combining Narrative and Scientific Knowledge In Organization Studies. In: Organization 1997, Vol.4(1): 7-30.

Czarniawska-Joerges, Barbara: Narratives of Individual and Organizational Identities. In: Stanley A. Deetz (Hg): Communication Yearbook 17. Thousand Oaks 1994: 193-221.

Czarniawska-Joerges, Barbara: Writing Mangament. Organization Theory as a Literary Genre. Oxford 1999.

David, Fred R.: How Companies Define Their Mission. In: Long Range Planning 1989, Vol.22(1): 90-97.

Davies, Bronwyn / Harré, Rom: Positioning: The Discursive Production of Selves. In: Journal for the Theory of Social Behaviour 1990, (1): 43-63.

de Rosa, Annamaria Silvana: The King is Naked. Critical Advertisement and Fashion: The Benetton Phenomenon. In: Deaux, Kay / Philogène, Gina (Hg): Representations of the Social: Bridging Theoretical Traditions. Oxford 2001: 48-82.

Deaux, Kay / Philogène, Gina (Hg): Representations of the Social: Bridging Theoretical Traditions. Oxford 2001.

Diekmann, Andreas: Empirische Sozialforschung. Grundlagen, Methoden, Anwendungen. Reinbeck bei Hamburg 1995.

Dierkes, Meinolf / Marz, Lutz: Leitbilder als Katalysatoren des Organisationslernens. In: Albach, Horst/Dierkes, Meinolf/Antal, Ariane Bethoin/Vaillant, Kristina (Hg): Organisationslernen – institutionelle und kulturelle Dimensionen. Berlin 1998: 373-397.

DiMaggio, Paul J. / Powell, Walter: Introduction. In: Powell, Walter W. / DiMaggio, Paul J. (Hg): The New Institutionalism in Organizational Analysis. Chicago, London 1991a: 1-38.

DiMaggio, Paul J. / Powell, Walter: The Iron Cage Revisited: Institutional Isomorphism and Collective Rationality in Organizational Fields. In: Powell, Walter W. / DiMaggio, Paul J. (Hg): The New Institutionalism in Organizational Analysis. Chicago, London 1991b: 63-82 (erstmals 1983).

Doise, Willem: Human Rights Studied as Normative Social Representations. In: Deaux, Kay / Philogène, Gina (Hg): Representations of the Social: Bridging Theoretical Traditions. Oxford 2001: 96-112.

Donnellon, Anne: Language and Communication In Organizations: Bridging Cognition and Behavior. In: Sims Jr., Henry P. / Gioia, Dennis A. (Hg): The thinking organization: Dynamics of organizational social cognition. San Francisco 1986: 136-164.

Douglas, Mary: Wie Institutionen denken. Frankfurt/Main 1991.

Dracklé, Dorle: Im Dschungel der Diskurse. In: Politische Psychologie aktuell 1991, Vol.10(4): 208-224.

Duveen, Gerard: Introduction. The Power of Ideas. In: Moscovici, Serge / Duveen, Gerard (Hg): Social Representations. Explorations in Social Psychology. Oxford 2000: 1-17.

Ebert, Helmut: Textfunktionen und Textstrukturen von Führungs- und Unternehmensgrundsätzen der Gegenwart. Frankfurt/Main 1997.

Eggins, Suzanne: An Introduction to Systemic Functional Linguisitics. London 1994.

Eggins, Suzanne / Martin, J.R.: Genres and Registers of Discourse. In: van Dijk, Teun A. (Hg): Discourse Studies Vol.1: Discourse as Structure and Process. London 1997: 230-256.

Ehlich, Konrad: Einleitung. In. Ehlich, Konrad (Hg): Diskursanalyse in Europa. Frankfurt/Main 1994: 9-13.

Fairclough, Norman: Discourse and social change. Cambridge 1992.

Fairclough, Norman: Language and power. London 1993.

Fairclough, Norman: General Introduction. In: Fairclough, Norman: Critical Discourse Analysis – The Critical Study of Language. New York 1995a: 1-20.

Fairclough, Norman: Discourse, change and hegemony. In: Fairclough, Norman: Critical Discourse Analysis – The Critical Study of Language. New York 1995b: 91-111.

Fairclough, Norman: Critical Discourse Analysis and The Marketization of Public Discourse: the Universities. In: Fairclough, Norman: Critical Discourse Analysis – The Critical Study of Language. New York 1995c: 130-166.

Fairclough, Norman / Wodak, Ruth: Critical Discourse Analysis. In: van Dijk, Teun A. (Hg): Discourse Studies Vol.2: Discourse as Social Interaction. London 1997: 258-284.

Farrell, Brian J. / Cobbin, Deirdre M. / Farrell, Helen M.: Codes of Ethics. Their Evolution, Development and Other Controversies. In: The Journal of Management Development 2002, Vol.21(2): 152-163.

Fasold, Ralph: Sociolinguistics of Language. Oxford 1990.

Fillmore, J.: Linguisitics as a tool for discourse analysis. In: van Dijk, Teun A. (Hg): Handbook of Discourse Analysis. London 1985: 1-10.

Flick, Uwe: Alltagswissen in der Sozialpsychologie. In: Flick, Uwe (Hg): Psychologie des Sozialen. Repräsentationen in Wissen und Sprache. Reinbek bei Hamburg 1995: 54-77.

Flick, Uwe: Konstruktivismus. In: Flick, Uwe / Kardorff, Ernst von / Steinke, Ines (Hg): Qualitative Forschung. Ein Handbuch. Reinbeck 2000: 150-164.

Foucault, Michel: History of sexuality. Vol.1. Harmondsworth 1981.

Foucault, Michel: Archäologie des Wissens. Frankfurt/Main 1990.

Frank, Martin / Bucher, Michael: Mit einem Leitbild zu neuen Wegen in der Finanzkontrolle. In: Verwaltung und Management 2000, Vol.6(1): 7-17.

Friedrichs, Jürgen: Methoden empirischer Sozialforschung. Opladen 1990.

Froschauer, Ulrike / Lueger, Manfred: Das qualitative Interview zur Analyse sozialer Systeme. Wien 1992.

Früh, Werner: Inhaltsanalyse. Theorie und Praxis. München 1991.

Gabele, Eduard / Kretschmer, Helmut: Unternehmensgrundsätze. Zürich 1986.

Gaskell, George: Attitudes, Social Representations, and Beyond. In: Deaux, Kay / Philogène, Gina (Hg): Representations of the Social: Bridging Theoretical Traditions. Oxford 2001: 228-241.

Ghadessy, Mohsen (Hg): Text and Context in Functional Linguistics. Amsterdam Philadelphia 1999.

Gibson, C. Kendrick / Newton, David J. / Cochran, Daniel S.: An Empirical Investigation of the Nature of Hospital Mission Statements. In: Health Care Manage Rev. 1990, Vol.15(3): 35-45.

Giddens, Anthony: The Constitution of Society. Outline of the Theory of Structure. Berkley 1984.

Glaser, Barney / Strauss Anselm: The Discovery of Grounded Theory: Strategies for Qualitative Research. New York 1967.

Glücksburg, Kurt / Ochsner, Martin: Unternehmenskultur, Image, Leitbild, Strategie. In: Management-Zeitschrift io 1989 (9): 95-98.

Graham, John W. / Havlick, Wendy C.: Mission Statements: A Guide to the Corporate and Nonprofit Sectors. New York 1994.

Grant, David / Keenoy, Tom / Oswick, Cliff (Hg): Discourse and Organization.London 1998a.

Grant, David / Keenoy, Tom / Oswick, Cliff: Introduction: Organizational Discourse. Of Diversity, Dichotomy and Multi-dispciplinarity. In: Grant, David / Keenoy, Tom / Oswick, Cliff (Hg): Discourse and Organization. London 1998b: 1-13.

Grant, David / Keenoy, Tom / Oswick, Cliff: Organizational Discourse. Key Contributions and Challenges. In: International Studies of Management & Organization 2001, Vol.31(3): 5-24.

Greenwood, Royston / Hinings, C.R.: Unterstanding Radical Organizational Change: Bringing Together The Old and The New Institutionalism. In: Academy of Managment Review 1996, 21(4): 1022-1054.

Grünig, Rudolf: Unternehmensleitbilder. Grundzüge eines Verfahrens zur Erarbeitung und Revision. In: Zeitschrift für Führung und Organisation 1988, (4): 254-260.

Habisch, André: Corporate Citizenship. Berlin 2003.

Halliday, Michael A.K.: Language as Social Semiotic. London 1978.

Halliday, Michael A.K.: An Introduction to Functional Grammar. London 1994.

Hardy, Cynthia: Researching Organizational Discourse. In: International Studies of Management & Organization 2001, Vol.31(3): 25-47.

Harré, Rom: Zur Epistemologie sozialer Repräsentationen. In: Flick, Uwe (Hg): Psychologie des Sozialen. Repräsentationen in Wissen und Sprache. Reinbek bei Hamburg 1995: 165-176.

Haslett, Beth J.: Communication: Strategic Action in Context. Hillsdale 1987.

Hasse, Raimund / Krücken, Georg: Was leistet der organisationssoziologische Neo-Institutionalismus? Eine theoretische Auseinandersetzung mit besonderer Berück-sichtigung des wissenschaftlichen Wandels. In: Soziale Systeme 1996, 2 (1): 91-112.

Häusel, Hans-Georg: Unternehmen brauchen ein ikonisches Leitbild. In: Harvard Business Manager 1991, (2): 27-33.

Heinze, Thomas:Qualitative Sozialforschung: Einführung, Methodologie und Forschungs-praxis. München 2001.

Hilb, Martin: Möglichkeiten und Grenzen von Regierungs- und Verwaltungs-Leitbildern. In: Verwaltung und Management 1995, Vol.1(2): 78-83.

Hill, Wilhelm: Beitrag zu einer modernen Konzeption der Unternehmungsleitung. In: Die Unternehmung 1968, (4): 225-239.

Hinterhuber, Hans H.: Strategische Unternehmensführung I. Strategisches Denken. New York 1992.

Hodge, Robert / Kress, Gunther: Social Semiotics. Cambridge 1988.

Hoffmann, Friedrich: Unternehmungs- und Führungsgrundsätze - Ergebnisse einer empirischen Untersuchung. In: Zeitschrift für betriebswirtschaftliche Forschung (zfbf) 1989, Vol.41(3): 167-185.

Hoffmann-Riem, Christa: Die Sozialforschung einer interpretativen Soziologie. In: Kölner Zeitschrift für Soziologie und Sozialpsychologie 1980, Vol.2: 339-372.

Horak, Christian: Leitbild, Mission. In: Eschenbach, Rolf (Hg): Führungsinstrumente in Nonprofit Organisationen. Bewährte Verfahren im praktischen Einsatz. Stuttgart 1998: 15-21.

Idema, Rick / Wodak, Ruth: Organizational Discourses and Practices. In: Discourse & Society 1999, Vol.10(1): 5-21.

Ireland Duane R. / Hitt, Michael A.: Mission Statements: Importance, Challenge and Recommendations for Development. In: Business Horizons 1992, Vol.35 (3): 34-42.

ivm (Interdisziplinäre Abteilung für Verhaltenswissenschaftlich Orientiertes Management der WU Wien): The Cranfield Project on European Human Resource Management. Ergebnisbericht 1999. Download (02.04.2003): http://www.wu-wien.ac.at/inst/ivm/local.htm.

Jäger, Siegfried: Kritische Diskursanalyse. Duisburg 1999.

Jäger, Siegfried: Discourse and Knowledge:Theoretical and Methodological Aspects of a Critical Discourse and Dispositive Analysis. In: Wodak, Ruth / Meyer, Michael: Methods of Critical Discourse Analysis. London 2001: 32-62.

Jepperson, Ronald L.: Institutions, Institutional Effects, and Institutionalism. In: Powell, Walter W. / DiMaggio, Paul J. (Hg): The New Institutionalism in Organizational Analysis. Chicago, London 1991: 143-163 (erstmals 1983).

Jones, Patricia / Kahaner, Larry: Say It and Live It. The 50 Corporate Mission Statements That Hit the Mark. New York 1995.

Keenoy, Tom / Marshak, Robert J. /Oswick, Cliff / Grant, David: The Discourse of Organizing. In: Journal of Applied Behavioral Science 2000a, Vol.36(2): 133-135.

Keenoy, Tom / Oswick, Cliff / Grant, David: Organizational Discourses: Text and Context. In: Organization 1997, Vol.4(2): 147-157.

Keenoy, Tom / Oswick, Cliff / Grant, David: Discourse, Epistemology and Organization: A Discursive Footnote. In: Organization 2000a, Vol.7(3): 542-544.

Kelle, Udo: Empirisch begründete Theoriebildung: zur Logik und Methodologie interpretativer Sozialforschung. Weinheim 1994.

Kelle, Udo / Kluge, Susann: Vom Einzelfall zum Typus. Fallvergleich und Kontrastierung in der qualitativen Sozialforschung. Opladen 1999.

Keller, Reiner: Diskursanalyse. In: Hitzler, Ronald / Honer, Anne: Sozialwissenschaftliche Hermeneutik. Opladen 1997: 309-333.

Kieser, Alfred: Moden und Mythen des Organisierens. In: Die Betriebswirtschaft 1996, Vol.56(1): 21-39.

Kieser, Alfred / Hegele, Cornelia: Kommunikation im organisatorischen Wandel. Stuttgart 1998.

Kippes, Stephan: Der Leitbilderstellungsprozess. Weichenstellung für Erfolg oder Misserfolg von Unternehmensleitbildern. In: zfo-Zeitschrift Führung und Organisation 1993, Vol.62(3): 184-188.

Klemm, Mary / Sanderson, Stuart / Luffman, George: Mission Statements: Selling Corporate Values to Employees. In: Longe Range Planning 1996, Vol.24(3): 73-78.

Kluge, Susann: Empirisch begründete Typenbildung. Zur Konstruktion von Typen und Typologien in der qualitativen Sozialforschung. Opladen 1999.

Knassmüller, Monika: Mission Statements – Identifying Underlying Concepts. An Empirical Study of Austrian Corporate Mission Statements. In: Communication in Organizations. Structures and Practices. Frankfurt/Main 2003.

Knassmüller, Monika / Sandner, Karl: Eine thematische Analyse österreichischer Unternehmensleitbilder. Working Paper der Abteilung für ABWL und Unternehmenssteuerung 2001/01.

Knassmüller, Monika / Stockinger, Peter / Sandner, Karl: Unternehmensleitbilder – Entwicklung einer Beschreibungssystematik. Working Paper der Abteilung für ABWL und Unternehmenssteuerung 2000/12.

KPMG: Unternehmensleitbilder in deutschen Unternehmen. Download (01.05.2003): http://www.kpmg.de/library/surveys/satellit/leitbilder.pdf.

Krause, Wolf-Dieter: Kommunikationslinguistische Determinanten der Textsortenbestimmung. In: Krause: Wolf-Dieter (Hg): Textsorten. Kommunikationslinguistische und konfrontative Aspekte. Frankfurt/Main 2000.

Kreikebaum, Hartmut: Strategische Unternehmensplanung. Stuttgart 1993.

Kress, Gunther / van Leeuwen, Theo: Reading Images. The Grammar of Visual Design. London 2000.

Kühn, Richard: Grundsatz- und Konzeptentscheide: Bedeutung, methodische Probleme und Ansätze zu deren Lösung. In: Gaugler, Eduard / Meissner, Hans Günther / Thom, Norbert (Hg): Zukunftsaspekte der anwendungsorientierten Betriebswirtschaftslehre. Stuttgart 1986: 139-160.

Kühn, Richard: Unternehmens- und Führungsgrundsätze. In: Wittmann, Waldemar / Kern, Werner / Köhler, Richard / Küpper, Hans-Ulrich / v. Wysocki, Klaus (Hg): Handwörterbuch der Betriebswirtschaft, Teilband 3. Suttgart 1993: Sp. 4286-4294.

Lahlou, Saadi: Functional Aspects of Social Representation. In: Deaux, Kay / Philogène, Gina (Hg): Representations of the Social: Bridging Theoretical Traditions. Oxford 2001: 131-146.

Lakoff, George / Johnson, Mark: Metaphors We Live By. Chicago 1980.

Lamnek, Siegfried: Qualitative Sozialforschung, Band 1 Methodologie. München 1988.

Langlois, Cahterine C. / Schlegelmilch, Bodo B.: Do Corporate Codes of Ethics Reflect National Character? Evidence from Europe and the United States. In: Journal of International Business Studies 1990, Vol.21(4): 519-539.

Leckie-Tarry, Helen: Language and Context. A Functional Linguistic Theory of Register. London 1995.

Lejeune, Philippe: On Autobiography. Minneapolis 1989.

Lemke, Jay, L.: Textual politics: discourse and social dynamics. London 1995.

Leontjew, Alexej N.: Tätigkeit, Bewusstsein, Persöhnlichkeit. Köln 1982.

Leontjew, Alexej N.: Der allgemeine Tätigkeitsbegriff. In: Viehweger, Dieter (Hg): Grundfragen einer Theorie der sprachlichen Tätigkeit. Stuttgart 1984a:13-30.

Leontjew, Alexej N.: Sprachliche Tätigkeit. In: Viehweger, Dieter (Hg): Grundfragen einer Theorie der sprachlichen Tätigkeit. Stuttgart 1984b: 31-44.

Levin, Ira M.: Vision Revisited. Telling the Story of the Future. In: Journal of Applied Behavioral Science 2000, Vol.36(1): 91-107.

Lévi-Strauss, Claude: Strukturale Anthropologie. Frankfurt/Main 1967.

Link, Jürgen: Kollektivsymbolik und Mediendiskurse. In: kultuRRevolution 1982, 1: 6-21.

Link, Jürgen: Über Kollektivsymbolik im politischen Diskurs und ihren Anteil an totalitären Tendenzen. In: kultuRRevolution 1988, 17/18: 47-53.

Litton, Ian / Potter, Jonathan: Social Representations in the Ordinary Explanation of a 'Riot'. In: European Journal of Social Psychology 1985, Vol.15: 371-388.

Lucas, James R.: Anatomy of a Vision Statement. In: Management Review, 1998, Vol.87(2): 22-26.

Luckmann, Thomas: Theorie des sozialen Handelns. Berlin-New York 1992.

Luckmann, Thomas: Die unsichtbare Religion. Frankfurt/Main 1996.

Lueger, Manfred: Grundlagen qualitativer Feldforschung. Wien 2000.

Lueger, Manfred: Auf den Spuren der sozialen Welt. Methodologie und Organisierung interpretativer Sozialforschung. Frankfurt/Main 2001.

Luhmann, Niklas: Soziale Systeme. Grundriss einer allgemeinen Theorie. Frankfurt/Main 1984.

Luhmann, Niklas: Die Wissenschaft der Gesellschaft. Frankfurt/Main 1990.

Maas, Lutz: "Als der Geist der Gemeinschaft eine Sprache fand". Sprache im Nationalsozialismus. Versuch einer historischen Argumentationsanalyse. Opladen 1984.

Macharzina, Klaus: Unternehmensführung. Das internationale Managementwissen. Wiesbaden 2003.

March, James G. / Olsen, Johan P.: Rediscovering Institutions. The Organizational Basis of Politics. New York 1989.

Marshak, Robert J. / Keenoy, Tom / Oswick, Cliff / Grant, David: From Outer Words to Inner Worlds. In: Journal of Applied Behavioral Science 2000, Vol.36(2): 245-258.

Martin, J.R.: Modelling Context. A Crooked Path of Progress in Contextual Linguistics. In: Ghadessy, Mohsen (1999) (Hg): Text and Context in Functional Linguistics. Amsterdam Philadelphia 1999: 25-61.

Matje, Andreas: Unternehmensleitbilder als Führungsinstrument. Wiesbaden 1996.

Mayring, Philipp: Qualitative Inhaltsanalyse. Grundlagen und Techniken. Weinheim-Basel 2003.

McKinlay, Andy / Potter, Jonathan: Social Representations: A Conceptual Critique. In: Journal for the Theory of Social Behaviour 1987, Vol.17(4): 471-487.

McKinlay, Andy / Potter, Jonathan / Wetherell, Margaret: Discourse Analysis and Social Representations. In: Breakwell, Glynis M. / Canter David V. (Hg): Empirical Approaches to Social Reprensentations. Oxford 1993: 134-156.

Mead, George H.: Geist, Identität und Gesellschaft. Frankfurt/Main 1978.

Meyer, John W. / Boli, John / Thomas, George M.: Ontology and Rationalization in the Western Cultural Account. In: Scott, W. Richard / Meyer, John W. (Hg): Institutional Environments and Organizations. Structural Complexity and Individualism. Thousand Oaks 1994: 9-27 (erstmals 1987).

Meyer, John W. / Rowan, Brian: Institutionalized Organizations: Formal Structure as Myth and Ceremony. In: Powell, Walter W. / DiMaggio, Paul J. (Hg): The New Institutionalism in Organizational Analysis. Chicago, London 1991: 41-62 (erstmals 1977).

Meyer, John W. / Scott, W. Richard (Hg): Organizational Environments. Ritual and Rationality. Newbury Park 1992.

Meyer, Michael: Between theory, method, and politics: positioning of the approaches to CDA. In: Wodak, Ruth /Meyer, Michael: Methods of Critical Discourse Analysis. London 2001: 14-31.

Meyer, Renate/Hammerschmid, Gerhard: Leitbilder in der öffentlichen Verwaltung Österreichs. Eine empirische Analyse. Teil 1: Der Entstehungsprozess. Working Paper der Abteilung für ABWL und Unternehmenssteuerung 2000/10.

Miller, Carolyn R.: Genre as social action. In: Quarterly Journal of Speech 1984, Vol.70 (May): 151-167.

Moi, Toril (Hg): The Kristeva Reader. New York 1986.

Morgeson, Frederick P. / Hofman, David A.: The structure and function of collective constructs: Implications for multilevel research and theory development. In: Academy of Management Review Vol.24(2): 249-265.

Morris, Rebecca J.: Developing a Mission for a Diversified Company. In: Longe Range Planning 1996, Vol.29(1): 103-115.

Moscovici, Serge: Geschichte und Aktualität sozialer Repräsentationen. In: Flick, Uwe (Hg): Psychologie des Sozialen. Repräsentationen in Wissen und Sprache. Reinbek bei Hamburg 1995: 266-314.

Moscovici, Serge: The Phenomenon of Social Representations. In: Moscovici, Serge / Duveen, Gerard (Hg): Social Representations. Explorations in Social Psychology. Oxford 2000:19-77. Erstmals erschienen in: Farr, Robert / Moscovici, Serge: Social Representations. Cambridge 1984: 3-69.

Moscovici, Serge / Duveen, Gerard (Hg): Social Representations. Explorations in Social Psychology. Oxford 2000.

Moscovici, Serge / Vignaux, Georges: The Concept of Themata. In: Moscovici, Serge / Duveen, Gerard (Hg): Social Representations. Explorations in Social Psychology. Oxford 2000:156-183. Erstmals erschienen in: Guimelli, Christian (Hg): Structures et transformations des représentations sociales. Neuchâtel 1994: 25-72.

Mumby, Dennis K. / Clair, Robin P.: Organizational Discourse. In: van Dijk, Teun A. (Hg): Discourse Studies Vol.2: Discourse as Social Interaction. London 1997: 181-205.

Oevermann, Ulrich: Die objektive Hermeneutik als unverzichtbare methodologische Grundlage für die Analyse von Subjektivität. Zugleich eine Kritik der Tiefenhermeneutik. In: Jung, Thomas / Müller-Doohm, Stefan (Hg): "Wirklichkeit" im Deutungsprozess. Frankfurt/Main 1995: 106-189.

Oevermann, Ulrich / Allert, Tilman / Konau, Elisabeth / Krambeck, Jürgen: Die Methodologie einer ‚objektiven Hermeneutik' und ihre allgemeine forschungslogische Bedeutung in den Sozialwissenschaften. In: Soeffner, Hans-Georg (Hg): Interpretative Verfahren in den Sozial- und Textwissenschaften. Stuttgart 1979: 352-434.

Orlikowski, Wanda J. / Yates, JoAnne: Genre Repertoire: The Structuring of Communicative Practices in Organizations. In: Administrative Science Quarterly 1994, Vol.39(4): 541-574.

Oswick, Cliff / Keenoy, Tom / Grant, David: Discourse, Organizations and Organizing: Concepts, Objects and Stubjects. In: Human Relations 2000, Vol.53(9):1115-1123.

Parker, Ian: Die diskursanalytische Methode. In: Flick, Uwe / Kardorff, Ernst von / Steinke, Ines (Hg): Qualitative Forschung. Ein Handbuch. Reinbeck 2000: 546-556.

Pearce II, John A. / David, Fred: Corporate Mission Statements: The Bottom Line. In: Academy of Management Executive 1987, Vol.1(2): 109-116.

Pearce II, John A. / Roth, Kendall: Multinationalization of the Mission Statement. In: S.A.M. Advanced Management Journal 1988, Vol.53(3): 39-44.

Philips, Nelson / Hardy, Cynthia: Discourse Analysis: Investigating Processes of Social Construction. London 2002.

Philogène, Gina: From Race to Culture: The Emergence of African American. In: Deaux, Kay / Philogène, Gina (Hg): Representations of the Social: Bridging Theoretical Traditions. Oxford 2001: 113-128.

Potter, Jonathan: Attitudes, Social Representations, and Discursive Psychology. In: Wetherell, Margaret (Hg): Identities, Groups and Social Issues. London 1996: 119-173.

Potter, Jonathan: Representing Reality: Discourse, Rhetoric and Social Construction. London 1997.

Potter, Jonathan / Billig, Michael: Re-representing Representations. In: Ongoing Production on Social Representations 1992, Vol.1(1): 15-20. Download(20.10.2003): http://www.psr.jku.at.

Potter, Jonathan / Edwards, Derek: Social Representations and Discursive Psychology: From Cognition to Action. Culture & Psychology 1999, Vol.5(4): 447-458.

Potter, Jonathan / Edwards, Derek: Rethinking Cognition: On Coulter on Discourse and Mind. In: Human Studies 2003, Vol.23: 165-181.

Potter, Jonathan / Litton Ian: Some Problems Underlying the Theory of Social Representations. In: British Journal of Social Psychology 1985, Vol.24: 81-90.

Potter, Jonathan / Wetherell, Margaret: Discourse and Social Psychology: Beyond Attitudes and Behaviour. London 1987.

Potter, Jonathan / Wetherell, Margaret: Discourse and Social Psychology. Beyond Attitudes and Behaviour. London 1987.

Potter, Jonathan / Wetherell, Margaret: Soziale Repräsentationen, Diskursanalyse und Rassismus. In: Flick, Uwe (Hg): Psychologie des Sozialen. Repräsentationen in Wissen und Sprache. Reinbek bei Hamburg 1995:177-199.

Powell, Walter W. / DiMaggio, Paul J. (Hg): The New Institutionalism in Organizational Analysis. Chicago 1991.

Probst, Gilbert J.B.: Organisation. Strukturen, Lenkungsinstrumente, Entwicklungsperspektiven. Landsberg 1992.

Putnam, Linda L. / Fairhurst, Gail T.: Discourse Analysis in Organizations. Issues and Concerns. In: Jablin, Fredric, M. / Putnam, Linda L. (Hg): The New Handbook of Organizational Communication. London 2001: 78-136.

PWC (PriceWaterhouseCoopers): Unternehmensleitbilder in Schweizer Unternehmen. Download (01.05.2003): http://www.pwcglobal.com/ch/ger/ins-sol/publ/kmu/pwc_unternehmensleitbild.pdf.

Radtke, Bernd: Entwicklung des Leitbildes parallel zur Reform. In: VOP 1998, (5): 16-19.

Reichertz, Jo: „Objektive Hermeneutik". In: Hitzler, Ronald / Honer, Anne: Sozialwissenschaftliche Hermeneutik. Opladen 1997: 31-55.

Rigby, Darrell K.: Mangement Tools 2001. Annual Survey of Senior Executives - Global Results. Download (27.04.2003): http://www.bain.com/bainweb/expertise/tools/overview.asp.

Rigby, Darrell K.: Mangement Tools 2003. An Executive's Guide. Bain & Company, Inc. Boston 2003. Download (27.04.2003): http://www.bain.com/bainweb/expertise/tools/overview.asp.

Roland-Lévy, Christine / Kirchler, Erich / Penz, Elfriede / Gray, Colin (Hg): Everyday Representations of the Economy. Wien 2001.

Scherer, Andreas Georg: Kritik der Organisation oder Organisation der Kritik? – Wissenschaftstheoretische Bemerkungen zum kritischen Umgang mit Organisationstheorien. In: Kieser, Alfred (Hg): Organisationstheorien: Stuttgart 1999: 1-37.

Schreyögg, Georg: Organisationskultur. In Frese, Erich (Hg): Handwörterbuch der Organisation. Stuttgart 1992.

Schütz, Alfred: Der sinnhafte Aufbau der sozialen Welt. Eine Einleitung in die verstehende Soziologie. Frankfurt/Main 1981.

Schütz, Alfred: Collected Papers 1. The problem of social reality. Dordrecht 1990.

Schütz, Alfred / Luckmann, Thomas: Strukturen der Lebenswelt, Bd. 1. Frankfurt/Main 1979.

Schütz, Alfred / Luckmann, Thomas: Strukturen der Lebenswelt, Bd. 2. Frankfurt/Main 1984.

Schwarz, Peter: Management in Nonprofit-Organisationen. Eine Führungs-, Organisations- u. Planungslehre für Verbände, Sozialwerke, Vereine, Kirchen, Parteien usw. Bern 1996.

Scott, W. Richard: Introduction: From Technology to Environment. In: Meyer, John W. / Scott, W. Richard (Hg): Organizational Environments. Ritual and Rationality. Newbury Park 1992.

Scott, W. Richard / Meyer, John W.: The Organization of Societal Sectors: Propositions and Early Evidence. In: Powell, Walter W. / DiMaggio, Paul J. (Hg): The New Institutionalism in Organizational Analysis. Chicago, London 1991: 108-140 (erstmals 1983).

Scott, W. Richard / Meyer, John W. (Hg): Institutional Environments and Organizations. Structural Complexity and Individualism. Thousand Oaks 1994.

Siebert, Claus Jürgen: Inhalt und Bedeutung strategischer Leitbilder - eine empirische Untersuchung. In: Journal für Betriebswirtschaft 1992, (3-4): 179-189.

Stevens, Betsy: An Analysis of Corporate Ethical Code Studies: Where Do We Go From Here? In: Journal of Business Ethics 1994, Vol.13(1): 63-69.

Stone, Romuald A.: Mission Statements Revisited. In: S.A.M. Advanced Management Journal 1996, Vol.61(1): 31-36.

Strauss, Anselm: Grundlagen qualitativer Sozialforschung: Datenanalyse und Theoriebildung in der empirischen und soziologischen Forschung.

Strauss, Anselm / Corbin, Juliet: Basics of Qualitative Research. Grounded Theory Procedures and Techniques. Newbury Park 1990.

Swales, John M. / Rogers, Priscilla S.: Discourse and the Projection of Corporate Culture: the Mission Statement. In: Discourse & Society 1995, Vol.6(2): 223-242.

Swales, John M.: Genre Analysis. English in Academic and Research Settings. Cambridge 1990.

Thorngate, Warren: "In general" vs. "it depends": Some comments on the Gergen-Schlenker debate. In: Personality and Social Psychology Bulletin 1976, (2): 404-410.

Titscher, Stefan / Wodak, Ruth / Meyer, Michael / Vetter, Eva: Methoden der Textanalyse. Opladen 1998.

Tolbert, Pamela / Zucker, Lynne G.: The Institutionalization of Institutional Theory. In:Clegg, Stewart R. / Hardy, Cynthia / Nord, Walter R. (Hg): Handbook of Organization Studies. London 1996: 175-190.

Tulin, M.F.: Talking organization: Possibilities for conversation analysis in organizational Behaviour Research. In: Journal of Managment Inquiry 1997, (6): 101-119.

Ulrich, Hans: Management. Bern 1984.

Ulrich, Hans: Unternehmungspolitik. Bern 1990.

Ulrich, Peter: Führungsethik. Ein grundrechteorientierter Ansatz. St. Gallen 1995. (Erweiterte und veränderte Fassung eines Beitrags, der unter dem Stichvort "Führungsethik" erschienen ist in: Kieser, Alfred / Reber, Gerhard / Wunderer, Rolf (Hg): Handwörterbuch der Führung. Stuttgart 1995).

Ulrich, Peter / Fluri, Edgar: Management. Bern 1995.

van Dijk, Teun A. (Hg): Handbook of Discourse Analysis. London 1985.

van Dijk, Teun A.: Principles of critical discourse analysis. In: Discourse & Society 1993, Vol.4(2): 249-283.

van Dijk, Teun A.: The Study of Discourse. In: van Dijk, Teun A. (Hg): Discourse Studies Vol.1: Discourse as Structure and Process. London 1997: 1-34.

van Dijk, Teun A.: Multidisciplinary CDA: A Plea For Diversity: In: Wodak, Ruth / Meyer, Michael (Hg): Methods of Critical Discourse Analysis. London 2001a: 95-120.

van Dijk, Teun A.: Text and Context of Parliamentary Debates. Unpublished Paper 2001b (printed 23.20.2003): http://www.discourse-in-society.org/teun.html.

van Leeuwen, Theo: Genre and field in critical discourse analysis: a synopsis. In: Discourse and Society 1993, Vol.4(2): 193-223.

van Leeuwen, Theo: Representing social action. In: Discourse and Society 1995, Vol.6(1): 81-106.

van Leeuwen, Theo / Jewitt, Carey: Handbook of Visual Analysis. London 2001.

Wagner, Wolfgang: Alltagsdiskurs. Die Theorie sozialer Repräsentationen. Göttingen 1994.

Wagner, Wolfgang / Kronberger, Nicole: Killer Tomatoes! Collective Symbolic Coping with Biotechnology. In: Deaux, Kay / Philogène, Gina (Hg): Representations of the Social: Bridging Theoretical Traditions. Oxford 2001: 147-164.

Walgenbach, Peter: Institutionalistische Ansätze in der Organisationstheorie. In: Kieser, Alfred (Hg): Organisationstheorien. Stuttgart 1999: 319-353.

Want, Jerome H.: Corporate Mission. In: Management Review 1986, Aug: 46-50.

Weber, Max: Wirtschaft und Gesellschaft. Tübingen 1980.

Weber, Max: Gesammelte Aufsätze zur Wissenschaftslehre. Tübingen 1988.

Weick, Karl E.: Der Prozess des Organisierens. Frankfurt/Main 1995.

Wewer, Göttrik: Leitbilder und Verwaltungskultur. In: Bandemer, Stephan v. / Blanke, Bernhard / Nullmeier, Frank / Wewer, Göttrik (Hg): Handbuch zur Verwaltungsreform. Opladen 1998: 141-150.

Wodak, Ruth: What CDA is about – a summary of its history, important concepts and its developments. In: Wodak, Ruth / Meyer, Michael (Hg): Methods of Critical Discourse Analysis. London 2001: 1-13.

Wootton, Anthony: Dilemmas of Discourse. Controversies about the Sociological Interpretation of Language. London 1980.

Wunderer, R. (Hg): Führungsgrundsätze in Wirtschaft und öffentlicher Verwaltung. Stuttgart 1983.

Yates, JoAnne / Orlikowski, Wanda J.: Genres of Orginazational Communication: A Structurational Approach. In: Academy of Management Review 1992, Vol.17(2): 299-326.

Zachry, Mark: Conceptualizing Communicative Practices in Organizations: Genre-based Research in Professional Communication. In: Business Communication Quarterly 2000, Vol.63(4): 95-101.

Zerfaß, Ansgar: Unternehmensführung und Öffentlichkeitsarbeit. Opladen 1996.

Zucker, Lynne G.: The Role of Institutionalization in Cultural Persistence. In: Powell, Walter W. / DiMaggio, Paul J. (Hg): The New Institutionalism in Organizational Analysis. Chicago, London 1991: 83-107 (erstmals 1977).

Abbildungsverzeichnis

Anhang

"GESAGTES" / SAGBARKEITSFELD

Im Folgenden werden die in der gesamten Untersuchung extrahierten Themen zusammenfassend dargestellt. Die empirisch entwickelten Indikatoren, Wort- und Beschreibungsfelder und illustrierenden Beispiele (sie stammen aus der Detailanalyse der Phase 2) bieten einen umfassenden Überblick über die in den untersuchten Dokumenten angesprochenen Themen (Inhaltsanalyse). Neben den Themen bzw. Diskurssträngen wurden auch die konventionalisierten Sprachformen rekonstruiert, mittels derer die Themen qualifiziert und durch einen Text vermittelt werden (thematische Analyse).

1   Systematik der Sachthemen

1.1   Die Themengruppe "Organisation"

ORGANISATORISCH-RECHTLICHER RAHMEN

Dieser Code umfasst Aussagen, in denen das Unternehmen sich gegenüber der Umwelt abgrenzt. Dies kann zum einen durch die Beschreibung des Unternehmensrahmens geschehen, beispielsweise hinsichtlich der Rechtsform des Unternehmens (AG, börsennotiert etc.) bzw. der Eigentumsverhältnisse (in Privatbesitz) oder der Organisationsform (Konzern, Holding etc.). Er steht daher dem institutionellen Organisationsbegriff nahe, der unter Organisation ein zielgerichtetes, soziales System versteht, das in ein Umfeld eingebettet ist und dessen Teile in komplexen, wechselseitigen Beziehungen zueinander stehen (vgl. z.B. Schreyögg 1996:4).

Andere Formen der Charakterisierung des Unternehmens, die mit dem organisatorisch-rechtlichen Rahmen in direkter Beziehung stehen, aber andere Ebenen (mit)thematisieren, werden ebenfalls in diesem Code zusammengefasst. Dazu gehören vor allem Aussagen zur örtlichen bzw. nationalstaatlichen Verbundenheit (österreichisches Unternehmen), wobei formalrechtliche Sachverhalte (z.B. abgabenrechtliche Perspektive) nicht von Belang sind – hier interessiert ausschließlich die Selbstcharakterisierung durch die Unternehmen. Ein anderes Beispiel für thematisch nahe Informationen ist die Feststellung, dass es sich um ein Familienunternehmen handelt.

Die Branche oder der – inhaltliche – Tätigkeitsbereich des Unternehmens sind ebenso wie der Markt (aus absatzorientierter Perspektive) nicht in diesem Code zu behandeln (siehe Produktbereich bzw. sozio-ökonomischer Kontext).

Wort-/Beschreibungsfeld

- wir sind eine internationale Unternehmensgruppe / ein Unternehmen in der Rechtsform einer Gesellschaft mit beschränkter Haftung / eine Einzelhandelsgesellschaft etc. und entwickeln / erzeugen / vertreiben ....

- die XYZ ist in österreichischem Privatbesitz und betreibt flächendeckend Produktionsstätten in Europa ...
- die XYZ ist ein börsennotiertes/ finanzstarkes /europäisches Industrieunternehmen mit dem Schwerpunkt ....
- als Teilbereich des Konzerns / Tochtergesellschaft von etc. haben wir den Schwerpunkt unserer Tätigkeit in Österreich / Ungarn / Europa
- XYZ besteht aus eigenständigen Unternehmen mit gemeinsamer strategischer Konzernführung.

AUSSENBEZIEHUNGEN DER ORGANISATION

Dieser Code umfasst Aussagen zur Gestaltung bzw. Bedeutung der Außenbeziehungen des Unternehmens, also die organisatorische Seite von Beteiligungen, Partnerschaften, Kooperationen, Netzwerken etc.

Inhaltlich können in diesem Zusammenhang vor allem zwei Themenbereiche differenziert werden, die in den Leitbildtexten aber zumeist gemeinsam vorkommen, nämlich Beteiligungen (also rechtswirksame Unternehmensverflechtungen) und – mehr oder weniger vertraglich geregelte – Kooperationen oder Partnerschaften.

- **Unternehmensverflechtungen / -beteiligungen**

Mögliche Indikatoren
- Mergers & Aquisitions
- Joint Ventures
- Beteiligungen

Wort-/Beschreibungsfeld
- wir sind mit Beteiligungen tätig in ...
- wir beteiligen uns an anderen Unternehmen
- wir sind zu strategischen Akquisitionen bereit ...
- wenn wir mit internationalen Verflechtungen erfolgreich sein wollen
- diese Richtlinien / Code / Grundsätze etc. gelten für alle Beteiligungen / Joint Ventures etc.

- **Partnerschaften / Kooperationen**

Mögliche Indikatoren
- Netzwerke
- (strategische) Partnerschaften
- (strategische) Kooperationen

Wort-/Beschreibungsfeld
- unsere Tätigkeit erfüllen wir in partnerschaftlichen Kooperationen
- bei der Erfüllung unserer Aufgaben sind Handel / Gewerbe / Industrie etc. unsere Partner
- wir arbeiten mit anderen Unternehmen / Partnern aus Industrie etc. zusammen
- wir stehen in / betreiben Zusammenarbeit mit Partnern aus ....
- Forschung betreiben wir gemeinsam mit Forschungsinstituten / Universitätsinstituten etc. Organisationsstruktur
- wir beziehen unsere Partner in die Forschung / Entwicklung etc. ein

- Ziel ist es, mit ausländischen / potenten etc. Partnern internationale / langfristige / enge etc. Kooperationen einzugehen ...
- wir sind zu Kooperationen bereit
- wir suchen nach neuen Partnern
- wir sind offen gegenüber Partnerschaften
- wir nutzen die Möglichkeiten von Kooperationen.

ORGANISATIONSSTRUKTUR

Unter der formalen (bzw. formellen) Organisation werden die geplanten, offiziellen und zumeist kodifizierten Regelungen verstanden, welche die Zielerreichung im Unternehmen sicherstellen sollen (vgl. z.B. Schreyögg 1996:12). Dazu zählen u.a. die Aufbauorganisation (diese unterteilt das Unternehmen in arbeitsteilige, funktionsfähige Einheiten und wird oftmals mit Organisationsstruktur gleichgesetzt), die prozessbezogene Ablauforganisation (diese beschreibt die betrieblichen Aktivitäten in einer logisch aufeinander folgenden Weise) (vgl. z.B. Wöhe 1990:180f).

Dieser Code umfasst alle Aussagen, die in Leitbildtexten zur formalen Gestaltung der Organisation gemacht werden, wobei auf eine literaturkonforme Verwendung des Begriffes oder Konzeptes keine Rücksicht genommen wird. Erfasst werden daher alle Aussagen zur Integrations- oder Koordinationsform (klassischerweise die hierarchische Über- und Unterordnung) bzw. Organisationsform (z.B. Einlinienstruktur, Stablinienstruktur, Mehrlinienstruktur, Matrixstruktur, Netzwerkstruktur, Projektstrukturen, Zentralabteilungen und Sparten/ Geschäftsbereiche). Ebenso berücksichtigt werden Aussagen zu formalen Koordinationsinstrumenten in Form von persönlichen oder technokratischen (standardisierte Formen wie Programme und Pläne, im Falle einer schriftlichen Fixierung als Formalisierung) Weisungen oder Aussagen zur Verteilung von Entscheidungsrechten (Zentralisation bzw. Dezentralisation/ Delegation).

Mögliche Indikatoren
- Organisationsstruktur
- Strukturorganisation
- (flache) Hierarchien
- (schlanke etc.) Struktur

Wort-/Beschreibungsfeld
- wir arbeiten im Team
- unsere Zusammenarbeit ist bereichsübergreifend
- wir arbeiten mit einer / haben eine projektorientierte / prozessorientierte / flexible / kundennahe / dezentrale etc. Organisation
- wir haben Organisationsstruktur mit ergebnisverantwortlichen / eigenverantwortlichen / selbstständig operierenden etc. operativen Gesellschaften / Geschäftseinheiten etc.
- wir bauen regionale Vertriebsorganisationen in den einzelnen Ländern auf
- wir pflegen eine Unternehmensstruktur, die es uns ermöglicht...
- unsere Strukturorganisation weist allen Arbeitsebenen klare Aufgaben, Befugnisse und Verantwortung zu. Gezielte Personalentwicklung fördert die Fähigkeiten der Mitarbeiterinnen und Mitarbeiter - ihr Leistungsvermögen bestimmt

ihren Einsatz. Unsere Unternehmensstruktur fördert unternehmerisches Denken; die Bezüge orientieren sich an den Aufgaben, Leistungen und Erfolgen
- das Unternehmen ist dezentral organisiert
- im Unternehmen sind die Hierarchien flach / die Berichts- und Entscheidungswege kurz
- die Organisation ist schlank / flexibel / rationell / schlagkräftig / marktnah etc.

UNTERNEHMENSKULTUR

Die – je nach Forschungszugang und Wissenschaftsdisziplin – unterschiedlichen Definitionen bzw. Konzeptionalisierungen von Kultur als theoretisches Konstrukt sind in Zusammenhang mit diesem Code nicht von Bedeutung. Zur Orientierung mag als Begriffsbeschreibung genügen, "dass es sich [...] um ein System gemeinsam geteilter Werte, Normen, Einstellungen, Überzeugungen und Ideale handelt" (Staehle 1999:498). Es bildet sich im Laufe der Zeit heraus, wird von den Organisationsmitgliedern in einem Sozialisationsprozess gelernt und hat als Orientierungs- und Interpretationshilfe handlungsleitenden Charakter.

In diesem Code werden Aussagen zur Unternehmenskultur erfasst, wobei die (anzunehmenderweise implizite) konzeptionelle Grundlage für die Zuordnung keine Rolle spielt. Der Begriff wird in den Dokumenten keineswegs einheitlich gebraucht, geschweige denn im Sinne wissenschaftlicher Konzepte. Andere thematisch nahe Konzepte, die in Leitbildern – oft im selben Zusammenhang – vorkommen, sind Corporate Identity und Unternehmensphilosophie. Sie werden ebenfalls hier erfasst.

Keine Beachtung finden die zahlreichen Aussagen, in denen auf die Kultur des Unternehmens verwiesen wird, ohne diese Thematik explizit anzusprechen. Ein Beispiel zur Verdeutlichung:

- *Trotz der Größe und Internationalität bewahren wir uns die positiven Traditionen eines Familienunternehmens. (#49)*

Mögliche Indikatoren
- Unternehmenskultur
- Organisationskultur
- Kultur
- Corporate Identity
- Unternehmensphilosophie
- Unternehmenspersönlichkeit

Wort-/Beschreibungsfeld
- unsere Unternehmenskultur spornt zu Spitzenleistungen an
- unsere Unternehmenskultur baut auf folgenden Eckpfeilern auf
- als Ziel streben wir eine menschenorientierte / resultatorientierte etc. Unternehmenskultur an
- wir haben Philosophie und Kultur
- entscheidend ist, dass Corporate Identity gelebt wird
- wir leben eine offene Unternehmenskultur.

1.2 Die Themengruppe "Handlungsbereiche ("Aktivitäten")"

1.2.1 Leistungserstellung – Primäre Aktivitäten

Die Aussagen im Zusammenhang mit den primären Aktivitäten der Leistungserstellung sind in drei Codes unterteilt: Primäre Aktivitäten inkl. F&E, Qualitätsmanagement, Kosten.

PRIMÄRE AKTIVITÄTEN INKL. F&E

In diesem Code werden Aussagen zu dem primären Aktivitäten (siehe oben) zusammengefasst, wobei Forschung und Entwicklung hier miterfasst werden. Was als primäre Aktivität zu klassifizieren ist, hängt von der Art des Unternehmens ab. Da Leitbildtexte zumeist in sehr komprimierter Form die als wichtig erachteten Thematiken abhandeln, spielen Graubereiche, die sich bei differenzierteren Texten ergeben könnten, eine geringe Rolle – die Zuordnung stellt daher i.d.R. kein Problem dar.

Mögliche Indikatoren

Im Falle eines Produktionsbetriebes z.B.:

- Produktion
- Produktionsverfahren
- Lagerung
- Logistik

Wort- / Beschreibungsfeld

- bei Herstellung / Beschaffung / Vertrieb / Vermarktung etc. unserer Produkte / (Dienst-)Leistungen etc. stehen wir in der Verantwortung für Umwelt / Sicherheit / Gesundheit etc.
- mit modernsten Erkenntnissen in Forschung / Entwicklung / Anwendung, Herstellung und Marketing ...
- in der Produktion setzen wir auf umweltschonende / ökologisch verträgliche / moderne / dem Stand der Technik angepasste Technologien
- wir gehen mit dem Einsatz von Primärenergie sparsam / verantwortungsvoll / sorgfältig / optimal um
- Schonung der Umwelt / beste Qualität / höchster Qualitätsstandard ist für uns eine Herausforderung, die alle Bereiche des Unternehmens vom Einkauf bis zum Verkauf umfasst.

Beispiele

- *Wo wir kompetent sind und es wirtschaftlich vertretbar ist, betreiben wir eine eigene anwendungstechnische Entwicklung. (#32)*

- *Wir arbeiten wie Unternehmer mit einem Minimum an Bürokratie und einer hundertprozentigen Konzentration auf Produktivität. (#65)*

- *"#67" wird vom klassischen Energieversorger zum effizienten Dienstleister für die Bereiche Energie, Umwelt, Wasser und Telekommunikation. Die Entwicklung von der Produktionsorientierung hin zur Ausrichtung auf den Kundennutzen und die Steigerung der Wettbewerbsfähigkeit sind dabei wesentliche Elemente. (#67)*

- *Die hohe Beratungsqualität, das dichte Servicenetz, die Innovationsbereitschaft und der Einsatz modernster Technologien gewährleisten ein seriöses Preis-/Leistungsverhältnis. (#95)*

- *Zur Sicherung der Stromversorgung streben wir ein ausgewogenes Verhältnis zwischen Eigenerzeugung, Abtausch und Zukauf an. Dabei stützen wir uns auf unterschiedliche Primärenergien und stellen die notwendigen Erzeugungs-, Transport- und Verteilkapazitäten bereit. (#102)*

- *Für unsere Kunden kaufen wir weltweit nur das Beste ein. Dabei messen wir unsere Leistungen und die unserer Lieferanten an unseren umfassenden Qualitätskriterien. (#50)*

QUALITÄT BZW. QUALITÄTSMANAGEMENT

Diese Codegruppe umfasst die Aussagen zur Qualität in der Leistungserstellung, und zwar sowohl hinsichtlich allgemeiner Optimierungsabsichten als auch im Sinne von standardisierten bzw. formalisierten Maßnahmen der Qualitätssicherung (Qualitätsmanagement). Obwohl Qualität, Leistungsoptimierung und Qualitätsmanagement grundsätzlich nicht auf die primären Aktivitäten reduzierbar sind und von den Unternehmen auch nicht ausschließlich in diesem Sinne verwendet werden, werden die Codes aufgrund der thematischen Nähe hier eingeordnet.

• Laufende Verbesserungen

Spätestens seit Aufkommen des Qualitätsmanagements und der damit verbundenen Terminologie hat sich der Anspruch permanenter Verbesserungen und Optimierungen des betrieblichen Leistungsprozesses als Qualitätsstandard moderner Unternehmensführung etabliert. Allgemeine Aussagen zur laufenden Verbesserung werden in diesem Code erfasst.

Wort- / Beschreibungsfeld
- wir fühlen uns zu ständiger Verbesserung der Produktivität / Qualität / der innerbetrieblichen Abläufe etc. verpflichtet
- wir streben nach ständiger Verbesserung / laufender Überprüfung der geleisteten Arbeit

Beispiele

- *Wir orientieren uns an den Bedürfnissen der Kunden und arbeiten qualitätsbewusst an der Verbesserung unserer Produkte und Leistungen sowie der innerbetrieblichen Abläufe. (#123)*

- *Wir fühlen uns zu ständiger Verbesserung der Produktivität und Qualität sowie hoher Leistung und ambitionierten Ergebnissen verpflichtet. (#34)*

- *Wir werden die ständige Verbesserung als messbaren und nie endenden Prozess vorantreiben. (#19)*

- *Die Faszination des Sterns lebt von der stetigen Verbesserung unserer Produkte und Leistungen. Nur so sichern wir die Zukunft unseres Unternehmens. (#45)*

- **Qualitätsmanagement**

Unter diesem Code werden alle Aussagen erfasst, die auf systematische, standardisierte Maßnahmen zur Qualitätsverbesserung hinweisen, auch wenn sie nicht Qualitätsmanagement genannt werden.

Mögliche Indikatoren
- Total Quality Management
- Qualitätsmanagementsystem
- ISO-Zertifizierung
- Qualitätssicherungsmaßnahmen
- laufende Qualitätsverbesserungen
- Qualitätspolitik

Wort-/Beschreibungsfeld
- unser Qualitätsmanagement legt Ziele fest / gestaltet die Prozesse nachvollziehbar / bewertet etc.
- eine Kette optimierter Leistungen
- als sichtbares Qualitätssiegel werden alle unsere Unternehmen nach ISO 9000 zertifiziert. Kundenzufriedenheit / Qualitätsbewusstsein etc. ist ein Grundpfeiler unserer Qualitätspolitik
- wir messen unsere Leistungen / die Leistungen unserer Lieferanten etc. an unseren umfassenden Qualitätskriterien
- wir bekennen uns zur Einführung / Umsetzung etc. eines umfassenden Managementsystems, welches Qualität, Umwelt und Arbeitssicherheit beinhaltet
- wir sehen uns verpflichtet, die Qualitätskette bis zum Konsumenten aufzubauen und aufrechtzuerhalten
- wir bekennen uns zur kontinuierlichen Verbesserung in allen Qualitäts-, Umwelt-, Gesundheits- und Arbeitssicherheitsbelangen
- besonderes Augenmerk richten wir auf ein effektives und effizientes Qualitätsmanagement.

Beispiele

- *Unser Qualitätsmanagement legt Ziele fest, gestaltet die Prozesse nachvollziehbar und wiederholbar, bewertet regelmäßig die Umsetzung und nimmt sie als Basis für weitere Verbesserungen. Ergebnis: Qualität, wie sie der Kunde erwartet. Oder, wie er seine Erwartungen noch übertrifft. (#1)*

- *9 QUALITÄT: Für #49 bedeutet Qualität die Erfüllung von definierten Anforderungen in allen Bereichen. Qualitätssicherungsmaßnahmen bei der Rohstoffübernahme, in der Fertigung, beim fertigen Produkt, beim Kundenservice und in der Umwelttechnik stellen [...]. (#49)*

- *Die #69 ist das führende österreichische Markenartikelunternehmen für hochwertige Molkereiprodukte aus bäuerlichen Rohstoffen und bekennt sich zur Einführung und Umsetzung eines umfassenden Managementsystems, welches Qualität, Umwelt und Arbeitssicherheit beinhaltet. (#69)*

KOSTEN

Die Thematisierung von Kosten wird in diesem Code erfasst, unabhängig vom konkreten Zusammenhang (primäre oder sekundäre Leistungserstellung etc).

Aufgrund der thematischen Nähe bei gleichzeitig geringer Frequenz wird der gesamte Kosten-Diskurs an dieser Stelle erfasst.

Wort- / Beschreibungsfeld
- dies beinhaltet / Maßstäbe unseres Handelns sind kostenbewusstes Handeln / Kostenbewusstsein / konsequentes Kostenmanagement / Kostensenkung / ein vertretbares Kosten-Nutzen-Verhältnis
- wir sehen es als unsere Aufgabe / haben uns zum Ziel gesetzt, das Kostenniveau unseres jeweils besten Mitbewerbers zu unterschreiten.

Beispiele
- *Unternehmensgewinne erwirtschaften wir - trotz des harten Wettbewerbes und der branchentypischen hohen Risiken - nur durch konsequentes Kostenmanagement und innovatives Ausschöpfen von Marktchancen. (#38)*
- *Wir konzentrieren uns auf energiewirtschaftliche Aufgaben und sehen in der Vergabe von Aufträgen an Dritte eine Möglichkeit, das Wissen und die Fähigkeiten anderer Unternehmen zu nützen und die Kosten zu senken. (#41)*
- *#57 arbeitet nach den neuesten Erkenntnissen der Betriebswirtschaft. Dies beinhaltet eine rationelle Organisation, die optimale Nutzung aller verfügbaren Kennzahlen und ein besonderes Kostenbewusstsein. (#57)*

1.2.2   Leistungserstellung – Sekundäre Aktivitäten
Bei den Aussagen zu den sekundären Aktivitäten der Leistungserstellung werden derzeit vier Codes unterschieden, die wiederum in zwei Gruppen geteilt werden können: Kommunikation und Human Resources.

HUMAN RESOURCES
- **Personalmanagement**

Dieser Code umfasst sämtliche Aussagen, die den Einsatz der menschlichen Arbeitskraft in organisatorischer Hinsicht betreffen, also beispielsweise Personaltechniken wie Personalplanung, -auswahl, -einsatz, -entwicklung, Entlohnung etc.

Im Falle der Entlohnung können hier "alle materiellen, speziell monetären Anreize/Belohnungen verstanden [werden], die aus der Sicht des Unternehmens Arbeitskosten darstellen" (Staehle 1999:820). Personalentwicklung umfasst alle Aussagen zur Aus- und Weiterbildung von Mitarbeitern.

Mögliche Indikatoren
- Personalentwicklung
- Aus- und Weiterbildung
- Entlohnung
- Personalpolitik

Wort-/Beschreibungsfeld
- alle Mitarbeiter werden laufend durch entsprechende Ausbildung für ihre Aufgabe qualifiziert
- wir messen der laufenden Aus- und Weiterbildung / Personalentwicklung / Schulung etc. einen großen Stellenwert bei
- unsere Maßnahmen zur Personalentwicklung / Mitarbeiterförderung erhöhen laufend Eignung und Fähigkeiten der Mitarbeiter

- wir bekennen uns zu / der Mitarbeiter hat Anspruch auf leistungsorientierte / leistungsbezogene / leistungsgerechte / angemessene / faire Entlohnung
- jeder Mitarbeiter soll dort eingesetzt werden, wo er seine individuellen Stärken am wirkungsvollsten entfalten kann
- wir setzen unsere Mitarbeiter entsprechend ihren Stärken ein
- das Leistungsvermögen der Mitarbeiter bestimmt ihren Einsatz
- die Mitarbeiter werden nach Qualifikation / entsprechend ihren Fähigkeiten etc. ausgesucht / beschäftigt / befördert / bezahlt.

Beispiele

- *Jeder Mitarbeiter soll dort eingesetzt werden, wo er seine individuellen Stärken am wirkungsvollsten entfalten kann. (#9)*
- *Ganzheitliches, unternehmerisches Denken, Leistungsorientierung und Teamarbeit sowie Kundennähe und Service werden durch Weiterbildung und Mitarbeiterförderung unterstützt. (#20)*
- *Bei entsprechender Qualifikation wollen wir Führungspositionen aus den eigenen Reihen besetzen. (#32)*
- *Die #49 Führungskräfte kommen in erster Linie aus dem Haus. (#49)*
- *Wir legen großen Wert auf eine umfassende Aus- und Weiterbildung. Die Basis dafür ist unsere eigene, staatlich anerkannte Ausbildungsstätte: die "#50-Schule". Arbeit im Team ist die Basis unseres Erfolges. (#50)*
- *Eine an den Aufgaben orientierte fachliche und persönliche Weiterbildung ist allen Mitarbeitern zugänglich. Die Zufriedenheit unserer Mitarbeiter wird gefördert durch - die Herausforderung der Aufgabenstellung - den Willen aller zur konstruktiven Zusammenarbeit - die Anerkennung von Leistungen - eine markt- und leistungsgerechte Bezahlung. (#66)*
- *Die Mitarbeiter der #76-Unternehmen werden ausschließlich nach Qualifikation und Fähigkeiten ausgesucht, beschäftigt und befördert. (#76)*

- **Führungskonzept**
Dieser Code beinhaltet Aussagen zur direkten (interaktionellen) und indirekten (strukturellen) Mitarbeiterführung, und zwar hinsichtlich der Führungskultur ebenso wie hinsichtlich der strategischen Führung und der organisationalen Gestaltung von Führung und Kooperation (vgl. Wunderer 1997:4ff). Es müssen dazu keineswegs die angeführten Stichworte verwendet werden.

Mögliche Indikatoren
- Führungskonzept
- Führungsstil
- Führungsverhalten
- Führungspolitik

Wort- /Beschreibungsfeld
- wir erfüllen unsere Aufgabe durch umsichtige Führung
- wir pflegen einen partnerschaftlichen / mitarbeiterorientierten / kooperativen Führungsstil
- wir führen prozessorientiert

- unser unternehmerisches Handeln wird von klaren Zielsetzungen bestimmt, die gemeinsam zwischen Führungskräften und Mitarbeiterinnen und Mitarbeitern festgelegt werden
- Zusammenarbeit / Vertrauen / Offenheit / Fairness / gegenseitige Wertschätzung etc. zeichnen unseren Arbeits- und Führungsstil aus
- die Führungskräfte erfüllen das Führungsprinzip der Delegation von Verantwortung und Kompetenzen
- partnerschaftliche Führungspolitik durch Vereinbarung klarer Ziele / Informationsaustausch / Teilnahme der Mitarbeiter an der Entscheidungsfindung / Einbindung in die unternehmerische Verantwortung etc. wird gepflegt.

Beispiele

- *Wir führen prozessorientiert. Wir versetzen den Mitarbeiter in die Lage, seine Aufgabe als Element einer Prozesskette zu verstehen. (#19)*

- *Unser unternehmerisches Handeln wird von klaren Zielsetzungen bestimmt, die gemeinsam zwischen Führungskräften und Mitarbeiterinnen und Mitarbeitern festgelegt werden. (#20)*

- *Zu ihren wesentlichen Grundsätzen gehören Wirtschaftlichkeit, Rentabilitätsstreben und ein partner- und mitarbeiterorientierter Führungsstil. (#35)*

- *Die Identifikation der Mitarbeiter mit den Zielen der #66 erreichen wir durch aktive Einbindung in die unternehmerische Verantwortung und Ausstattung mit den erforderlichen Kompetenzen und Informationen. (#66)*

- *Qualifizierte und engagierte Mitarbeiter bestimmen, angeleitet durch den kooperativen Führungsstil der Vorgesetzten, die Qualität der Produkte, die Verringerung der Umweltauswirkungen und die Sicherheit am Arbeitsplatz in allen Geschäftsbereichen. (#69)*

KOMMUNIKATION

- **Interne Information und Kommunikation**

Aussagen zu Information und/oder Kommunikation im Unternehmen werden in diesem Code zusammengefasst, unabhängig vom betrachteten Zusammenhang. So fallen Aussagen zur zwischenmenschlichen Verständigung ebenso darunter wie solche zu (gewünschten, erwarteten, zu vermeidenden) Verhaltensformen, -optionen, -restriktionen, -problemen etc. oder zur Bedeutung von Information als Gut bzw. Produktionsfaktor (oft auch in Zusammenhang mit Managementinformationssystemen) (vgl. z.B. Picot/Reichwald/Wigand 1998).

Wort- /Beschreibungsfeld
- wir pflegen in Fragen Sicherheit, Gesundheit und Umwelt einen offenen Dialog auf allen Ebenen
- offene / verständliche / persönliche / umfassende Kommunikation und Information schaffen die Basis / Voraussetzung für effiziente / vertrauensvolle Zusammenarbeit
- aktives Informationsverhalten
- unkomplizierte, schnelle und direkte Information und Kommunikation
- unsere Kommunikationspolitik ist von den Grundsätzen der Gleichzeitigkeit / Gleichbehandlung / Transparenz geleitet

- unsere Berichts- und Entscheidungswege sind kurz / formlos / unkompliziert.
- Identifikation der Mitarbeiter mit den Zielen durch Ausstattung mit den erforderlichen Kompetenzen und Informationen
- partnerschaftliche Führungspolitik durch Vereinbarung klarer Ziele, Informationsaustausch.

Beispiele

▪ *Offene Kommunikation und Information schaffen die Basis für effizientes Arbeiten in einer Atmosphäre der gegenseitigen Achtung und Wertschätzung. (#1)*

▪ *Wir bemühen uns um eine Kommunikationspolitik, die von den Grundsätzen der Gleichzeitigkeit, Gleichbehandlung und Transparenz geleitet ist. (#28)*

▪ *Offene Information und Kommunikation schaffen die Voraussetzung für eine Zusammenarbeit auf der Basis gegenseitigen Vertrauens. (#38)*

▪ *#76 hält einen guten Informationsaustausch mit den Mitarbeitern für unabdingbar. Dazu wurden und werden spezifische Kommunikationssysteme und Medien entwickelt. (#76)*

▪ *Gegenseitige Anerkennung und offene Kommunikation sind eine wichtige Grundlage unseres Erfolges. (#102)*

▪ **Öffentlichkeitsarbeit (Public Relations)**

Während die Marktkommunikation die tauschvertragliche Handlungskoordination in der ökonomischen Sphäre unterstützt, stellt Public Relations (oder Öffentlichkeitsarbeit) jenen Bereich der externen Unternehmenskommunikation dar, der die kommunikativen Beziehungen im gesellschaftlichen Umfeld thematisiert (vgl. Zerfaß 1996:298). Alle Aussagen, die in diesen Teilbereich der externen Kommunikation der Unternehmen fallen, werden hier erfasst, auch wenn die Termini Public Relations oder Öffentlichkeitsarbeit nicht genannt werden.

Mögliche Indikatoren
- Öffentlichkeitsarbeit
- Information der Öffentlichkeit
- Dialog mit der Öffentlichkeit

Wort-/Beschreibungsfeld
- Offenheit / Transparenz / Glaubwürdigkeit etc. in der Kommunikation / Information ist unser Auftrag / ein besonderes Anliegen / unser Ziel
- Transparenz im Dialog mit der Öffentlichkeit
- offener / sachlicher Dialog / Meinungsaustausch etc. mit unseren Interessenpartnern / einer interessierten Öffentlichkeit
- wir wollen in der Öffentlichkeit und am Markt bei unseren Partnern verstanden werden
- wir pflegen den Kontakt zur / umfassende Information der Öffentlichkeit
- wir informieren sachlich / offen / wahrheitsgetreu / kontinuierlich / umfassend
- aktuelle / umfassende / offene etc. Information ist ein Gebot aktiver Öffentlichkeitsarbeit.

Beispiele

- *Mit aktiver Öffentlichkeitsarbeit und umfassender Information schaffen wir Voraussetzungen für eine vertrauensvolle Zusammenarbeit mit der Tiroler Bevölkerung. (#102)*

- *DURCH AKTIVE: ÖFFENTLICHKEITSARBEIT INFORMIEREN WIR UNSERE AKTIONÄRE, UNSERE MARKTPARTNER, DIE BEVÖLKERUNG UND DIE MEDIEN KONTINUIERLICH ÜBER UNSERE ZIELE, AKTIVITÄTEN UND DEREN AUSWIRKUNGEN. (#77)*

- *Vertrauensverhältnis zwischen Kunden, Aktionären und Mitarbeitern durch persönliche Kommunikation und Information. (#75)*

- *Offener Meinungsaustausch schafft Vertrauen. Wir informieren sachlich, wahrheitsgetreu und kontinuierlich. Wir achten fremde Meinungen, suchen den Dialog und stellen uns auch kontroversen Themen. (#74)*

- *Transparenz soll uns bei der Erfüllung unserer Aufgaben begleiten – sowohl im Unternehmen als auch im Dialog mit der Öffentlichkeit. (#67)*

- *Kundenorientierung ist unsere oberste Maxime. Beste Dienstleistung, marktgerechte Konditionen, Verlässlichkeit in der Leistungserbringung, Flexibilität in der Erfüllung der Kundenwünsche und Offenheit in der Kommunikation sind unser Auftrag. (#4)*

ÖKONOMISCH - FINANZIELLE HANDLUNGSBEREICHE

Diese Themengruppe umfasst sämtliche Aussagen zur finanzwirtschaftlichen Dimension der Unternehmen wie beispielsweise Gewinn- oder Ertragsthematiken, Aussagen zur Rentabilität, Kapital- und Finanzstruktur etc. Da eine Definition aller theoretisch möglichen Konzepte dieser Themengruppe den Rahmen der Beschreibungssystematik sprengen würde, werden an dieser Stelle wie immer nur einige in Leitbildern häufig vorkommende als Codes angeführt. Relevant ist ausschließlich die explizite Thematisierung im Text (nicht der theoretisch 'richtige' oder 'sinnvolle' Gebrauch der Konzepte).

Da diese Themengruppe am stärksten von Fachtermini geprägt ist, kann (v.a. auch zur Vermeidung von unnötiger Redundanz) auf eine Darstellung der Wort- bzw. Beschreibungsfelder verzichtet werden: die Konzepte sind weitgehend durch die verwendeten Begriffe identifizierbar, zur Illustration werden Beispiele angeführt.

UNTERNEHMENSWERT

Dieser Code umfasst Aussagen zum Unternehmenswert, also dem Gesamtwert des Unternehmens (vgl. Wöhe 1990:788 ff). Der Unternehmenswert ist nicht mit der Summe aller im Betrieb vorhandenen Einzelwerte identisch, sondern repräsentiert den Wert eines Unternehmens auf Grundlage einer Gesamtbewertung der betrieblichen Leistungserstellung und Leistungsverwertung (inkludiert z.B. den Wert der "Organisation", den guten Ruf, den Kundenstamm).

Mögliche Indikatoren

- Unternehmenswert
- Wertsteigerung unserer Unternehmen
- Wertzuwachs

- Ertragswert (vgl. Ertragswertverfahren)
- Substanzwert (vgl. Substanzwertverfahren)

Beispiele

- *Wir streben nach nachhaltiger Wertsteigerung unserer Unternehmen und Sicherung ihrer Dividendenfähigkeit und schaffen dadurch 'Shareholder Value'. (#28)*

- *Der langfristige Substanzaufbau und eine gute Verzinsung des eingesetzten Kapitals sind die Maximen unseres unternehmerischen Handelns. (#32)*

- *Unser unternehmerisches Handeln ist bestimmt durch den Willen zu Wachstum und nachhaltiger Wertsteigerung unseres Unternehmens. (#66)*

- *Das Streben nach langfristiger Steigerung unseres Unternehmenswertes ist von hoher Achtung vor Mensch und Gesellschaft gekennzeichnet. (#74)*

GEWINN/ERFOLG

Erfolg kann grundsätzlich als Differenz zwischen bewertetem Ertrag und bewertetem Einsatz der Produktionsfaktoren verstanden werden, während der Gewinn die Differenz zwischen dem Ertrag und dem Aufwand einer Periode repräsentiert (vgl. Wöhe 1990:47f). Der Code umfasst in dieser Systematik alle Aussagen zu Gewinn- oder Erfolgsthematiken in Unternehmensleitbildern, unabhängig von einer Übereinstimmung mit oder Abweichung von der angeführten Definition.

Mögliche Indikatoren
- Gewinn
- Erfolg
- Ergebnis

Beispiele

- *DER WIRTSCHAFTLICHE ERFOLG IST EINE VORAUSSETZUNG FÜR DIE SICHERUNG UND DIE WEITERENTWICKLUNG UNSERES UNTERNEHMENS. IM VORDERGRUND STEHT DAHER DIE STÄRKUNG UNSERER WETTBEWERBSFÄHIGKEIT. UNTER WAHRUNG UNSERER SELBSTSTÄNDIGKEIT NUTZEN WIR AUCH GEZIELT DIE MÖGLICHKEITEN VON KOOPERATIONEN UND BETEILIGUNGEN. DER ERWIRTSCHAFTETE GEWINN SOLL EINE ANGEMESSENE VERZINSUNG DES EINGESETZTEN KAPITALS ERMÖGLICHEN. (#77)*

- *Wir arbeiten gewinnorientiert und sichern unsere ständige Weiterentwicklung durch eine angemessene Verzinsung des eingesetzten Kapitals. (#74)*

- *Hohe Wirtschaftlichkeit ist ein Prinzip unseres Handelns. Dadurch bieten wir unseren Kunden günstige Energiepreise, sichern den Bestand unseres Unternehmens und erwirtschaften einen angemessenen Gewinn. (#41)*

- *Für jedes Unternehmen der #64 AG gilt als generelles Oberziel das Erwirtschaften positiver Betriebsergebnisse, um die Selbstfinanzierungskraft und Vorsorge für Investitionen auf Dauer zu sichern. (#64)*

- *Wichtigstes Ziel ist es, unser Unternehmen profitabel zu führen. (#76)*

RENTABILITÄT

In diesem Code werden sämtliche Aussagen zu Verzinsungs- und Dividenden-thematiken zusammengefasst. Unter Rentabilität versteht man grundsätzlich eine Vergleichszahl, die den Erfolg (einer best. Periode) dem eingesetzten Kapital (Gesamtkapital, Eigenkapital ....) gegenüberstellt und somit die Kapitalverzinsung zum Ausdruck bringt (vgl. Wöhe 1990:48).

Mögliche Indikatoren
- Dividende/n
- Gewinnanteil
- Rentabilität
- Eigenkapitalrentabilität
- Gesamtkapitalrentabilität
- Rendite
- Kapitalverzinsung

Beispiele

▪ *Wir sehen es als unsere Aufgabe, unseren Aktionären Ertrag und eine ange-messene Wertsteigerung für das Kapital zu bieten, das sie im Vertrauen in unsere Unternehmen investiert haben. (#51)*

▪ *Die laufende Weiterentwicklung des Unternehmens und eine kontinuierliche Dividendenausschüttung sollen auch in Zukunft sichergestellt werden. (#57)*

▪ *Um neben dem Haupt- und Mehrheitsaktionär auch die übrigen Aktionäre langfristig an das Unternehmen zu binden, müssen wir eine angemessene Rendite erwirtschaften. (#39)*

▪ *Wir legen Wert auf die Stärkung von Substanz und Finanzkraft und die ange-messene Verzinsung des eingesetzten Kapitals. Wir wollen unser Unterneh-men so entwickeln, dass es privatisierungsfähig ist. (#67)*

▪ *Unser Unternehmen ist gewinnorientiert. Die Verantwortung gegenüber unse-ren Aktionären und Mitarbeitern, aber auch die Erfüllung unserer Aufgaben in Staat und Gesellschaft erfordern angemessene Renditen. (#292)*

INVESTITIONEN

Dieser Code erfasst die Thematisierung von Investitionen - "Unter Finanzierung versteht man [...] die Beschaffung finanzieller Mittel, unter Investition ihre Ver-wendung" (Wöhe 1990:750) – in den Leitbildtexten.

Beispiele

▪ *Unsere Forschung & Entwicklung, Investitionen, Kooperationen und Akqui-sitionen erfolgen zur Wahrnehmung unserer Entwicklungspotentiale und dauerhaften Stärkung unserer Wettbewerbsposition. (#1)*

▪ *Unsere Aktionäre stellen das Kapital zur Verfügung, damit wir unsere Investitionen und Expansionen finanzieren können. (#38)*

▪ *Durch permanente Investitionen in unseren Werken und weitere Internatio-nalisierung sichern und steigern wir unsere Ertragskraft als Gruppe. (#46)*

▪ *In beiden Bereichen sind wir mit innovativen Technologien, kompetentem Know-how und auch dem entsprechenden Kapitaleinsatz tätig und wollen diese umwelttechnische Führungsposition halten. (#49)*

- *Für jedes Unternehmen der #64 AG gilt als generelles Oberziel das Erwirtschaften positiver Betriebsergebnisse, um die Selbstfinanzierungskraft und Vorsorge für Investitionen auf Dauer zu sichern. (#64)*
- *Dies bedeutet, dass wir in das Wachstum der Firma investieren und kurz- und langfristige Interessen gegeneinander abwägen. (#76)*

FINANZIERUNG(SREGELN) UND KAPITALSTRUKTUR

Aussagen zur Kapitalstruktur der Unternehmen werden in diesem Code erfasst. In den Leitbildtexten wird weniger in Form von expliziten Regeln als vielmehr von grundsätzlichen Orientierungen darauf Bezug genommen.

Zur Orientierung: Zwei der so genannten Finanzierungsregeln sind besonders verbreitet (vgl. z.B. Wöhe 1990:810ff): Die vertikale Kapitalstrukturregel (Verschuldungsgrad), die besagt, dass das Verhältnis von Eigenkapital zu Fremdkapital 1:1 sein müsse, und als horizontale Kapital-Vermögensstrukturregeln die Goldene Finanzierungsregel (stellt auf eine Entsprechung der Fristen zwischen Kapitalbeschaffung und -rückzahlung einerseits und Kapitalverwendung andererseits ab) und die Goldene Bilanzregel (Engste Fassung: Anlagevermögen ist mit Eigenkapital zu finanzieren. Weitere Fassung: Anlagevermögen ist langfristig, also mit Eigenkapital und langfristigem Fremdkapital zu finanzieren.).

Mögliche Indikatoren
- gesunde Finanzstruktur
- Eigenkapitalausstattung
- Eigenfinanzierung
- Selbstfinanzierung

Beispiele
- *Für jedes Unternehmen der #64 AG gilt als generelles Oberziel das Erwirtschaften positiver Betriebsergebnisse, um die Selbstfinanzierungskraft und Vorsorge für Investitionen auf Dauer zu sichern. (#64)*
- *Eine ausreichende Eigenkapitalausstattung gewährleistet unsere finanzielle Sicherheit und bietet die Möglichkeit, unser Wachstum weitestgehend aus eigener Kraft zu finanzieren. (#74)*

1.3 Die Themengruppe "Produktbereich"

BRANCHE / TÄTIGKEITSBEREICH

Dieser Code umfasst alle Äußerungen, in denen ein Unternehmen seine Branche oder seinen Tätigkeitsbereich (also den Leistungsbereich, den es abdeckt) thematisiert. Es handelt sich um einen Akt der Charakterisierung des Unternehmens: Es definiert sich als einem bestimmten Teil des Marktes zugehörig, und zwar in einer ganz spezifischen Rolle – als Leistungsersteller (nicht aber als Wettbewerber oder Anbieter). Die Abgrenzung zum Markt ergibt sich aus der gewählten Perspektive: Markt ist der absatzorientierte Blickwinkel, Branche der leistungserstellungsorientierte.

Das kann über das Wort 'Branche' selbst erfolgen oder aber indirekt über das Leistungssortiment, sofern es in allgemeiner Form passiert. Um die Zuordnung einer Aussage zu überprüfen, kann die Sortimentsbeschreibung gegen die Branche ausgetauscht werden. Ist das nicht möglich, wird der Code nicht vergeben.

Mögliche Indikatoren
- - Unternehmen der xy-Wirtschaft
- - Unternehmen im Bereich xy

Wort-/Beschreibungsfeld
- wir sind ein Chemiekonzern / Unternehmen der Energiewirtschaft / der Bauwirtschaft etc.
- die XYZ ist ein Handelsunternehmen / Dienstleistungsunternehmen etc.

Beispiele

▪ *Wir sind im Kern ein österreichischer Erdöl- und Erdgaskonzern mit integrierten Kunststoff- und Chemieunternehmen. (#1)*

▪ *Die #2 ist eine starke Handelsorganisation: Die #2 arbeitet weltweit nach dem Prinzip, dass im Verbund und durch den Verbund jeder Partner seine spezifischen Stärken am besten einbringen und entfalten kann. (#2)*

▪ *Wir sind das führende österreichische Unternehmen der Elektrizitätswirtschaft. (#4)*

▪ *Die #38 AG ist ein führendes Unternehmen der österreichischen Bauindustrie mit Sitz in Linz, OÖ. (#38)*

▪ *Wir sind das Energieversorgungsunternehmen des Landes Niederösterreich. (#41)*

▪ *Dabei nutzen wir auch das Wissen, das #45 uns als Verkehrs- und Technologiekonzern bietet. (#45)*

PRODUKTE / LEISTUNGEN

Im Rahmen dieses Codes werden Spezifizierungen des Produkt- bzw. Leistungssortiments ebenso erfasst wie sonstige Aussagen zur Produktpolitik des Unternehmens.

Unter Produkt- bzw. Sortimentspolitik können alle Entscheidungen zusammengefasst werden, die sich auf die Entwicklung und Einführung neuer Produkte beziehen sowie auf die Produktgestaltung, also die Festlegung von Qualität und Aufmachung der Produkte und ihre Veränderung im Laufe der Zeit (Produktvariation) sowie auf die Produktelimination (vgl. Wöhe 1990:714).

Wort- /Beschreibungsfeld
- sichere / ökologische / preiswerte / beste / kundenentsprechende / marktgerechte / kundenspezifische / individuelle etc. Problemlösungen / Produkte / Dienstleistungen
- marktgerechte Produktqualität / Konditionen
- das Leistungsangebot soll / wird den jeweiligen Marktbedürfnissen entsprechend ausgebaut / weiterentwickelt werden
- Anpassung unseres Liefer- und Leistungsprogrammes an die Bedürfnisse des Marktes / der Kunden
- Zuverlässigkeit / Güte / Qualität etc. unserer Leistungen hat Priorität
- bieten unseren Kunden Problemlösungen / Produkte etc., die sich durch xyz auszeichnen

- wir nutzen die Zugehörigkeit zu einer starken Unternehmensgruppe / unsere Erfahrung / unsere flexible Struktur, um unseren Kunden noch bessere Qualitäten / Produkte / Dienstleistungen bieten zu können
- wir sind ein Unternehmen mit einer grundlegenden Verpflichtung zur Produktqualität.

1.4 Die Themengruppe "Sozio-ökonomischer Kontext"

MARKTUMFELD

Das Marktumfeld umfasst die ökonomische Sphäre als zentralen Bezugspunkt, in der die wirtschaftlichen Beziehungen zu Lieferanten, Abnehmern und Wettbewerbern gestaltet werden (vgl. Zerfaß 1996: 280 und 297). Dieser Code bleibt allerdings auf Aussagen aus einer absatzmarktorientierten Perspektive beschränkt (eine leistungserstellungs- bzw. beschaffungsorientierte – z.B. Produktionsstandorte, Tätigkeitsbereich – bleibt den entsprechenden Codes in den Themengruppen Organisation, Handlungsbereiche und Produktbereich vorbehalten) und exkludiert auch die innerhalb dieser Themengruppe angeführten Codes.

In den Aussagen zum organisationalen Umfeld (i.e.S.) scheinen vor allem folgende drei Themenbereiche von Relevanz: Der (derzeitige und zukünftige) Markt bzw. das regionale Betätigungsfeld des Unternehmens, also der **(Absatz-)Markt**, die relative (angestrebte oder erreichte) Positionierung in diesem Markt, also die **Marktposition**, und spezifischere Charakterisierung dieses **Kontexts**.

Mögliche Indikatoren
- Markt
- Marktposition / -stellung
- führend / Führerschaft

Wort- / Beschreibungsfeld
- wir haben unseren Schwerpunkt in Zentraleuropa / Österreich / Deutschland / Ungarn und den angrenzenden Märkten
- wir sind weltweit / international / europaweit / national etc. tätig
- unser Schwerpunkt / wichtigster Markt ist Europa
- wir sind ein bedeutender / der führende Hersteller Österreichs / Europas
- wir streben eine Führungsposition / die Marktführerschaft / eine Spitzenposition im Markt etc. an
- Ziel ist der Ausbau / Festigung / Sicherung / Erhalt etc. unserer Marktposition
- wir wollen unsere Stellung im Markt ausbauen / ausweiten / sichern / festigen / behaupten
- Gewinne erwirtschaften wir trotz des harten Wettbewerbes und der branchentypischen hohen Risiken durch ...
- wir stellen uns den Herausforderungen wie mehr Wettbewerb / sich ändernde Kundenbedürfnisse / gesteigerte Informationsanforderungen etc.
- wechselnde Erfordernisse / gesteigerte Dynamik des Marktes
- sich kontinuierlich wandelnde / verändernde Märkte

RECHTLICHE UND KULTURSPEZIFISCHE RAHMENBEDINGUNGEN

Dieser Code umfasst zum einen Aussagen, in denen die rechtlichen Rahmenbedingungen thematisiert werden und zum anderen Textstellen, in denen eine kulturspezifische Perspektive explizit zum Ausdruck kommt, etwa bei international tätigen Unternehmen die (rechtlichen, sozialen) Rahmenbedingungen anderer Länder.

Mögliche Indikatoren
- Gesetze
- Rechtsvorschriften
- lokale Gepflogenheiten
- Sitten, Gebräuche

Wort-/Beschreibungsfeld
- wir beachten / respektieren die Sitten / Gebräuche / Gesetze / Wertvorstellungen etc. des jeweiligen Landes
- ... dazu zählt die Einhaltung aller gültigen Rechtsvorschriften sowie ...
- unsere Unternehmen sind angewiesen, sich an die Gesetze / Vorschriften / gesellschaftlichen Regeln etc. der Länder zu halten, in denen sie tätig sind
- wir bekennen uns zum Staat und seinen Gesetzen
- unsere Geschäftspolitik im In- und Ausland respektiert rechtliche und ethische Grundsätze sowie nationale und kulturelle Besonderheiten und Werte
- faire / angemessene Entlohnung im Rahmen der jeweiligen lokalen Randbedingungen.

Beispiele

▪ *Dazu zählen die Einhaltung aller gültigen Rechtsvorschriften sowie eine kontinuierliche Verbesserung in allen Qualitäts-, Umwelt- Gesundheits- und Arbeitssicherheitsbelangen. (#69)*

▪ *Als international tätiges Unternehmen haben wir eine besondere Verpflichtung, die Gesetze, Sitten und Gebräuche in den Ländern, in denen wir tätig sind, zu respektieren. Dies bedeutet auch, dass wir mit Priorität Staatsbürger der betreffenden Länder als Führungskräfte und Mitarbeiter heranziehen. (#49)*

▪ *Wir wollen uns in den Ländern, in denen wir tätig sind, ganz allgemein als angesehener Arbeitgeber und "guter Staatsbürger` profilieren und uns in das Leben in der Gemeinde positiv integrieren. (#49)*

▪ *Wie in Österreich, vertrauen wir bei unseren Expansionsbemühungen im Ausland unserem hohen Standard an Qualitäts-, Leistungs- und Umweltbewusstsein. Dabei sind wir uns der Verantwortung bewusst, die gesellschaftlichen Regeln, Gesetze und Wertvorstellungen des jeweiligen Landes in unsere Geschäftspolitik einzubeziehen. (#1)*

NATÜRLICHE UMWELT
Dieser Code umfasst Aussagen in Bezug auf die natürliche Umwelt, also vor allem ökologische Themen bzw. Umweltschutz. Diese Themen werden oft im Rahmen anderer Thematiken (z.B. als Produkteigenschaften oder Charakteristika der Produktionsverfahren) abgehandelt, hier aber – um den Umwelt-Diskurs zu erfassen – nochmals verortet.

Mögliche Indikatoren
- Umwelt (Hauptwort oder Eigenschaftswort, allein oder zusammengesetzt)

- recycling(fähig)
- Ökologie/ökologisch Hauptwort oder Eigenschaftswort, allein oder zusammengesetzt

Wort-/Beschreibungsfeld
- wir stehen zu unserer Verantwortung für eine intakte Umwelt
- wir sind uns unserer Rolle / der Verantwortung für die Umwelt bewusst
- wir gehen verantwortungsbewusst / umweltschonend mit Ressourcen um
- wir tragen aktiv zur Schonung unserer Umwelt bei
- wir geben dem Schutz der Umwelt einen hohen Rang
- wir arbeiten mit umweltfreundlichen Baustoffen und Bauverfahren
- die Verantwortung in ökologischen Belangen hat hohen Stellenwert
- wir nehmen unsere ökologische Verantwortung ernst
- wir stellen uns den ökologischen Herausforderungen.

Beispiele

▪ *Die Beachtung eines wirksamen Umweltschutzes ist Voraussetzung für eine nachhaltige Unternehmensentwicklung. Der systematische Ausbau unserer Umweltdienstleistungen ist dafür beispielhaft. (#1)*

▪ *Wir wollen Impulse setzen und Beiträge leisten: Auf den Gebieten des Umweltschutzes, der Lebensqualität, der gesunden Ernährung und Produktsicherheit, der Nahversorgung, der Arbeitsqualität und Arbeitszufriedenheit. (#9)*

▪ *Wir gehen verantwortungsbewusst mit Ressourcen um und tragen in Produktgestaltung und Produktion aktiv zur Schonung unserer Umwelt bei. (#19)*

▪ *Unsere Produkte sind recyclingfähig und dadurch umweltfreundlich. Dies entspricht unserem Verständnis der Verantwortung gegenüber der Gesellschaft. (#28)*

2 Systematik der Akteursthemen (Bezugs-, Anspruchsgruppen)

2.1 Interne Anspruchsgruppen

MITARBEITER
Sämtliche Aussagen, die sich auf die Mitarbeiter beziehen, werden in diesem Code erfasst, wobei unerheblich ist, wer genau damit gemeint sein soll (Leitbildtexte sind in dieser Hinsicht oftmals mehrdeutig). Es spielt auch keine Rolle, wenn die darin inkludierte Gruppe innerhalb eines Textes variiert. Ausschlaggebend ist alleine die Explizierung einer Gruppe, die mit Mitarbeiter oder Synonymen wie Beschäftigte bezeichnet wird.

Mögliche Indikatoren
- Mitarbeiter
- Beschäftigte

FÜHRUNG(-SKRÄFTE) / MANAGEMENT

Als Führungskräfte werden sowohl Personen in leitenden Funktionen als auch Personen mit Personalverantwortung bezeichnet. Außerdem werden Geschäftsführung und Management ebenfalls in diesem Code erfasst.

Mögliche Indikatoren
- Führungskräfte
- leitende Mitarbeiter
- Management
- Geschäftsführung

EIGENTÜMER

Dieser Code umfasst alle Personengruppen, die in einem Eigentümerverhältnis zum Unternehmen stehen, unabhängig von der Rechtsform (Aktionäre im Falle von Aktiengesellschaften, Kommanditisten bei KGs ....). Grenzfälle wie beispielsweise "Stille Gesellschafter" kommen in Unternehmensleitbildern ohnehin nicht vor.

Mögliche Indikatoren
- Aktionäre
- Eigentümer

INTERESSENVERTRETUNG

Sämtliche Interessenvertretungen (egal ob gesetzliche oder private) sind in diesem Code zu erfassen.

Mögliche Indikatoren
- Gewerkschaft
- Betriebsrat
- Belegschaftsvertreter

2.2   Externe Anspruchsgruppen

PARTNER (GESCHÄFTS-; EXTERN)

Dieser Code umfasst jene Akteure, die vom Unternehmen als Partner bezeichnet werden und zu keiner anderen Akteurs-Gruppe gehören (denn freilich können Kunden oder Lieferanten auch als Partner bezeichnet werden). Er dient daher der Erfassung einer Akteursgruppe, nicht eines Interaktionsmodus oder einer Beziehungsqualität. Eventuelle Unschärfen hinsichtlich der Zuteilung, die bei diesem Code zu erwarten sind, sind festzuhalten bzw. im Zuge der Interpretation zu berücksichtigen.

Mögliche Indikatoren
- Partner
- Geschäftspartner
- Marktpartner
- Partnerschaft

LIEFERANTEN / AUFTRAGNEHMER

Dieser Code umfasst sowohl Lieferanten als auch diverse Auftragnehmer der Unternehmen.

Mögliche Indikatoren
- Lieferanten
- Auftragnehmer

KONKURRENTEN

In diesem Code werden Aussagen zu Konkurrenten oder Mitbewerbern zusammengefasst.

Mögliche Indikatoren
- Konkurrenz
- Mitbewerber
- Wettbewerber

KUNDEN

Dieser Code umfasst grundsätzlich jede Art von Kunden (interne, externe ...), wobei allerdings in erster Linie externe Kunden von Relevanz sind.

Mögliche Indikatoren
- Kunden
- Verbraucher

GESELLSCHAFT

Dieser Code umfasst Aussagen mit Bezug zur Gesellschaft als Öffentlichkeit (Gesellschaft beinhaltet auch nicht öffentliche und private Sphären) des gesellschaftspolitischen Umfeldes (vgl. 1.2.4 Die Themengruppe "Sozio-ökonomischer Kontext"). Die indirekte Thematisierung dieses kollektiven Akteurs über andere Thematiken (z.B. über gesellschaftliche Verantwortung) ist ebenfalls hier zu erfassen.

Mögliche Indikatoren
- Gesellschaft
- Öffentlichkeit

2.3 Sonderfall: Das Unternehmen selbst

Der Hauptakteur in Leitbildtexten ist das Unternehmen selbst, das entweder in Form eines – implizit oder explizit für das Unternehmen sprechendes (bzw. zu sprechen befugtes) – Autorenkollektivs in der ersten Person Plural (WIR) oder in der dritten Person Singular (die XYZ-AG) adressiert wird. Dieser Akteur wird aufgrund der Omnipräsenz in den Texten grundsätzlich nicht eigenständig erfasst, sondern als primärer Referenzakteur im Rahmen der Vertrags- bzw. Handlungsthematik themenspezifisch aufgearbeitet. Um allerdings die Analyse der Themen im Rahmen der Systematik der Wertdimensionen zu erleichtern, werden in diesem Code die entsprechenden Aussagen (in der Regel generelle Handlungsregeln oder Wertorientierungen des Unternehmens) zusammengefasst.

Beispiele für "Achtung, Respekt, Wertschätzung":

- *Offene Kommunikation und Information schaffen die Basis für effizientes Arbeiten in einer Atmosphäre der gegenseitigen Achtung und Wertschätzung. (#1)*

- *Zusammenarbeit, Vertrauen, Offenheit, Fairness und gegenseitige Wertschätzung zeichnen unseren Arbeits- und Führungsstil aus. (#20)*
- *Für #49 ist der Mensch das Maß aller Dinge. (#49)*
- *Unseren Mitarbeitern begegnen wir mit hoher Wertschätzung. (#51)*
- *Das Streben nach langfristiger Steigerung unseres Unternehmenswertes ist von hoher Achtung vor Mensch und Gesellschaft gekennzeichnet. (#74)*
- *#76 führt ihre Geschäfte auf integre und ehrliche Weise durch und respektiert die Interessen aller, mit denen sie geschäftliche Beziehungen unterhält. (#76)*
- *Gegenseitige Anerkennung und offene Kommunikation sind eine wichtige Grundlage unseres Erfolges. (#102)*

2.4   Relationale Perspektive - Beziehungsorganisation

2.4.1 Leistungen

Diese Themengruppe umfasst die Leistungen vonseiten der Unternehmung an diverse Bezugsgruppen, also Aktivitäten, die die Interessen der jeweiligen Bezugsgruppe bedienen oder im Leitbildtext zumindest thematisieren. Die Vertragspartner werden hinsichtlich Häufigkeit bzw. Elaboriertheit der thematisierten Leistungen angeführt.

LEISTUNGEN AN MITARBEITER

Dieser Code umfasst alle Aussagen, die als Leistungen des Unternehmens an seine Mitarbeiter interpretiert werden können. Darunter sind Aktivitäten des Unternehmens zu verstehen, von denen der Mitarbeiter unmittelbar und persönlich profitiert. Unmittelbar deshalb, weil der Mitarbeiter aus einer bestimmten Perspektive mittelbar immer – zumindest teilweise – am Erfolg des Unternehmens teilhat und so gesehen von allen entsprechenden Aktivitäten profitiert. Mitarbeiter können in unterschiedlicher Hinsicht profitieren: in monetärer (z.B. Bezahlung) ebenso wie in nichtmonetärer (z.B. gutes Arbeitsklima), in materieller ebenso wie in sozialer oder persönlicher Hinsicht usw.

Die funktionale Verankerung im Leitbildtext ist auf dieser Themengruppe-Ebene nicht von Bedeutung, sodass die Leistung an die Mitarbeiter beispielsweise auch anderen Zielsetzungen untergeordnet sein kann:

- *Ganzheitliches, unternehmerisches Denken, Leistungsorientierung und Teamarbeit sowie Kundennähe und Service werden durch Weiterbildung und Mitarbeiterförderung unterstützt.*

Wort-/Beschreibungsfeld
- Entlohnung / Bezahlung
- Aus- und Weiterbildung der Mitarbeiter
- Aufstiegsmöglichkeiten, Aufstiegschancen
- Mitarbeiterförderung, Mitarbeiterentwicklung, Unterstützung beim persönlichen Weiterkommen, Entwicklungsmöglichkeiten, Karriereplanung etc.
- persönliche Entfaltung
- Arbeitsqualität / gute Arbeitsbedingungen
- Arbeitszufriedenheit
- Achtung / Respekt etc. gegenüber Mitarbeitern

- wollen / wünschen, dass Mitarbeiter Erfolg hat
- Möglichkeit zu selbstständigem Handeln / Entscheidungsfreiheit / schaffen Freiraum / Eigenverantwortung
- sichere / interessante Arbeitsplätze
- Anerkennung von Leistungen
- (hohe) soziale Verantwortung gegenüber Mitarbeitern
- soziale Absicherung und Fürsorge
- im Interesse unserer Mitarbeiter, nehmen Bedacht auf die Interessen / Anliegen / Wünsche etc. der Mitarbeiter
- wir fördern / unterstützen die Fähigkeit unserer Mitarbeiterinnen und Mitarbeiter
- Sicherheit / Gesundheit / Wohlbefinden etc. unserer Mitarbeiter ist für uns eine Aufgabe. Wir erfüllen sie durch ...
- den Mitarbeitern Aus- und Weiterbildungsmöglichkeiten / angemessene, leistungsbezogene etc. Entlohnung bieten
- Mitarbeiter haben die Möglichkeit zu ...
- Mitarbeitern ist Weiterbildung etc. zugänglich
- schenken der Weiterbildung etc. (große) Beachtung
- fühlen uns den Mitarbeitern gegenüber verpflichtet.

LEISTUNGEN AN FÜHRUNGSKRÄFTE

Sofern Leistungen an Führungskräfte bzw. das Management thematisiert werden, sind sie grundsätzlich ebenso ausgestaltet wie die Leistungen an Mitarbeiter.

Wort- / Beschreibungsfeld

- internationale Ausrichtung bietet Möglichkeiten, Kenntnisse und Erfahrungen zu erweitern
- Aus- / Weiterbildung für Führungskräfte
- internationale Karriere
- Aufstiegschancen

LEISTUNGEN AN (KAPITAL)EIGENTÜMER

Dieser Code erfasst Aussagen zu den Leistungen des Unternehmens an die (Kapital-) Eigentümer.

Wort-/Beschreibungsfeld

- angemessene / gute (Kapital)Verzinsung / Rendite / Dividende
- Sicherung der Dividendenfähigkeit, kontinuierliche Dividendenausschüttung
- schaffen "Shareholder Value"
- persönliche / aktive / offene / sachgerechte etc. Kommunikation und Information (der Aktionäre)
- Schutz vor Vermögensverlusten
- im Interesse unserer Aktionäre ....
- Anliegen und Wünsche unserer Aktionäre berücksichtigen
- Verantwortung / Verpflichtung gegenüber Eigentümern gerecht werden
- sehen es als Aufgabe, unseren Aktionären Ertrag / Wertsteigerung etc. zu bieten
- messen Leistungen am Wertzuwachs für unsere Aktionäre

- tragen Verantwortung für den optimalen / verantwortungsbewussten etc. Einsatz der uns anvertrauten Mittel
- Ziel ist es, die wirtschaftlichen Interessen der Aktionäre zu fördern.

LEISTUNGEN AN KUNDEN
Leistungen des Unternehmens für die Kunden sind grundlegende Aufgaben des Unternehmens. Dieser Code erfasst die entsprechenden Formulierungen.

Wort-/Beschreibungsfeld
- Information / Beratung / Service
- bieten unseren Kunden gute / besondere / ökologische etc. Produkte, Dienste und Systeme
- vollständiges / straffes / optimiertes / ganzheitliches etc. Produkt- / Leistungsprogramm
- wirtschaftliche / günstige / kundengerechte etc. Problemlösungen
- marktgerechte / günstige / einmalige etc. Konditionen / Lieferbedingungen / Zahlungsbedingungen etc.
- Verlässlichkeit / Flexibilität / Ehrlichkeit etc. in der Leistungserbringung
- Erfüllung der Kundenwünsche, Kundenorientierung
- kundennahe Organisationsstruktur / Vertriebsstruktur etc.
- Qualität / Leistung / Produkte etc. wie sie der Kunde erwartet
- Kundenorientierung / gute Leistungen und Produkte etc. sind unser Auftrag
- Kundennähe etc. ist uns ein Anliegen
- Ziel, ein reizvolles Angebot zu schaffen
- unser Ziel sind gut informierte und zufriedene Kunden
- wir arbeiten kundenfreundlich
- zum Nutzen unserer Kunden
- im Kontakt mit den Kunden sind wir freundlich / zuvorkommend / hilfsbereit etc.
- für unsere Kunden arbeiten wir / dem Kunden dienen wir mit ...
- unseren Kunden gegenüber fühlen wir uns für gute Qualität / rasche Abwicklung etc. verantwortlich
- Kunden haben Anspruch auf ....
- wir wollen unseren Kunden helfen / sie (gut) betreuen.

LEISTUNGEN AN DIE GESELLSCHAFT
Hier werden Aussagen erfasst, in denen das Unternehmen beschreibt, was es für die Gesellschaft tut/tun will/zu tun gedenkt.

Wort-/Beschreibungsfeld
- Verbesserung der Lebensqualität der Menschen
- Verbesserung von Mobilität der Menschen
- Förderung von Wissenschaft und Bildung, Kunst und Kultur, Sport
- offene(r) / sachliche(r) / wahrheitsgetreue(r) etc. Dialog / Information / Kommunikation
- (finanzieller) Beitrag / Unterstützung für gemeinnützige Aufgaben
- Bevorzugung heimischer Produkte / Lieferanten etc.
- Unterstützung von Regierungen / Behörden / Ämtern
- (wirtschafts)politisches Engagement
- pflegen offenen Dialog

- stellen uns dem Dialog / kontroversen Themen
- wollen Beitrag leisten
- soziales Engagement etc. ist uns ein Anliegen
- nehmen unsere (gesellschaftliche) Verantwortung wahr.

SELTEN / NIE THEMATISIERTE LEISTUNGEN
Für die folgenden Akteure werden in Unternehmensleitbildern selten oder nie Leistungen des Unternehmens beschrieben. Es konnten daher empirisch keine bzw. keine umfangreichen Wort- bzw. Beschreibungsfelder entwickelt werden.

- Leistungen an Interessenvertretungen
- Leistungen an Partner (Geschäfts-; extern)
- Leistungen an Lieferanten
- Leistungen an Konkurrenten

2.4.2 Erwartungen
Diese Themengruppe umfasst die erwarteten (Gegen)Leistungen vonseiten der Akteure an das Unternehmen. Wie schon bei den Leistungen sind auch hier sowohl hinsichtlich Häufigkeit als auch Elaboriertheit große akteursspezifische Unterschiede zu verzeichnen. In erster Linie werden Erwartungen im Zusammenhang mit Mitarbeitern expliziert, relativ häufig noch für Führungskräfte und Lieferanten. Für die restlichen Akteursgruppen ((Kapital)Eigentümer, Interessenvertretung, Partner (Geschäfts-; extern), Kunden, Konkurrenten, Gesellschaft) werden selten oder nie Erwartungen formuliert. Es wird beispielhaft der Code für die Mitarbeiter dargestellt.

ERWARTUNGEN AN MITARBEITER
Dieser Code erfasst Erwartungen des Unternehmens an seine Mitarbeiter, unabhängig von der Explizertheit bzw. Gewichtung oder Vehemenz der gewählten Formulierungen (Forderungen, Wünsche, Facts etc.).

Wort-/Beschreibungsfeld
- wir fordern Leistungsbereitschaft etc.
- wir erwarten von den Mitarbeitern...
- wir stellen hohe / folgende Anforderungen an die Mitarbeiter
- die Mitarbeiter sind aufgerufen, xyz zu tun
- betont werden Leistung / persönliche Verantwortung etc.
- wir schätzen Teamgeist / Leistungsbereitschaft etc.
- wir wollen motivierte / qualifizierte / zufriedene Mitarbeiter haben
- Können / Leistungsbereitschaft etc. ist das Anforderungsprofil für unsere Mitarbeiter
- Engagement / Kompetenz / Qualifikation / Motivation / Identifikation / Flexibilität etc. unserer Mitarbeiter sind Voraussetzung für / sind notwendig für / sind Basis für / sind erforderlich um...
- unsere Produkte / die Herausforderungen der Zukunft etc. erfordern verantwortungsbewusste / qualifizierte etc. Mitarbeiter
- unser Erfolg beruht auf dem Leistungswillen / der Qualifikation etc. der Mitarbeiter

- wir fördern Know-how / Flexibilität / Kreativität / Leistung / Qualität etc. unserer Mitarbeiter
- ganzheitliches Denken / Leistungsorientierung / Teamarbeit etc. werden durch Weiterbildung / Mitarbeiterförderung / gezielte Personalentwicklung etc. unterstützt
- erstklassige Ausbildung / Teamgeist / Erfolgswille stärken unsere Gemeinschaft.
- Bereitschaft zu delegieren / Verantwortung zu tragen etc. fördert die Zusammenarbeit
- durch Entscheidungsfreiheit / Eigenverantwortung etc. steigern wir Initiative und Effizienz
- wir wollen ständig unsere Fähigkeiten / Kenntnisse etc. steigern
- wir vertrauen auf das Verantwortungsbewusstsein / die Loyalität / die Fähigkeiten etc. unserer Mitarbeiter
- wir anerkennen Leistung etc.
- wir sind / wollen ein Unternehmen kompetenter / verlässlicher / effizienter Mitarbeiter sein
- wir arbeiten teamorientiert / kompetenzorientiert etc.
- Zusammenarbeit / Vertrauen / Offenheit / Fairness etc. zeichnen unsere Mitarbeiter / unseren Arbeitsstil aus / zeichnen uns im Handeln aus
- die Bezüge orientieren sich an den Aufgaben, Leistungen und Erfolgen.

2.4.3 Weitere mögliche Dimensionen der Beziehungsorganisation

ROLLE / POSITION / FUNKTION
Aussagen, die die Rolle bzw. Funktion oder Position der verschiedenen Akteursgruppen oder des Unternehmens selbst in Relation zu einer Bezugsgruppe explizieren. Im Folgenden ist beispielhaft das Wort-/Beschreibungsfeld für die Mitarbeiter angeführt.

Wort-/Beschreibungsfeld Mitarbeiter
- Mitarbeiter (ihr Engagement, ihre Performance etc.) sind Quelle / entscheidender Faktor / Voraussetzung / Basis / Grundlage / Stützpfeiler / Fundament etc. für Erfolg / Ergebnis / Fortschritt
- Mitarbeiter sichern Erfolg / Ergebnisse / Gewinne / Fortschritt
- Mitarbeiter (Verhalten / Art des Auftretens in der Öffentlichkeit etc.) prägen / bestimmen unser Erscheinungsbild / Ansehen / Sicherheit / Umweltauswirkungen / Kundenzufriedenheit / Qualität etc.
- Mitarbeiter ist Familienmitglied
- Mitarbeiter sind unser Kapital

Unternehmen im Mitarbeiterdiskurs
- wir wollen ein sehr attraktiver / angesehener Arbeitgeber sein.

REGELN UND NORMEN
Regeln und Normen der Beziehungsgestaltung zu bzw. zwischen den diversen Vertragspartnern bzw. Anspruchsgruppen werden in dieser Themengruppe beschrieben. Während in der vorigen Themengruppe die Positionen bzw. Funktionen erfasst wurden, werden Beziehungsstandards oder -richtlinien hier erfasst.

Wort-/Beschreibungsfeld
- faire / resultatorientierte / partnerschaftliche / kreative / offene etc. Zusammenarbeit mit unseren Kunden / Lieferanten / Mitarbeitern etc.
- Atmosphäre der gegenseitigen Achtung / Wertschätzung / Akzeptanz / Anerkennung im Unternehmen / in der Beziehung zu unseren Kunden / Lieferanten / Mitarbeitern etc.
- Vertrauensverhältnis zu Kunden / Aktionären / Mitarbeitern etc. durch offene Kommunikation / Dialog etc.
- Einbeziehung / Respektierung der gesellschaftlichen Regeln / der ethischen Grundsätze / der moralischen Werte / Wertvorstellungen etc. des jeweiligen Landes / der Gesellschaft etc.
- Einhaltung aller gültigen Rechtsvorschriften / Bekenntnis zu Sozialpartnerschaft / Ablehnung parteipolitischer Aktivitäten etc.

SANKTIONEN
Während in der Rollen- bzw. Funktionsthemengruppe Zusammenhänge (das 'Funktionieren' des Beziehungs-Systems) im Mittelpunkt steht, geht es hier um die Explizierung von Bewertungsmaßstäben durch die Zuschreibung von Verantwortlichkeiten und damit verbundenen Sanktionen. Diese können für einzelne Bezugsgruppen ebenso formuliert werden wie für das Unternehmen selbst bzw. seine Handlungsbereiche.

Die zu stellenden Fragen:

Woran wollen wir gemessen, wonach bewertet werden? Woran messen, bewerten wir uns und andere?

Wort-/Beschreibungsfeld

Allgemein

- wir messen die Qualität unserer Leistungen am Erfolg im Markt / Wertzuwachs für unsere Aktionäre etc.
- wir messen / orientieren uns an den Besten / Erfolgreichsten / an Spitzenleistungen
- wir wollen an unserem Leitbild / an unserer Motivation etc. gemessen werden
- wir werden nach unseren Leistungen für die Gesellschaft bewertet
- wir verdienen unsere Anerkennung mit den Ergebnissen, die wir für Kunden / Aktionäre / Mitarbeiter erzielen
- alle Beteiligten in unserer Leistungskette sind in ökologische Verantwortung partnerschaftlich miteingebunden
- Kundenzufriedenheit ist Maßstab
- wir sind uns unserer gesellschaftlichen / sozialen / ökologischen etc. Verantwortung bewusst
- wir alle tragen die Verantwortung für die Qualität unserer Arbeit / für den optimalen Einsatz der uns von den Aktionären anvertrauten Mittel.

Akteursgruppenspezifisch

- Mitarbeiter sind für Arbeitssicherheit / Umweltschutz / Qualität / Image des Unternehmens etc. verantwortlich

- jeder Mitarbeiter ist wirtschaftlich / moralisch etc. voll / im Rahmen seiner Einflussmöglichkeiten etc. verantwortlich
- Führungskräfteverhalten wird beurteilt
- die Geschäftsführung ist dafür verantwortlich, dass ...

GEWICHTUNG

Eine weitere systematisch zu erfassende Dimension ist die Gewichtung der Themen, die Bedeutung, die ihnen durch den Leitbildtext beigemessen wird. Dies wird durch bestimmte Formulierungen oder Phrasen wie Prioritätensetzungen zum Ausdruck gebracht.

Wort-/Beschreibungsfeld
- Priorität hat für uns ...
- wir räumen ... den Vorrang ein
- xxx steht vor yyy
- wir ziehen eine gemäßigte xxx vor
- an erster Stelle steht
- der Kunde / Mensch / Mitarbeiter steht im Mittelpunkt
- oberstes Ziel ...
- Anspruch / Recht / Anrecht auf leistungsgerechte Bezahlung / ergonomischen Arbeitsplatz / erstklassige Ware etc.
- wir fühlen uns ... verpflichtet / bekennen uns zu einer ....

ZEITLICHE DIMENSION
Wort-/Beschreibungsfeld
- wir wollen unsere Kunden emotionell an uns binden / wir wollen, dass unsere Kunden sich bei uns wohl fühlen und wieder kommen.
- wir wollen dauerhafte / langfristige / erstklassige / verlässliche etc. Beziehungen zu unseren Kunden / Lieferanten / Partnern etc.
- langjährige Mitarbeit im Unternehmen wird geschätzt und gefördert
- langfristige Beziehungen sind für uns wichtiger als Augenblickserfolge
- die Sicherung langfristiger und solider Geschäftsbeziehungen erfordert...

3   Qualifizierungs- und Bewertungsperspektive – Wertdimensionen

3.1   Moralisch-Ethische Werte / Kompetenzen

GESELLSCHAFTLICHE VERANTWORTUNG
In diesem Code werden Aussagen erfasst, in denen die Unternehmen ihre Verantwortung für die Gesellschaft thematisieren, entweder explizit oder beispielsweise über diverse Leistungen an die Gesellschaft.

Mögliche Indikatoren
- Beiträge zu Wissenschaft, Kultur, Sport etc.
- soziales Engagement
- Mitarbeit bei Gesetzesvorlagen
- Bekenntnis zur Gesellschaft und ihren Werten
- Verbesserung der Lebensqualität der Menschen

SOZIALE VERANTWORTUNG

Unter sozialer Verantwortung wird die Verantwortlichkeit gegenüber den (Mit)Menschen – zumeist Mitarbeitern – verstanden. Die relativ häufig vorkommende Betonung der Sorge um die physische Unversehrtheit (Sicherheit für Leib und Leben) kann als Subcode geführt werden. Die Heraushebung der sozialen aus der gesellschaftlichen Verantwortung wurde aufgrund der häufigen Differenzierung zwischen den beiden in den Leitbildtexten durchgeführt.

Mögliche Indikatoren
- soziale Verantwortung (gegenüber Mitarbeitern)
- Arbeitsplatzsicherheit
- Arbeitssicherheit
- sichere Produktionsverfahren (im Sinne von Sicherheit für Leib und Leben)

MORALISCHE VERANTWORTUNG

Verantwortung wird in den Leitbildtexten auch in die Untergruppe 'moralische' Verantwortung ausdifferenziert, wobei der Code auch als 'unmoralisch' abgelehnte Handlungen inkludiert.

Mögliche Indikatoren
- Ablehnen von spekulativen Geschäften
- Distanzierung von kurzfristiger Profitmaximierung
- ethische vor wirtschaftlicher Verantwortung
- Verantwortungsbewusstsein

KORREKTES / (GESETZES)KONFORMES VERHALTEN

Der moralischen Verantwortung sehr nahe, umfasst dieser Code Aussagen, in denen korrektes, (gesetzes)konformes Verhalten thematisiert wird, ohne aber 'Moral' oder 'Verantwortung' zu strapazieren. Dafür werden hier explizierte 'Selbstverständlichkeiten' wie das Einhalten der Gesetze erfasst.

Mögliche Indikatoren
- kein parteipolitisches Engagement der Mitarbeiter
- keine illegalen Aktivitäten
- Einhaltung der Gesetze
- Bekenntnis zur Sozialpartnerschaft
- seriöses / korrektes / vorbildliches Verhalten

ÖKOLOGIE / ÖKOLOGISCHE VERANTWORTUNG

Dieser Code spiegelt die Mehrzahl der im Rahmen der Topik "Natürliche Umwelt" gemachten Aussagen wider – auf eine detailliertere Anführung möglicher Indikatoren kann daher verzichtet werden.

EHRLICHKEIT / GEWISSENHAFTIGKEIT / INTEGRITÄT

Dieser Code umfasst Aussagen, die Ehrlichkeit und/oder Integrität thematisieren.

Mögliche Indikatoren
- ehrlich / Ehrlichkeit
- offen (im Sinne von 'offen und ehrlich')
- Integrität
- Glaubwürdigkeit

LOYALITÄT
Loyalität und Treue bzw. Verbundenheit werden in diesem Code erfasst. Die Formulierungen in Leitbildtexten gebrauchten in der Regel die genannten Worte.

FAIRNESS / ANGEMESSENHEIT
Dieser Code umfasst Aussagen zur Fairness oder Angemessenheit, was einen – sozial akzeptierten – Maßstab oder ein dementsprechendes Regelsystem (fair play) voraussetzt.

Mögliche Indikatoren
- fair/Fairness
- gerecht/Gerechtigkeit
- angemessen/Angemessenheit
- Interessenausgleich
- Berücksichtung der unterschiedlichen Interessen

VERTRAUEN
Vertrauen wird – wenn überhaupt – in den Leitbildtexten explizit angesprochen, sei es als eine Beziehungsqualität (vertrauensvoll) oder als Interaktionsmodus (jemandem Vertrauen entgegenbringen, mit Vertrauen begegnen).

VERLÄSSLICHKEIT
Aussagen zur Verlässlichkeit oder Zuverlässigkeit werden hier erfasst. Dieser Code hat zwar eine inhaltliche Nähe zu Vertrauen, spricht aber eine andere Ebene an und Aussagen dieser Art werden in den Leitbildern zumeist in anderen Zusammenhängen verwendet.

Mögliche Indikatoren
- verlässlich / Verlässlichkeit
- zuverlässig / Zuverlässigkeit

ACHTUNG / RESPEKT / TOLERANZ
Aussagen, in denen Achtung und Respekt vor Menschen zum Ausdruck gebracht oder Formen der Diskriminierung abgelehnt werden, werden hier erfasst, ebenso diverse Äußerungen zu Toleranz (Langenscheidts Fremdwörterlexikon: "Duldsamkeit, Verständnis, Akzeptanz gegenüber einer anderen, abweichenden Meinung, Haltung oder Lebensart").

3.2　Pragmatisch-Utilitäre Werte / Kompetenzen

Die im Rahmen dieser Dimension identifizierten Themen umfassen mehrheitlich bekannte betriebswirtschaftliche Konzepte bzw. Haltungen. Auf eine ausführlichere Beschreibung der Codes wird verzichtet, da i.d.R. die Codenamen (entweder als Eigenschafts- oder Hauptwort, zusammengesetzt oder selbstständig) die Hauptindikatoren sind (weitere Indikatoren sind eventuell in Klammern angeführt).

- **Leistungsorientierung**
  (ev. Resultatorientierung, messen an den Besten)
- **Ergebnis- / Erfolgsorientierung**
  (Gewinnorientierung, Profit, ökonomischer Erfolg, Erträge)

- **Eigentümerorientierung**
  (Shareholder Value, Verzinsung, Dividendenausschüttung, Rendite)
- **Effizienz**
- **Flexibilität**
- **Qualitätsbewusstsein / -orientierung**
  (Qualitätsmanagement, Qualitätsführerschaft)
- **Markt- / Wettbewerbsorientierung**
  (marktgerechte Produkte, Konkurrenz ist positive Herausforderung, Spitzenposition)
- **Kostenbewusstsein / -kompetenz**
- **Kundenorientierung**

3.3   Kognitiv-Epistemische Werte / Kompetenzen

LERNEN / ENTWICKLUNG

Unter diesem Code sind Aussagen erfasst, die Lernen oder allgemein Weiterentwicklung auf individueller oder organisatorischer Ebene thematisieren. Mit theoretischen Konzepten zu Lernen bzw. organisationalem Lernen haben diese Aussagen nichts zu tun.

KOMPETENZ(EN) / FÄHIGKEIT(EN) / KNOW-HOW

Dieser Code erfasst Aussagen, die fachliche Kompetenzen von Akteuren oder dem Unternehmen selbst thematisieren. Die unternehmerische Kompetenz kann dabei auch durch Verweise auf die eigenen Erfahrungen (und eventueller Referenzen) erfolgen oder durch Umgang mit Technologie (immer am Stand der Entwicklung) oder Formen der Betriebsführung (moderne Kostenrechnungssysteme) zum Ausdruck gebracht werden.

INNOVATION / INNOVATIV

Innovation im Sinne von etwas Neues einführend, neue Ideen verwirklichend wird i.d.R. mit diesem Schlagwort – und nicht etwa indirekt – zum Ausdruck gebracht.

KREATIV(ITÄT)

Kreativität – im Sinne von schöpferisch, schaffend, eigenständige Ideen entwickelnd und umsetzend – kann auch durch Ideen(-potential), Phantasie, phantasievoll, Vorschläge entwickeln, Experimentierfreude thematisiert werden.

3.4   Soziale Werte / Kompetenzen

(PARTNERSCHAFTLICHE) TEAM- / ZUSAMMENARBEIT

Die soziale Dimension wird fast ausnahmslos über Interaktionsmodi thematisiert, nämlich Team- bzw. Zusammenarbeit. Partnerschaftliches Verhalten bzw. eine partnerschaftliche Beziehungsqualität stehen dabei im Mittelpunkt.

3.5 Volitive Werte / Kompetenz

AMBITION / EHRGEIZ
Ambition oder Ehrgeiz bezieht sich hier auf die individuelle Ebene und wird meist indirekt z.b. über in Aussicht gestellte Aufstiegsmöglichkeiten oder herausfordernde Arbeitsinhalte thematisiert.

IDENTIFIKATION
"Das Identifikationsphänomen ist im Unterschied zum Motivationsgeschehen durch Einstellungen, Verhaltensmerkmale und Prozesse gekennzeichnet, mit denen ein Individuum Eigenschaften der (Identifikations-) Objekte assimiliert und zum Gegenstand seines eigenen Selbstverständnisses macht. Aus diesen, je nach Person und Situation unterschiedlichen Identifikationsorientierungen, resultiert eine jeweils spezifische Einbindung in die soziale Institution. Identifikationsobjekt können nicht nur Organisationen als Ganzes sein, sondern auch Werte, Normen und Ziele der Organisation, oder deren Verkörperung im Verhalten und in den Einstellungen bestimmter Personen und Gruppen" (Wunderer/Mittmann 1987:1085).

MOTIVATION / ENGAGEMENT
(Einsatz, Engagement, Einsatzbereitschaft, Einbringung (individueller) Fähigkeiten, Leistungsbereitschaft, Leistungswille)

Im Gegensatz zur Identifikation ist das Motivationsphänomen mehr auf unmittelbare Reaktionen des Individuums z.B. auf spezifische Aspekte der Arbeitsumgebung konzentriert (vgl. Wunderer/Mittmann 1987:1086).

UNTERNEHMERGEIST / EIGENINITIATIVE
(selbstständiges Handeln, Selbstständigkeit, unternehmerisches Denken, Initiative, Entscheidungsfreude, Entschlussfreude)

3.6 Potestive Werte / Kompetenz

Im Rahmen dieser Dimension konnten nur drei Themen identifiziert werden, nämlich Selbstständigkeit (auch selbstständige Persönlichkeit bzw. persönliche Entfaltung), Risikobewusstsein (auch -bereitschaft, Mut zum Risiko bzw. risikoscheu etc.) und Unabhängigkeit/Überleben(sfähigkeit).

3.7 Emotionale Werte / Kompetenz

Als Themen im Rahmen der emotionalen Dimension kommt in den untersuchten Leitbildtexten fast ausschließlich (Kunden- oder seltener: Mitarbeiter-) Zufriedenheit vor, in Ausnahmefällen auch Aggressivität.

Forschungsergebnisse der Wirtschaftsuniversität Wien

Herausgeber: Wirtschaftsuniversität Wien –
vertreten durch a.o. Univ. Prof. Dr. Barbara Sporn

www.peterlang.de

Peter Lang · Europäischer Verlag der Wissenschaften

Marktorientierte Unternehmensführung

Grundkonzepte, Anwendungen und Lehre
Festschrift für Hermann Freter zum 60. Geburtstag
Herausgegeben von Carsten Baumgarth

Frankfurt am Main, Berlin, Bern, Bruxelles, New York, Oxford, Wien, 2004.
XIII, 437 S., zahlr. Abb.
ISBN 3-631-52093-X · br. € 79.–*

Die Festschrift umfasst Beiträge namhafter Wissenschaftler und Praktiker aus dem Wirkungskreis von Hermann Freter. Dabei beziehen sich die Inhalte auf die Forschungsschwerpunkte des Jubilars. Zunächst finden sich im Bereich der Marktsegmentierung Beiträge von Gabriele Barten und Hermann Diller/ Hans H. Stamer. Zur Markenpositionierung und -führung äußern sich Carsten Baumgarth, Sandra Feldmann, Günter Heyden, Heribert Meffert und Hartwig Steffenhagen. Mit Multimedia und Neue Medien befassen sich Dietmar Barzen, Axel Eggert, Gisela Hüser/Manfred Grauer und Henrike Sänger. Zu Schnittstellenthemen von Marketing und Management äußern sich Heymo Böhler/Christoph Rasche, Thomas Roeb und Roland Schulz. Die Beiträge zu KMU stammen von Hermann Fuchslocher, Felix Gustav Hensel, Wolfgang Müller und Andreas Pinkwart/Daniel Heinemann. Die Festschrift schließt mit Beiträgen von Carsten Baumgarth/Ursula Hansjosten und Manfred Bruhn/ Florian Siems zum Thema Marketing-Lehre.

Aus dem Inhalt: Marktsegmentierung · Markenpositionierung und -führung · Multimedia und Neue Medien · Marketing und Management · Kleine und mittlere Unternehmen (KMU) · Marketing-Lehre

Frankfurt am Main · Berlin · Bern · Bruxelles · New York · Oxford · Wien
Auslieferung: Verlag Peter Lang AG
Moosstr. 1, CH-2542 Pieterlen
Telefax 00 41 (0) 32 / 376 17 27

*inklusive der in Deutschland gültigen Mehrwertsteuer
Preisänderungen vorbehalten
Homepage http://www.peterlang.de